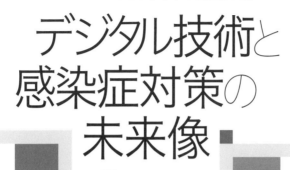

デジタル技術と
感染症対策の
未来像

米村滋人 編

日本評論社

はしがき

　2020年からの約３年間、世界は新型コロナウイルス感染症（COVID-19）の脅威に曝され、多くの社会的損失と引き替えに種々の感染症対策を実施せざるを得なかった。日本においても感染症対策としていくつもの施策が実施されたが、社会全体に多くの混乱と犠牲を強いたにもかかわらず、それらの効果は十分に検証されていない。

　COVID-19への対策として実施されたものの１つに、携帯電話のアプリを用いた対策が存在した。この種の対策は比較的デメリットの少ない感染症対策として世界各国で導入されたが、その仕様にはかなりの違いがあり、効果の大小にも相応の違いがあったと考えられる。日本で導入されたCOCOAは、導入当初こそ大きな期待を集めたものの、複数回発生した不具合等の影響もあり、感染症対策ツールとしての国民一般の信頼を獲得できないまま運用を終えた。COCOAについても政府等による公式の検証はされておらず、現実に感染症対策としての効果があったのか、また、より高い効果が得られるような他のシステム設計やアプリ運用のあり方が存在したのかどうかも明らかにされていない。総じて日本は、政府も国民も、COVID-19のさまざまな経験をひたすら忘れようとしており、適正な検証をもとに次なる感染症危機への対策を練るということを怠っているように思えてならない。

　本書は、COCOAの果たした役割を検証ないし総括した上で、COCOAとは異なるシステム設計の下で実効性の高い感染症対策を実現できる見込みがあるか否かの検討を目的とする学術書である。COCOAが十分な効果を発揮できなかった背景にはさまざまな要因があるが、設計段階でプライバシーリスクに対する過剰な配慮から感染症対策に有用な情報（特に位置情報）の取得や活用が忌避されたことも大きな要因であったと考えられ、法的・倫理的・社会的な観点からこのような措置が不可欠だったのかも検討の対象とし

ている。

　本書のもととなっているのは、2020年9月〜2024年3月の期間に実施された、科学技術振興機構（JST）の社会技術研究開発センター（RISTEX）による「科学技術の倫理的・法制度的・社会的課題（ELSI）への包括的実践研究開発プログラム（RInCA）」の採択課題である研究プロジェクト「携帯電話関連技術を用いた感染症対策に関する包括的検討」（課題代表者：米村滋人）の研究成果である。この研究プロジェクトは、技術的に実装可能な携帯電話関連技術を用いることによる、位置情報を含むデータ利用による感染症対策の実施可能性につき、プライバシーや個人情報等の保護のあり方とも関連づけつつ、情報工学や倫理的・法的・社会学的課題（ELSI）の観点から多角的・学際的な検討を行い、適切な技術の活用や政策決定のあり方を提示することを目的として実施されたものである。その過程では、法学・情報工学・生命倫理学・医療情報学・政策科学・公衆衛生学など極めて広範な分野の研究者・実務家がメンバーとして検討に加わったことに加え、東京大学、北見工業大学、国立病院機構東京医療センター、理化学研究所革新知能統合研究センター、慶應義塾大学、世界経済フォーラム第四次産業革命日本センター、日本情報経済社会推進協会、Code for Japan、グルーヴノーツ、データ社会推進協議会、日本医療ベンチャー協会など極めて多様な主体の参加・協力を得て行われたものである。

　この研究プロジェクトは、統括・ELSI検討グループ、技術検討グループ、社会対話グループの3つのグループを設け、具体的な研究実施項目として以下の各項目を掲げていた。

項目1：携帯電話関連技術を用いた感染症対策の整理（全グループ）

項目2：携帯電話関連技術利用に関する技術評価

　（1）携帯電話関連技術の試験運用と評価（技術検討G、統括・ELSI検討G）

　（2）携帯電話関連技術の利用に関する実態調査（社会対話G、統括・ELSI検討G）

項目3：携帯電話関連技術を用いた感染症対策に関するELSIの検討（統括・ELSI検討G）

項目4：社会との対話と政策提言のとりまとめ

（1）政策提言のとりまとめ（全グループ）

（2）社会との対話（社会対話Ｇ）

　折しも、まさにCOVID-19による混乱状況が続く中でのスタートとなった本研究プロジェクトは、対面での研究会等が実施できず実地調査や実証研究を行うことにも大きな制約がある中で、計画通りの研究の遂行可能性に常に不安がつきまとったものの、最終的には極めて高度の学術的検討の上に多岐にわたる課題を解決しうる優れた政策提言を取りまとめることができたと考えられる。そこで得られた研究成果を可能な限り多くの方々と共有できるよう、日本評論社の多大なご協力の下に発刊が計画されたのが、本書である。

　第一部「携帯電話関連技術を用いた感染症対策に関する提言」には、本プロジェクトの最終成果である提言（プロジェクト全体提言と社会対話グループによる提言）をそのまま掲載した。これらの提言では、結論として、高い効果の期待できる感染対策システムを設計することは技術的に可能であり、法的・倫理的・社会的課題の観点からも、特に社会対話の文脈において一定の配慮は必要であるが、基本的にはその種の技術を実施することは十分に可能であることが示されており、まさしく次なる感染症危機に向けた対策を準備する過程においても参照されるべきものと考えられる。

　第二部「デジタル技術と感染症対策に関する個別課題の検討」は、以上の提言を取りまとめる過程において、基礎的な問題状況の分析や本研究プロジェクトが直接の検討対象とする論点以外の論点にまたがる問題の検討も広範に行われたことから、そのような個別課題につき各メンバーの個別論文の形で検討結果を掲載したものである。これらの論考は、最終的には各執筆者の責任において書かれたものではあるが、プロジェクト全体での討議を踏まえたものとなっており、学術的にも高水準となっていると考えられる。

　第三部「オンライン座談会『デジタル感染症対策の未来像』」は、本書の締めくくりとして、COCOAを中心とする日本の感染症対策にいかなる問題や脆弱性が存在し、どのように改善を図っていくべきであるのかにつき、この分野を代表する専門家らによる座談会の形式で総括的な検討を行うものである。ここでは、感染症対策の文脈に留まらない、日本社会の抱える課題も

示唆されており、次の時代に向けた政策課題を考える上で重要な指摘がされていると考えられる。

　本書の刊行に当たっては、計画段階から発刊に至るまで、日本評論社の上村真勝氏に多大なご尽力を頂いた。また、プロジェクトメンバーでもあった緒方健氏（東京大学大学院法学政治学研究科学術専門職員）には、本書の膨大な編集作業の実働を担って頂いた。これらの方々の貢献がなければ本書が世に出ることはなかったと考えられ、この場を借りて心からお礼を申し上げる次第である。

　過去を振り返ることは、決して過去志向の営みではない。過去の至らなかった点を謙虚に受け止めて反省し、よりよい青写真を描けるよう検討を重ねた先にこそ、未来がある。真の未来志向は、適切な過去の検証と分析の上にこそ成立しうるのである。本書は、あくまで COVID-19 の対策として導入された COCOA に関する検証を契機に、デジタル技術を用いた感染症対策の可能性を検討するものではあるが、本書の提示する方法論や各論的な検討の結果は、他の問題領域を含む日本社会の抱えるさまざまな課題に対する処方箋となりうる要素を数多く含んでいる。本書がそのような意義を有するものと認められるかは、最終的には読者各位の評価にまつほかはないが、本書が多くの読者に受け入れられ、時代を超えて読み継がれる書となることを、願ってやまない。

　2024年7月

執筆者を代表して

米村　滋人

目　次

はしがき ……………………………………………………………… 米村滋人　i

第 1 部　携帯電話関連技術を用いた感染症対策に関する提言

1．全体提言 ……………………………………………… プロジェクト　3

   1　本書の目的と構成

   2　携帯電話関連技術を利用した感染症対策についての検討

   3　社会的な受容可能性の検討

   4　携帯電話関連技術を利用した感染症対策における ELSI

   5　まとめと提言

   6　おわりに

2．提　言 ………… 社会対話グループ「スマホのある生活の ELSI を考える」 ワーキンググループ　51

   《提言 1》接触確認アプリ「COCOA」についての総括

   《提言 2》今後新たに感染症パンデミックの脅威が発現した際に、国及び地方
   の行政機関、並びにそれらの公衆衛生に係る付属機関（以下、当局
   等とする）が患者、接触者、および感染リスク対象者等のパーソナ
   ル・データ（以下、PD とする）を取得／活用する上での基本的な考
   え方についての提言

   《提言 3》感染症パンデミック等、非常事態発生時のスマートフォンアプリ利
   用に関する基本的開発および運用手順の骨子について

第 2 部　デジタル技術と感染症対策に関する個別課題の検討

1．デジタル環境における健康関連個人情報を 取り扱う上での「説明と同意」の構造がもつ 倫理的問題点と提言 ……………………………………… 尾藤誠司　71

   1　はじめに

2 医療環境における「説明と同意」がもつ倫理的問題

3 医療において患者への十分な理解に基づく同意が回避される要件

4 デジタル環境における「説明と同意」の実態

5 デジタル環境における「説明と同意」の問題点

6 デジタル環境における「説明と同意」に関する倫理的考察

7 デジタル環境における「説明と同意」の新たな枠組みとその提案

8 まとめ

2．スマートフォンを用いた感染症対策と通信の秘密との関係
……………………………………………………………… 溝端俊介　82

1 はじめに

2 通信の秘密の内容について

3 違法性阻却事由

4 おわりに

3．公衆衛生とプライバシーのもつれ
——プライバシーの経験主義的分析がプライバシー法制の
解釈にあたえる意味 ……………………………………… 高橋郁夫　92

1 問題の所在

2 プライバシーと技術の受容についてのコンジョイント調査

3 考察

4．見えない感染を追う技術
——感染症危機管理における技術革新とその評価 …………… 奥村貴史　109

1 接触確認技術のもたらしたブレークスルー

2 定量的評価：対象とアプローチ

3 定性的評価：対象とアプローチ

4 技術評価における課題と研究グループの試み

5 今後に向けて

5．CIRCLE 法を用いた接触リスク把握システムの
PIA（プライバシー影響評価）について ………………… 坂下哲也　127

1 はじめに

2 PIA の概要

3　PII 情報フローの識別

　　　4　取得情報の確認

　　　5　必要な手順の確認

　　　6　行動履歴のプライバシーリスク

　　　7　ISO/IEC 27701の管理策を使った検証

　　　8　システム上の安全管理策の検証

　　　9　課題と展望

6．公衆衛生のためにデジタル技術を活用できる住民目線の
　　ヘルスシステム ……………………………………………… 佐藤大介　154

　　　1　第1：公衆衛生業務の実務で露呈した課題（新型コロナウイルス感染
　　　　　症対策）

　　　2　第2：新型コロナウイルス感染症の感染拡大以降のヘルスシステムに
　　　　　向けた政策動向

7．携帯電話関連技術の感染症対策としての今後の活用に向けて
　　……………………………………………………………… 藤田　卓仙　161

　　　1　はじめに

　　　2　COVID-19における携帯電話関連技術の活用

　　　3　RISTEX 米村班による検討結果と個別事例の関係

　　　4　感染症対策のための携帯電話関連技術活用の ELSI 上の課題

第3部　《オンライン座談会》デジタル感染症対策の未来像

　　　　　　………… 宮田裕章・山本龍彦・堀成美・藤田卓仙・米村滋人　193

はじめに

論点1：感染症対策におけるデータ活用のあり方と課題

論点2：データ利用とプライバシーのバランス

論点3：感染症対策の現場での情報アプリの活用に向けて

おわりに

執筆者・座談会参加者リスト …… 253

第 1 部

携帯電話関連技術を用いた
感染症対策に関する提言

1．全体提言

プロジェクト

1　本提言の目的と構成

　2020年に始まる、いわゆる「コロナ禍」の時期において、日本国内で実施された感染症対策には多様なものが存在するが、その1つに、主としてスマートフォン上で用いられたアプリであるCOCOAがあった。しかし、COCOAは種々の理由から十分な感染症対策の実効性を発揮しないまま運用を終了する形になった。このことを踏まえて、およそ携帯電話関連技術を用いた感染症対策は実現不可能なのではないかとする見方もありえないわけではない。

　もっとも、COCOAの経験のみからデジタル技術による感染症対策全般の可能性を否定することは、早計に過ぎるのではないか。COCOAが効果的な対策とならなかった原因を適切に検証した上で、その種の感染症対策を実効性の高いものとして実現するために必要な技術的・法的・社会的条件は何なのかを改めて検討する必要はないか。このような問題意識の上に、当プロジェクト（「携帯電話関連技術を用いた感染症対策に関する包括的検討」（課題代表者：米村滋人））では、携帯電話関連技術による感染症対策に関連する種々の課題を検討した。本提言はその最終報告書を兼ねたものであり、われわれの検討結果をそれぞれの課題ごとにまとめた上で、社会一般に向けた「提言」として、次なる感染症危機に向けてどのような考え方でデジタル技術による感染症対策を位置づけ、今後どのような枠組みを用意しておくべきであるかを述べたものである。

本提言の全体構成を説明しておく。まず、2では、これまで全世界で採用された携帯電話関連技術を用いた感染症対策の整理・分析を行う。デジタル技術を用いた感染症対策は各国で導入されたが、それぞれの仕様や運用方針にはかなりの違いが見られ、それらを比較検討することは有用である。また、その一環として日本のCOCOAが開発・運用された経緯と背景を分析し、何が反省点となるべきかを検討する。そこからさらに、COCOAとは異なるシステム設計による感染症対策の技術的な実現可能性を検討し、その一例としてCIRCLE法による感染症対策につき当プロジェクトで実施した実証研究を含む検討結果の概要を掲載する。

次に、3では、携帯電話関連技術を用いた感染症対策が社会的に受容されるための諸条件を検討する。当プロジェクトの社会対話グループは、アンケート調査とコンジョイント分析を用いてこの点を分析し、多数の重要な知見を得るに至ったため、この点の概要を掲載する。

4では、携帯電話関連技術を用いた感染症対策がELSIの観点、とりわけ法制度としての正当性・合理性の観点から適切なものとして運用されるための諸条件を検討する。携帯電話関連技術による感染症対策を運用するに当たり、法的な懸念点として挙げられることの多い、プライバシーとの関係、個人情報保護法との関係、通信の秘密との関係につき、ありうる論点を網羅的に検討し、適法性が担保されるための条件を導き出す。また、利用する情報の種別によって判断は大きく異なりうるため、その点を検討するとともに、現在の保健行政の中で実務的に導入可能であり実効性の見込まれる感染症対策とはどのようなものであるかを検討する。

以上の検討を踏まえ、5では、当プロジェクトが到達した最終的な結論と社会一般に向けた提言を掲載する。まず、これまでの検討のまとめとして、社会的に必要とされるプライバシー保護の範囲はどのようなものであり、携帯電話関連技術を用いた感染症対策を実現するに当たり、立法の必要性がどの程度存在するかに関する方向性を提示する。その上で、最終的な提言として複数の事項を提示し、それぞれにつきいかなる方向で検討が進められるべきか、今後の社会全体での対応の方向性につき、一定の指針を示したいと考える。

2　携帯電話関連技術を利用した感染症対策についての検討

(1)　世界における動向

　今次の新型コロナ禍で特徴的なのが、今や個人単位で保有・運用されている携帯電話、中でも今世紀に入ってから急速に普及したスマートフォンを利活用する感染症対策が本格的に運用されたことである。

　それらは、端末位置情報のように、携帯電話やスマートフォン、及びそれらを支える通信インフラが本来機能として有しているものを利用したケース、または接触確認アプリのように、端末や通信インフラに新たな機能を付加したケースもある。

　例えば、日本の COCOA、ドイツのコロナ警告アプリ（Corona-Warn-App）など Google/Apple の EN（Exposure Notification；接触通知）API を利用して開発された接触確認アプリ、同じ目的で独自に開発されたシンガポールの Trace Together 等、世界各国で多くの接触確認・警告アプリが公開された。

　他にも、店舗・飲食店への立ち入り記録を申告させる施策が実施された一部の国では、そのためにスマートフォンの技術が利用された。ドイツの入退店登録アプリ luca や、台湾の実聯制 SMS[1] 等である。

　また、アジア諸国では位置情報・端末情報の積極的な活用により、患者・陽性者及び検疫対象者を識別・隔離・監視する施策が行われた。韓国や香港における位置情報発信用リストバンド[2]、台湾の電子囲籬[3]、中国における健康コード[4] などである。また、イスラエルでも、テロ対策として導入されている携帯電話の傍受や位置情報の追跡システムを感染者の追跡に利用した[5]。

---

[1] 緒方 2023
[2] 寺田・板倉 2020
[3] 緒方 2023
[4] Zhou et al. 2021, 高口 2021
[5] 寺田・板倉 2020

これら感染症対策への携帯電話関連技術の利用は、通常、主に情報収集と情報公開の2つの目的で使われる[6]。

情報収集手段としては、SMS（ショートメッセージサービス）による調査や統計化した位置情報の収集の他、標準的に行われている（通常は携帯電話関連技術を用いない）聞き取り調査、COCOAを含むBLEアプリの利用、携帯位置情報の使用である。携帯位置情報に関しては、患者・接触者がどこで誰と接触したかを把握する場合と、自宅隔離対象者などの監視に用いる場合とがある。

情報公開手段としては、各国や都道府県で行われている標準的なプレスリリース、患者発生情報のオープンデータ化、携帯位置情報を用いた患者接触リスク通知、患者位置情報の詳細開示があり、広く一般に情報を公開する場合と、関係する当事者のみに情報を連絡する場合とがある。

奥村らは、今回のCOVID-19以前から、こうした技術の活用に関して検討しており、概ね以下のような、技術的論点、法制面での論点、倫理に関わる論点が存在することを示していた[7]。

・技術的論点：位置情報の粒度問題、提供情報の形式、顧客カバレージに関する問題、検討・開発コスト負担、保健所側との効率的な接続

・法制面での論点：保健所における位置情報収集に関する法的位置づけ、行政機関は、秘密保持契約の下に患者位置情報を携帯キャリアに渡して良いか、保健所の有する患者情報の受け渡しに関する手順、感染症対策における携帯位置情報の活用に対して、いかに国民の理解を得るか

・倫理に関わる論点：住民への接触可能性通知サービスは、倫理的に許容されるか、携帯位置情報を利用した濃厚接触者リスト・統計の作成は、許容されるか、接触可能性通知サービスは、一類感染症以外でも利用が許容されるか、行政は、患者の携帯番号を元に携帯キャリアより位置情報の提供を受け取れるか。

本研究では、COVID-19対策を素材に、これらの論点や新たな論点に関す

---

[6] 奥村 2021

[7] 奥村 2020

る検討を深めた。

　携帯電話関連技術の利用に関する倫理的・法制度的・社会学的課題（Ethical, Legal, Social Implications：ELSI）の検討に際しては、これら利用目的・利用する情報の他、利用主体、期待される効果、予想されるリスク等の観点から総合的に検討する必要がある。

　特に、コロナ陰性証明書やワクチン接種証明書のように、機微な情報を一定の範囲で流通させることで、行動制限を緩和させたり、逆に海外渡航客の位置情報を把握するとともに行動制限を行う（MySOS や OCHA 等）ことなど、より個人の権利への制限が大きな感染症対策に付随した情報利用がなされる場合には、その点を加味した検討が求められる。

(2)　COCOA の振り返り

　日本の COCOA に関しては、政策決定プロセスに課題があり、現場の意見を十分に取り入れることもできず、同意ベースでの最小限度の情報を扱うアプリとしたために、十分な効果が得られなかった。

　導入の経緯、アプリの結果・成果と課題に関しては、デジタル庁による「新型コロナウイルス接触確認アプリ（COCOA）の取組に関する総括報告書」、(5) の不具合に関しては、厚生労働省 COCOA 不具合調査・再発防止策検討チーム による「接触確認アプリ「COCOA」の不具合の発生経緯の調査と再発防止の検討について」の報告書がそれぞれ出されているが、第三者からの評価検証は必ずしも十分にはなされてはいない。

(2)-1　BLE アプリの国内導入に関する検討

　緊急事態宣言の発出後、諸外国や日本の IT 利活用も意識され、緊急事態終了後の感染対策のために、感染拡大を抑止する（実効再生産数（Rt）を低減させる）手段として IT 利活用を実装する動きが生じてきた。IT 利活用に関する政府の司令塔として設けられた内閣官房テックチームにおいて様々なプロジェクトが検討される中で、2020年5月8日に BLE（Bluetooth Low Energy）アプリ（COVID-19 Contact-Confirming Application；COCOA）の導入が決定された。テックチームは、アプリの実装に Google/Apple が提

供する EN API を利用すること、①行動変容、②濃厚接触者の自発的登録の2点を利用目的とすることを決定した。

上記決定を受けて、COCOA の実装上の問題点を検討するために実施されたのが、テックチーム「接触確認アプリに関する有識者検討会合」（以下「有識者検討会合」という。）である。しかし、いかなる手段を選択するかの政策決定、その公衆衛生的・技術的・法的位置付けについての議論は、有識者検討会合の対象外だった。

そもそもの有識者検討会合の人選のプロセスや妥当性も含め、かかるテックチームの意思決定の過程は、COCOA の帰趨を考える上でもっとも重要な意思決定だったにもかかわらず、必ずしも明確になっておらず、また十分な議論の対象となっていない。

なお、我が国でも、COVID-19以前の2009年の新型インフルエンザ以降、IT 技術を活用した一定の感染症対策の検討はなされていた[8]が、BLE アプリに関しては技術的にも新しいものであり、それまでに検討されていたものではなかった。

(2)-2 テックチームの意思決定と ELSI の検討

本研究班による関係者へのヒアリングに基づくと、テックチームの決定については、①当時シンガポールの Tracing Together が話題になっていたが、日本で普及率の高い iPhone での動作に難があった、②独自方式のアプリ開発はバックグラウンドで Bluetooth が利用できない iPhone での動作が難しく、かかる制限の撤廃の見込みが立っていなかった、③急遽発表された Google/Apple の EN API のプライバシー保護水準が高かったため独自方式のアプリ開発は後日の非難を招くおそれがあった、といった海外の動向が背景にあるとされている。また、上記以外にも、④「政府が個人情報を使わない」という政治的・法的制約が黙示的に前提とされていた、⑥緊急事態において政府が動員可能な資源の限界、⑦保健所等の現場の要望によるのではなく、トップダウンの決定だった、といったことが考えられる。

---

[8] 奥村 2020など

一方で、有識者検討会合においては、テックチームや厚生労働省での意思決定を踏まえた仕様書案に対する検討を中心に行い、ELSI の観点からは、「「接触確認アプリ及び関連システム仕様書」に対するプライバシー及びセキュリティ上の評価及びシステム運用留意事項」を2020年5月26日に仕様書とあわせて示していた。

(2)-3 調達と厚労省による運用

2024年5月8日の第3回テックチームでは、厚生労働省が BLE アプリの実装を担うという方向性が示されるが、厚生労働省はこの政治的意思決定の枠内で行動せざるを得ず、その制約を受けることになった。

BLE アプリは、他の IT 利活用の手段と比べて、技術的な難易度が高く、試行錯誤が難しい上、ある程度の規模（Hinch ら2020によると国民の6割等）が達成されないと十分な効果が生じないという特徴を持っていた。

COCOA は EN API に依存することになったので、そのバージョンアップに追随する必要が生じたが、そのための体制は構築されなかった。また、Google / Apple が（他国に対してと同様）EN API の変更要求に応じなかったため、COCOA の当初の利用目的は十分には達成できなかったし、EN API が認める範囲でしか個人情報は利用できないこととなった。

また、COCOA 事業の実装においては、調達制度が厚労省にとっての制約となった。

厚労省としては、既に確保している予算から執行する必要があり、新型コロナウイルス感染者等情報把握・管理支援システム（HER-SYS）の予算でCOCOA を調達することになった。この意思決定により、Code for Japan 等により提案・構築されていた接触確認アプリは利用できず、かつ、当初の利用目的とされていた行動変容は直ちには実現できないことになった。

その後の予算執行に関しては、運用により一定のカバーがなされたが、開発中のコストの増減への対応には現行の制度に限界があった。

(2)-4 COCOA への多くの拒否反応

COCOA は最初から感染症対策の現場から必要とされていなかった。また、

現場からのニーズを積み上げて導入を決定するような体制とはなっていなかった。

　もともと、COCOA は民間主導のプロジェクトとして始まったものの、Google/Apple が EN API の利用条件として 1 国 1 アプリの方針をとった。これにより、急遽、厚生労働省（健康局結核感染症課（当時））が COCOA の運営主体を担うことになったが、COCOA を運営する人員・能力が十分に手当されていたか、そもそもどれだけ COCOA の効果に期待していたのかについては疑問が残る。

　これは、専門分野の協働の不足の一つの現れと位置付けられるべきであるが、公衆衛生関係者には、感染症対策・積極的疫学調査は、対象となる個人の任意の協力によるべきものであり、対象者の人権を少しでも制約することは、信頼関係の毀損につながり、実務に支障を生じさせるという発想が強い。システム運用後も、COCOA の陽性確率の低さ（陽性者を発見する効率の悪さ）や現行システムへの負荷の高さを理由とした反発が大きく、COCOA による積極的疫学調査への悪影響が問題視されていた。

　運用開始後、2020 年 9 月 28 日にアプリの改修（以下「1.1.4 バージョンアップ」）が実施され、その結果、Android の陽性率が低下したが、この段階で、保健所等において陽性率低下自体が問題と考えられていた形跡は見いだせない。つまり、Android 版 COCOA の機能不全がそのまま放置されたのは、COCOA が現場から望まれていない「鬼っ子」だったからに他ならない。COCOA 不具合調査・再発防止策検討チーム報告書は、実機テストの不在という不具合の直接的な原因に着目するが、問題は COCOA の機能不全が検知できなかったことではない。<u>COCOA の機能不全こそ、実務の健全な運用のために望まれていたのではないか</u>、という逆転関係である。

(2)-5　COCOA の不具合と対応

　COCOA を Android 端末で利用しているユーザーに関して、アプリを利用する陽性者との接触通知が到達していない不具合が、1.1.4 バージョンアップ以降に発生していたことが判明した。厚生労働省においては、4 か月にわたって当該不具合について認識できず、また当該不具合の解消を図るこ

とができなかった事態となったため、メディア等からの非難もあり、厚生労働省にて「COCOA 不具合調査・再発防止策検討チーム」が2021年2月18日に結成され、事実関係の調査整理と再発防止策等のとりまとめがなされた。そこでは不具合の原因としては、Android と iOS の挙動の差異が不具合の原因であり、その挙動の差異に気づくのが難しい面があったものの、「接触通知までの一連の流れに係る結合テスト」の環境が早期に整備されず、また適切なテストが実施されなかったこと、GitHub 内での指摘などを不具合の発見や改修に活かすことができなかったこと等の原因で不具合が見逃されることとなったとの指摘がされている。また、「厚生労働省職員にはアプリの開発や運用に関する知識や経験が乏しく、人員体制も十分とは言えない中で、発注者としてプロジェクト全体を適切に管理できていなかった。厚生労働省と事業者、事業者間での責任や役割分担が不明確であった面もあり、そこには契約の在り方も影響していると考えられる。」[9] として、人材面、役割分担の不明確さの指摘がある。また、国民とのコミュニケーションが不十分である点に関しても言及がなされており、「正しい理解や納得感の丁寧な醸成」が重要とされている。なお、本不具合に関しては、発覚後比較的迅速に修正版のリリースがなされ、以降大きな不具合は発生していない。

(2)-6　COCOA の終了と今後に向けた課題

　COCOA に関しては、新型コロナウイルス感染症の全数届出見直しに伴い、陽性登録が可能な人が限定され活用する前提が変わったことから、2022年11月に接触通知の機能を停止した。

　COCOA の成果に対する評価として、ダウンロード数は一定以上（のべ4000万ダウンロード以上）、通知も実際になされ、デジタル庁報告書は、アンケート調査等の結果、行動変容に対しても一定の効果があったとしている。しかし、COCOA には定量的な評価を行うためのデータ基盤がなく効果測定を行うには資料が不十分で、COCOA の疫学的側面と運用面にわたって評価した研究は限られている。シミュレーションを通じて効果を評価した学術研

---

[9] 厚生労働省 2021, p38

究はいくつか存在するが、技術的な改善提案はまだ提示されていない。

　また世界的にみても、本形式のアプリについては一定の効果があったという研究[10]と、有意な効果はなかったとする研究[11]がそれぞれ存在し、いまだにその有効性については結論が定まっていない。事後的な効果検証を行うことを前例としたアプリや関連の政策アウトカム測定の設計が求められる。

(3)　CIRCLE 法等の有用性

　(2) で見たように、COCOA 等の接触確認・追跡アプリの COVID-19対策における効果に関する評価は定まっていない。しかし、感染症対策において情報の共有が不可欠であること、情報収集・公開に際してスマートフォンの活用が有益であることは間違いない。今回の COVID-19対策を踏まえて、今後の感染症対策に際して有用な携帯電話関連技術に関して、(1) に挙げたような技術・法制・倫理上の課題や実装可能な技術の検討も含めた備えを行うことが重要である。

　本項では、今後実装可能な技術の一つとして、奥村らが研究しているCIRCLE 法を紹介する。なお、本プロジェクトにおいては、研究実施項目2 (1) として、CIRCLE 法の他、接触確認アプリとして Code for Japan が開発していたものをベースにしたモデルや、グルーヴノーツ社による位置情報把握、スパコン等を用いた感染拡大シミュレーションなどによる検討も行った。

(3)-1　CIRCLE 法

　Bluetooth ベースの曝露通知アプリでは、アプリのインストールを義務化しなければ十分なカバー率を達成できないことが明らかになっている。そのため、自由・民主主義国家では、市民のプライバシーを保護しながら、アプリケーションをインストールせずとも機能するデジタル接触追跡の実用的なアプローチが求められる (図1)。この有望な選択肢の1つが、奥村の研

---

[10] Wymant et al. 2021など

[11] Vogt et al. 2022など

1．全体提言　13

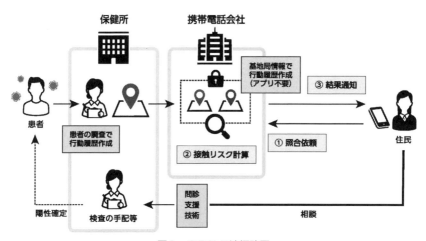

図1　CIRCLE法概略図
（出典：北見工業大学2021年7月7日付プレスリリース）

究している、携帯電話の基地局への接続ログを活用するCIRCLE (Confidential Locational Entries) 方式[12]である（図1）。この方法では、公衆衛生当局は秘密保持契約の下で、感染者の移動情報を携帯電話会社に提供する。そして通信事業者は、患者の移動情報と各デバイスの接続ログに基づいて感染者との接触リスクを計算する。結果は、感染者の詳細を明らかにすることなく、携帯電話の所有者に通知される。

　この方法では、位置データは携帯電話会社内に保持され、携帯電話会社は顧客のプライバシーを保護するために厳格な措置を講じているため、政府による恣意的な使用から住民のプライバシーを保護する。さらに、この活動には公衆衛生当局が関与するため、陽性症例の登録をためらうことによる影響は最小限に抑えられる（詳細はOkumura 2019、及び本書第2部4．奥村論文を参照）。

---

[12] Okumura 2019

3　社会的な受容可能性の検討

　また、研究班社会対話グループでは、プライバシー侵害を可能とするアプリを感染症対策目的で利用することへの社会的受容性について、アンケート調査及びコンジョイント分析の2つの手法で調査した（研究実施項目2（2））。

(1)　社会における情報利用への意識（アンケート調査）

　アプリによる感染症予防効果とプライバシー侵害のトレードオフの可能性を検討した。中でも、アプリが公衆衛生に貢献する事を訴えた場合、または携帯電話料金の割引があった場合に、アプリに対する抵抗感がないか分析した。

　その結果、

・政府の介入に対する抵抗感は、アプリのインストールにより本人に提供されるメリットによっても大きくは変わらない。また、個人への報酬とのトレードオフも、方略としてあまり有効なものではないと考えられる。

・国や自治体がアプリ管理の主体となる場合には、利益とのトレードオフを訴えるよりは、その必要性に訴えていく方が有効と考えられる。

・同時に、個人情報の漏洩や目的外利用について、それらが発生しないことや、発生した場合にどのような対策をとるのかについて、市民の理解を得る必要がある。

との結論に至った[13]。

(2)　社会における情報利用への意識（コンジョイント分析）

　また、同グループでは、マーケティング等でも多用されるコンジョイント分析（商品・サービス・システム等の最適なコンセプトを決定するための多変量解析手法で、対象となる商品・サービス・システム等を、個別の要素ごとに評価するのではなく全体として比較評価することで、購買や選択に対す

---

[13] Bito et al. 2022

る個別の要素の影響度合いを算出する手法）の手法により、接触確認アプリに関して重視される因子を探った[14]。

その結果、以下の結果を得た。

・アプリ利用に向かう動機として、個人の金銭的利益より、個人の健康上の利益が重視される傾向にある。アプリ使用のモチベーションを最も高めた要因は、感染を半減させるという公衆衛生上の利益だった。

・アプリによって収集された個人情報が二次的な目的で使用される懸念は、アプリの使用をしないことに対するインセンティブとなる。

よって、

・接触確認／追跡アプリの利用推進の方略として、携帯利用料金のキャッシュバックは、無効とは言えないがあまり有効性は高くないと考えられる。

・また、重要な因子は以下と考えられる。

・利用をより促進させるための陽性因子としては、アプリによって公衆衛生への寄与が大きく見込まれるような機能を持つこと。

・逆に、利用への抵抗感を小さくするためには、データの不正利用や第三者提供について厳重な管理を行っていることを国民に認識してもらうこと。

(3) 調査に基づく示唆

2つの調査から、経済的なインセンティブはあまり効果が見込まれないこと、一方で、一定の公衆衛生上の効果が期待されるのであれば、位置情報を含めた個人情報の提供は受容されうること、また、第三者提供を中心に強い拒絶感を持っている層が一定数存在することが示された。

そのため、感染症対策の携帯電話アプリを用いる場合、同意ベースで運用するのであれば、経済的なインセンティブをつけるよりも、公衆衛生上の効果を示すことの方が利用者を増やすことに貢献しうるが、そうした説明を行っても強い拒否感を持っている層の巻き込みは困難であると考えられ、今回のCOCOAのような同意ベースでの運用には限界があったものと考えられる。この点に関しては、本稿4（1）にて再度述べる。

---

[14] Bito et al. 2023

4 携帯電話関連技術を利用した感染症対策における ELSI

(1) 現状のまとめと構造分析

(a) 序論——全体構造の概要

　携帯電話関連技術を利用した感染症対策に関する ELSI 上の問題としては、携帯端末内に蓄積された情報や基地局に集積された情報を感染症対策のために利用しうるかが中心的な問題となる。そこでは、情報の取得・利用に関する法的問題が重要である。

　情報の取得・利用に関しては、これによって侵害される権利・利益・規範ごとに法律関係が大きく異なる。この種の利益・規範等としては、(i) プライバシー、(ii) 個人情報保護の諸規範、(iii) 通信の秘密、が問題となる。他方で、情報利用を正当化しうる対抗利益・規範として、(ア) 感染症法の各種規定、(イ) 公衆衛生上の必要性その他の公益、が挙げられる。以下、それぞれにつき問題状況の概要を述べる。

(b) 情報利用により侵害される利益等

a) プライバシー

・プライバシーの定義等

　プライバシーについては、従来、その内容をいかに定義づけるかに関心が集まり、憲法学を中心に議論が展開されてきた。従来の議論では、「一人で放っておいてもらう権利」「私事を公開されない権利」「自己情報コントロール権」という定義が挙げられ、この順序で歴史的に発展してきたとの評価も見られるが、この種の「歴史的発展」が実証的に基礎づけられるかは明らかでなく、現在でも「自己情報コントロール権」が通説化している状況にはない。また、後述の民事判例でも「前科等にかかわる事実を公表されない……利益」などと表現されており、必ずしも判例上も自己情報コントロール権としての理解が確定的に採用されているわけではない。このため、本提言では、プライバシーの定義につき特定の見解を採用することは控え、複数の理解をとりうる可能性があることを前提に論を進めることとする。

・プライバシーと対抗利益の比較衡量

　プライバシーに関しては、他の権利・利益（対抗利益）の保護のためにその侵害が許容されないかが論じられる場面が多い。本提言でも、上記の通り（ア）（イ）の対抗利益との関係で侵害の許容性を検討する必要がある。ここでは、その具体的な検討に立ち入る前に、この種の対抗利益との関係をどのような枠組みで検討するかにつき、述べておくこととしたい。

　プライバシーと対抗利益の関係は、後述の通り、比較衡量の枠組みによって判断するものとされることが多い一方で、この種の判断がプライバシー概念との関係でどのように位置づけられるかについては、従来の法学等において必ずしも十分な検討がされていない。ありうる考え方としては、(i) プライバシーの権利範囲を対抗利益との比較を含めて一体的に検討し、プライバシー概念の中で扱う考え方、(ii) プライバシーの権利範囲は概念の定義の問題として扱い、対抗利益との比較はそれと別個に（違法性や公共の福祉などの枠組みで）扱う考え方、の２つに大別される。

　このいずれを採るかは、結論に直結するものではなく、もっぱら議論の整理のしかたに関係する。その意味ではいずれの考え方も取りうるところではあるが、本提言では、検討すべき内容を的確に整序し、読み手の誤解や混同を防ぐ観点から、(ii) の方が議論の組み立てとして望ましいものと考え、以下では、プライバシーの権利範囲の検討とは別に、対抗利益との比較での許容性につき検討する、という順序を経ることとする。

b)　個人情報保護の諸規範

　個人情報保護に関する規範も、この問題を検討するにあたり極めて重要である。もっとも、その内容をどのように位置づけるかについては、慎重な留保が必要である。

　まず検討すべきは、ここでの「個人情報保護の規範」が、いわゆる個人情報保護法の規制内容に限定されるか否かである。というのも、諸外国の法制度においては、制定法としての個人情報保護法ないしデータ保護法のほか、一般法たる不法行為法において個人情報を保護する旨の規範が存在する場合があり、制定法の保護範囲を超える保護がなされる場合もあることから、本

提言の検討においても、どの範囲で個人情報保護の規範を検討対象とするかを明確化する必要があるからである。

この点、日本では、少なくとも現在までの学説・判例において、制定法としての個人情報保護法の範囲を超えて個人情報を保護する旨の一般法規範は、存在しないと考えられる。日本では、その種の一般法的保護の役割はもっぱらプライバシーが担っており、個人情報の保護という枠組みに関しては制定法としての個人情報保護法に定められた規制のみが適用されるとの受け止めが一般的と考えられる。そこで、本提言では、個人情報保護の規範としては、個人情報保護法上のもののみを想定することとする。

なお、このように考えた場合、個人情報保護法上の規範が行政規制・刑事罰の根拠となる公法規範のみを意味するか、民事の損害賠償請求や差止めの根拠となる私法規範の側面をも有するかがさらに問題となる。この点、諸外国では個人情報保護を私法規範として運用する例もあるものの、日本では民事の損害賠償請求や差止請求（削除請求を含む）に関する裁判実務上、もっぱらプライバシーを根拠とする運用が定着しており、個人情報保護の規範の問題とはされていない。もとより、個人情報保護法に明文で定められた請求権（開示請求権、利用停止請求権等）については私法上の請求権としての位置づけがされており、その限度では私法規範が含まれることになるが、その種の明文規定がある請求権以外に個人情報保護に関する私法規範の存在を肯定することは、現時点では困難と考えられる。

したがって、個人情報保護規範は、原則として個人情報保護法の定める公法規範（行政的規制の前提となる規範）として検討する方針とする。

c）　通信の秘密

通信の秘密は、プライバシーに関連するものの、従来、憲法上の明文規定があることを始めとして独自の位置づけがされてきたため、プライバシーとは別個に検討する必要がある。

一般的に、「通信の秘密」の根拠としては、憲法21条2項が挙げられる。同項は、「通信の秘密は、これを侵してはならない」と明示的に定めるため、これが根拠となりうることは明らかである一方で、その内容は明確でない。

他方で、電気通信事業法4条は、「電気通信事業者の取扱中に係る通信の秘密は、侵してはならない」と定めており、電気通信事業者に限定する形で通信の秘密を定めている。同法においては、ほかにも、通信の秘密の保護に関連する規定が複数存在する（同法27条の5、28条、29条など）。しかし、ここでもその具体的な内容は明らかでなく、これが憲法上の通信の秘密と同内容であるか否かも判然としない。通信の秘密に関する一般的な議論においては、憲法上の通信の秘密と電気通信事業法上の通信の秘密を区別して論じる見解も有力であり、少なくとも両者を当然に同一視できる状況にはない（この点については、後掲（4）参照）。

　また、プライバシーと通信の秘密の関係性も、必ずしも明らかでない。通信の秘密については、上記の通り憲法の条文上、「侵してはならない」とされているため、これが対抗利益との比較衡量を許さない趣旨であれば、プライバシーとの差異が明確に存在することとなるが、憲法学説上は必ずしもそのように解されてはおらず[15]、実質的にも、通信の秘密につき一切の衡量判断を許さないとすることは現実的ではない。

　本提言では、以上の諸点につき一般論の次元で結論を出すことを目指すものではないため、これらの論点には深入りしない。本提言の検討にあたって、憲法上の「通信の秘密」と電気通信事業法上の「通信の秘密」は内容が異なる可能性があるため、一応、両者を別個に扱って検討する方針とする。また、プライバシーとの関係でも、通信の秘密とプライバシーは内容が異なる可能性があることを踏まえて別個に検討することとする。なお、対抗利益との比較衡量を許容するか否かに関しては、両者とも比較衡量を許容することを前提に、しかしそこでの衡量の内容は両者間で異なる可能性があることを踏まえて、それぞれ別個に検討を進めることとする。

(c)　情報利用を正当化する利益等

a)　感染症法の各種規定

　感染症法は、感染症対策に関して種々の規定を置いており、それらは状況

---

15 宍戸 2013

により一定の情報利用を正当化することにつながりうる。

　まず、同法16条の３は検体採取、同法17条は健康診断に関する規定を置いており、いずれについても、「一類感染症、二類感染症又は新型インフルエンザ等感染症のまん延を防止するため必要があると認めるとき」には、都道府県知事は、感染者に対し検体の採取または健康診断に応じるよう勧告することができ、感染者が勧告に従わない場合には検体採取・健康診断を強制的に実施することができるものとする。これらは、行政法学上の「即時強制」と解されており、義務賦課を伴わない強制処分として実施することが可能である。採取された検体については検査が実施され、結果が厚生労働大臣に報告されることとされており（同法16条の３第７項、第８項参照）、健康診断の結果も当然に行政機関で利用することが前提となっていることから、これらに関連する限りで情報利用が正当化されることは明らかである。

　加えて、同法44条の３は、新型インフルエンザ等感染症に限定した規定ではあるが、いわゆる積極的疫学調査等に関する協力要請につき定めている。同条１項は、「新型インフルエンザ等感染症のまん延を防止するため必要があると認めるとき」は、都道府県知事は、「当該感染症にかかっていると疑うに足りる正当な理由のある者に対し、当該感染症の潜伏期間を考慮して定めた期間内において、当該者の体温その他の健康状態について報告を求め……ることができる」と定め、同条２項は、「当該感染症の患者に対し、当該感染症の病原体を保有していないことが確認されるまでの間、当該者の体温その他の健康状態について報告を求め……ることができる」と定める。そして、同条３項は、「前二項の規定により報告を求められた者は、正当な理由がある場合を除き、これに応じなければなら」ないとしており、これらの規定を通じて、新型インフルエンザ等感染症の感染者および感染疑い者に対しては、一定の情報の報告義務が課せられることとなっている。

　以上のように、現行法に既に存在する規定の範囲においては、感染者・感染疑い者の情報の提供を受け、行政において利活用することが当然に認められると考えられる。

　なお、ここで行政によって取得された情報をどのような目的でどのような主体が利用しうるかについてはなお不明確であり、コロナ感染症の対策にお

いても、都道府県が収集したこの種の情報を国が取得して感染対策のために分析・活用できるかが曖昧であったために、感染対策の立案の遅れを生じる原因になったとも指摘されている。しかし、少なくとも、一定の情報の取得・利用を正当化する範囲において、上記の感染症法の規定が正当化根拠となりうることには疑いがない。

b)　公衆衛生上の必要性その他の公益

　感染症法に直接の条文がない場合でも、一定の情報利用は感染症対策に有用であることが想定され、それは「公衆衛生上の必要性その他の公益」に資するものとして別途検討する必要がある。個人情報保護法では、要配慮個人情報の取得（同法20条2項）や個人データの第三者提供（同法27条）につき、一般的には「本人の同意」なしに行うことを禁止しつつも、「公衆衛生の向上……のために特に必要がある場合であって、本人の同意を得ることが困難であるとき」には許容される旨を定めており、この種の情報利用を一定の範囲で認めるものとしている。同様の考慮は、プライバシーや通信の秘密との関係でも想定することができる（従来、プライバシー侵害に関する学説・判例では表現の自由との関係での侵害の許容性のみが論じられてきたが、対抗利益をそれに限定する理由はなく、公衆衛生上の必要性などもこの種の対抗利益となりうる）。

　もっとも、「公衆衛生上の必要性」のような利益は、ともすると極めて抽象的で不明確であるため、濫用される危険性がないとは言えない。具体的な衡量判断のあり方については、後述の各論的検討に委ねられるが、一般的に、「公衆衛生上の必要性」などを対抗利益として考慮する場合には、濫用にわたらないよう、具体的な有用性が明らかな場合に限定してこの種の利益を考慮しうることとするなど、一定の配慮が必要であると考えられる。

(d)　その他の関連問題

a)　移動の自由・人身の自由

　以上のほか、デジタル技術による情報利用に関しては、プライバシー等の上記の権利以外の権利を侵害する可能性もある。

たとえば、新型インフルエンザ等対策特別措置法に基づく緊急事態宣言下で住民一般に移動制限措置が導入されている状況において、仮に携帯端末からリアルタイムで強制的に位置情報が提供されるような仕組みを採用した場合には、移動の事実を知られたくない端末保有者にとっては情報提供自体が移動の自由を制限するものと捉えられる可能性がある。また、検査陽性であったため保健所から自宅待機の要請があった未発症感染者に対し同様の強制的な位置情報の提供が導入された場合には、事実上自宅から出ることができなくなり人身の自由が制限される事態も生ずる。

　もっとも、これらの事例について、法的に移動の自由や人身の自由を制限しているのは特措法に基づく移動制限措置や保健所の自宅待機要請であり、情報提供それ自体がこれらの自由を制限しているとは評価されない（移動制限措置・自宅待機要請のいずれも現行法下では法的拘束力を持たないが、そうであれば、情報提供がされても法的に移動や外出が禁止されているわけではなく、そもそも移動の自由等の権利を侵害しているとは法的に評価されない）。また、情報提供が事実上権利制限的に機能することを重く見るとしても、携帯端末からの情報提供がその種の効果を持つのはかなり極端な場面に限られ、少なくとも本提言が想定する情報利用の手法（詳細は4を参照）を前提とする限り、その種の権利制限が問題となることはないと考えられる。

　社会的に関心の高い重要な問題を重点的に検討し、現実に導入可能な感染症対策のあり方を検討するという本提言の役割を考慮しても、ここでは情報利用に関するELSIの問題を広く薄く検討するのではなく、デジタル技術による感染症対策の導入にあたり大きな懸念点となっているELSI上の問題を重点的に検討することが望ましく、その観点から、移動の自由・人身の自由の侵害に関する問題は、本提言の検討対象からは除外することとする。

b）　ワクチンパスポート

　また、関連する他の論点としては、ワクチンパスポートの問題も存在する。ワクチンパスポートはデジタル技術を用いた感染症対策と隣接する問題であり、諸外国においては感染症対策目的のデータ収集とワクチン接種証明が同一アプリ内で並行運用されるケースがある。また、ワクチンパスポートの利

用において、ワクチン接種情報はプライバシー情報に含まれるにもかかわらず、それを提供することが交通機関や各種施設等の利用の要件になるとすると、プライバシー侵害が事実上強制される事態も出現し、ここには、本提言が主に検討対象とするプライバシー情報の利用の限界の問題に論理的に接続する問題が含まれる。

しかしここでも、本提言が主として検討対象とするのはデジタル技術による感染症対策の導入にあたってのELSI上の諸問題であることから、ワクチンパスポートに関連する問題はやや場面が異なることも否定できない。そこで本提言では、ワクチンパスポートに関する問題はELSI上の論点が共通する場合などに補足的に検討するにとどめ、中心的な検討対象からは除外することとする。

このような基本方針の下で、以下、具体的な論述を進める。

(2) プライバシーに関する論点

(2)-1 プライバシーに関して

プライバシー権については、学説上、憲法学を中心に盛んな議論がなされているが、その内容や保証根拠について、統一された見解があるとはいいがたい。

憲法学においては、各種の見解について以下のような分類がなされることがある[16]。

第1期：ウォーレン・ブランダイスによる "the right to be let alone"

第2期：自己情報コントロール権

第3期：アーキテクチャ志向型のプライバシー

第4期：自己決定の要素をプライバシーから外した、「適正な自己情報の取扱いを求める権利」

もっとも、裁判例上は、京都府学連事件（最大判昭和44年12月24日刑集23巻12号1625頁）以来、「みだりに……されない自由」という形で各種の問題が設定され、情報の秘匿性の程度、目的の相当性、情報漏えい又は目的外利

---

[16] 山本 2022

用の具体的危険性の有無、程度等に照らし、「みだりに」の該当性が判断されており、学説上は見解が分かれるが、少なくとも一定の情報については総合考慮が許容されている。

他方で、判例上問題になるのはほとんどが民事法の領域である。

宴のあと事件（東京地判昭和39年9月28日）では、私事性、秘匿性、非公知性が、プライバシーが保護されるための要件とされ、下級審裁判例では、この3要件を維持するものも散見される。

もっとも、近時の裁判例の大勢としては、ノンフィクション「逆転」事件（最判平成6年2月8日民集48巻2号149頁）以降、概ね、「個人のプライバシーに属する事実をみだりに公表されない利益」を広く肯定したうえで、事実を公表されない法的利益とこれを公表する理由とを比較衡量し、前者が後者に優越する場合に不法行為が成立するという比較較量の枠組みにより違法性を判断しているといえる。

(2)-2　比較衡量

総合考慮ないし比較衡量を行うという判断枠組みは確立しているとはいえ、どのような要素を比較し、衡量しているのかについてその内実は明らかではない。

米村[17]は、判例を分析し、以下の要素があるとする。

①当該情報を利用する社会的意義ないし有用性
②当該情報を利用する必要性
③侵害を受けるプライバシー主体の社会的地位や重要性
④当該主体にとっての負担・不利益の内容・程度
⑤プライバシー情報の目的外利用や漏えいによる不利益を防止するための措置の有無・内容

たとえば、④については、要保護性が高い情報を取り扱う際にはプライバシー侵害が認められる可能性が高くなる。

病歴は、一般的には機微性が高い情報であると言われる。性感染症である

---

[17] 米村 2022

ことに着目して機微性を肯定した裁判例を踏まえ（福岡高判平成27年1月29日判時2251号57頁〔社会医療法人Ｔ会事件〕参照）、性感染症のような情報の内容を踏まえ、より機微性が高くなる場合もあり得る。

また、位置情報は、本人の行動を逐一把握できてしまう点で機微性が高いと言われる[18]が、取得状況に応じたより精緻な検討が必要になろう。

(2)-3　正当化事由

（ⅰ）　序論

プライバシーの定義については、学説上複数の見解があり、未だ統一を見ていない。裁判例も、特定の見解に依拠しているわけではなく、また、裁判例に言う「個人のプライバシーに属する事実をみだりに公表されない利益」は氏名、性別、生年月日、郵便番号、住所及び電話番号並びに保護者の氏名のような情報も対象となっており（最判平成29年10月23日判時2351号7頁）、その範囲は非常に広い。これらを踏まえ、本提言では、プライバシーの権利範囲の問題に関しプライバシーの定義について特定の見解を採用することは控える。

もっとも、それぞれの見解が唱えるプライバシーの保護根拠は、比較衡量の④の要件を検討するうえで参照に値するものと思われる。

（ⅱ）　同意

たとえば、本人の同意は、主体にとっての負担・不利益の内容・程度を軽減することにつながるだろうか。

第1期から第3期はいずれも自己決定権にその本質を置く。したがって、有効な同意がある場合には、プライバシー侵害は成立しないことになろうかと思われる。宴のあと規範においては、秘匿性の要件を欠くことになると思われる。

他方で、第4期の立場は、自己決定の要素を脱落させているため、本人の同意があったからといって直ちにプライバシー侵害が成立しないということ

---

[18] 総務省 2014

26

にはならない。本人同意があろうと、不適正な取扱いとして排除されるべき取扱いも存在することになる。

同意を考慮する立場からも、同意は有効なものでなければならないというような、規範的評価を入れる余地はあるだろう。第3期の論者は特にそれを強調する。そこで、有効な同意とはなにか、また説明義務の存在が議論の対象となり得る。

以上のとおり、本人の同意を考慮するかどうかについても検討が必要であるが、仮に考慮する場合、有効な同意の取得方法に関し、通信の秘密に関しては、既に一定の議論の蓄積がある[19]。通信の秘密の侵害についての同意は、「原則として通信当事者の個別具体的かつ明確な同意が必要」であるとされる。「個別具体的」とはサービスごとに通信の秘密の取扱いについての同意であることを 本人が認識した上で行うことを意味すると解し、①「個別」のサービスごとに同意を取得するという意味、②契約約款事項としての包括的な同意（契約締結時の約款同意や約款変更による同意）ではなく、通信の秘密に関する特定の事項を本人が「具体的に」認識した上で同意を取得するという意味、の2つの意味を含み、「具体的に」の内容としては、取得される情報の内容・取得及び利用の主体・取得される情報の利用目的・取得される情報の利用態様・取得される情報の利用期間・取得される情報に関する問合せ窓口等同意を撤回できること及び撤回の方法、を認識させる必要があるとされる。このような枠組みは、プライバシーに関する同意の取得方法を検討するにあたっても参考になろう。

また、医学に関する文脈では、インフォームド・コンセントの考え方が提示されるが、これを感染症対策の場面一般で求めるかどうかも検討の課題となろう。もっとも、これは、あくまでも侵襲・介入を伴う医療であるからこその考慮であると思われる（倫理指針においても、侵襲・介入・試料の使用のいずれにも該当しなければ、要配慮個人情報を扱う場合であっても、インフォームド・コンセントは要求されていない。）。したがって、単に情報のみを扱う場合に、厳密なインフォームド・コンセントの考え方を及ぼすかどう

---

[19] 総務省 2021

かについては慎重に検討すべきである。

（ⅲ）　加工

　情報を加工して、プライバシー性の高い部分を削除することは、④当該主体にとっての負担・不利益の内容・程度を低減するうえで有益である。また、本人特定を困難にすることでも、④当該主体にとっての負担・不利益の内容・程度は低減すると思われる（本人に関するものと推知されるプライバシー情報として伝達される範囲が限られることを考慮要素として挙げた、長良川リンチ殺人事件報道訴訟差戻控訴審判決（名古屋高判平成12年6月29日）参照）。

　加えて、⑤プライバシー情報の目的外利用や漏えいによる不利益を防止するための措置の有無・内容の観点からも評価され得ると思われる。

　もっとも、情報を加工することにより、情報の粒度が下がり、価値が下がってしまうことも否めない。

（ⅳ）　小括

　以上のとおり、個人情報保護法上は本人の同意がある場合には適法化されるものの、このようなプライバシーに関する議論を踏まえて、同意に依拠することでいいのか、同意に依拠するとしてもその取得方法について留意する必要がないか、検討すべきであろう。加えて、その他の適法化要素についても検討する必要がある。

　上記の比較衡量の考慮要素のうち、①及び③については、感染症対策について特定の手段をとる以上、社会的意義は認められる一方で、プライバシー主体は広く募る必要があるということを前提に議論する必要があるだろう。②については、感染症対策に必要な情報がどのような情報であるかということについて検討の上、できる限り必要な情報に限定することが望ましいものの、対策の初期においては感染経路も不明である等、不確定な事項が多いため、広範な情報収集をせざるを得ない局面も想定される。そこで、少なくとも④及び⑤について必要な対処を行うことが考えられる。また、要保護性の高い情報については、本人特定を困難にし、また、機微に及ぶ部分は削除す

る等の観点から情報の加工を行うことも検討に値する。

　加えて、⑤について、堅牢なセキュリティを構築するとともに、データが本人のあずかり知らぬ態様で利用されることのないようなスキーム構築を行うことが望ましい。以上のとおり、単にプライバシーにかかる情報であるからというだけで、その利用が一切否定されるわけではない。感染症対策に用いられる情報は、確かに機微にわたる情報が多いものの、必要な対処を行うことで、プライバシーに関する懸念を低減することは可能であろうと思われる。

(3)　個情法上の論点

　（日本における）現行の個人情報保護法においては、位置情報を含めた個人情報を感染症対策の目的で適法に利用するためには、一定のハードルがある。

　すなわち、既存の情報を利用する際には、特定された利用目的の達成に必要な範囲を超えて、個人情報を取り扱ってはならないという利用目的の制限の問題がある（個人情報保護法18条1項）。また、事業者が保有している個人情報を集約して分析するためには、原則として本人の同意が必要であるという第三者提供の制限の問題がある（個人情報保護法27条1項）。分析を行う事業者自身が情報を収集するのであれば、これらの問題は生じないものの、そのような対応だけでは十分な感染症対策は不可能であろう。

　加えて、取得する情報が要配慮個人情報に該当する場合には、取得に際し原則として本人の同意が必要になる（個人情報保護法20条2項）。

　これらを克服するために、感染症対策において利用できる整理としては以下のものがある。

(a)　法令上の根拠が存在する

(b)　本人の同意がある

(c)　個人情報保護法の公衆衛生等の例外に該当する

　なお、他に法令上の根拠があれば、個人情報保護法の上記の規制は適用されない。個人情報保護委員会は、「感染症法第15条第1項に基づく積極的疫学調査のため、事業者に対し、新型コロナウイルスに感染した社員の勤務中

の行動歴の提供を依頼している場合には、当該情報の提供に当たり本人の同意は必要ありません。」との見解を示している[20]。また、新たに法令上の根拠を制定した場合も同様に個人情報保護法の上記の規制は適用されない。

もっとも、立法を行う場合には、既存の個人情報保護法制との平仄やプライバシーへの配慮が必要になることは言うまでもない。この点、個人情報保護委員会は「個人情報等の適正な取扱いに関係する政策の基本原則」を公表しており、立法にあたってはかかる基本原則を踏まえた議論が必要になる。

感染症対策に関する政策を推進するために、これらの観点を踏まえた個人情報の取り扱いについて法令で対処することが考えられる。後述の公衆衛生例外の射程がやや不明確なことも踏まえ、明確な根拠を定めるという観点で法令を定めることが望ましい場面もあろう。

他方で、感染症対策においては、法令を整備する時間的な余裕がない事態が生じやすいということが特有の問題として挙げられる。この点、COVID-19対応においては、法令上の根拠がないことだけをもって、個人情報保護法上の懸念が示され、必要とされていた感染症対策が満足に実行されない等の混乱が生じていた場面も少なくないと思われる。しかしながら、法令上の根拠がないとしても、個人情報保護法上の対処を図ることは以下のとおり可能である。

まず、「本人の同意を得（る）」とは、本人の承諾する旨の意思表示を当該個人情報取扱事業者が認識することをいい、事業の性質及び個人情報の取扱状況に応じ、本人が同意に係る判断を行うために必要と考えられる合理的かつ適切な方法によらなければならないとされている（個人情報の保護に関する法律についてのガイドライン（通則編）2-16）。しかし、それ以上の実質的な要件は法令及びガイドラインにおいて定められておらず、同意取得のハードルは高いものではない。

また、公衆衛生等の例外とは、「公衆衛生の向上又は児童の健全な育成の推進のために特に必要がある場合であって、本人の同意を得ることが困難であるとき。」をいうところ、「医療機関等が、本人の転居等により有効な連絡

---

[20] 個人情報保護委員会 2020・問 3

先を保有していない場合や、同意を取得するための時間的余裕や費用等に照らし、本人の同意を得ることにより当該研究の遂行に支障を及ぼすおそれがある場合等には、「本人の同意を得ることが困難であるとき」に該当する」との見解を個人情報保護委員会は示している（「個人情報の保護に関する法律についてのガイドライン」に関するＱ＆Ａ　7-24）。感染症対策が、基本的には「公衆衛生の向上のために特に必要がある場合」に該当すると思われることを踏まえれば、公衆衛生等の例外のハードルも、それほど高いものではないと考えられる。

　なお、行政機関は、利用目的の範囲内であれば、個人情報の提供が可能である（個人情報保護法69条１項）。そして、利用目的の範囲外であっても、本人の同意があるときは、利用又は提供が可能である（同条２項）。

　以上のとおり、個人情報保護法上、感染症対策に個人情報を利用することは、それほど難しいことではない。しかしながら、COCOA は本人の同意に基づく運用をしていたにもかかわらず、(2)-3（ⅱ）で見たような限界があったように、個人情報保護法上問題がないからといって、プライバシーの観点でも問題がないとはいえない。プライバシーと個人情報保護法の両方のクリアランスを図る必要があることについて留意の上で、感染症対策を構築していく必要がある。

(4)　通信の秘密との関連に関する論点

　位置情報の取得は、通信の秘密を侵害することになる、という懸念を示す者が一定数いた。

　憲法上の通信の秘密と、電気通信事業法上の通信の秘密については、一般には、電気通信事業法の通信の秘密は憲法を受けたものであり、したがって、保護の趣旨及び範囲は憲法と同一のものと解されている[21]。他方で、法律の条項は憲法の要請を確認したものというよりは、憲法の趣旨や通信というものの当然の性質を踏まえた立法政策に基づくものであり、法律の内容あるいは解釈については必ずしも憲法の通信の秘密条項に準じたものである必要は

---

[21] 宍戸 2013

なく、具体的なサービスのあり方に応じて一定程度柔軟な制度設計が可能であるという見解[22]など、法律上の通信の秘密と、憲法上の通信の秘密は異なるという見解も見られるところである。もっとも、両者の差異について十分な議論がされているわけではなく、また、趣旨については共通しているという点は前提とされているように思われるため、以下では差異について意識はしつつも、一括して論じることとする。

まず、憲法21条2項にいう「通信」とは、特定の差出人・発信人と特定の受取人・受信人との間で行われるコミュニケーション行為をいう[23]。したがって、通信の秘密の保障が及ぶのは、あくまでも個々の通信に関する情報である。そして、単に基地局との位置確認をする通信のような、コミュニケーションを伴わない通信は、保障の射程が及ばないと考えられる。以上を踏まえると、位置情報の把握が、プライバシー上の懸念があることはもちろんではあるものの、通信の秘密の対象になるとは考え難い[24]。

但し、個々の通信に紐づけている場合は別論である。この場合、通信の秘密の保障は、通信の内容それ自体だけでなく、通信の内容を推知させる情報一切に及ぶと解するのが一般的であり、総務省も同様の見解を採用している。そして、通信の秘密を侵害する行為は、「知得」（積極的に通信の秘密を知ろうとする 意思のもとで知ること）、「窃用」（発信者又は受信者の意思に反して利用すること）、「漏えい」（他人が知り得る状態に置くこと）の3類型があるとされる。

これらはいずれも、違法性阻却事由があれば適法化されるものと考えられる。憲法上の解釈としても、憲法上の通信の秘密は、検閲禁止とは異なり絶対的な保障ではなく、公共の福祉に基づく必要最小限度の制約に服するとされている[25]。電気通信事業法の解釈としても、正当行為、正当防衛、緊急避

---

22 曽我部 2013

23 宍戸 2013

24 日本郵政弁護士会照会拒否事件最高裁判決（最判平成28年10月18日民集70巻7号1725頁）、総務省2014等

25 宍戸 2013、東京高判昭和54年2月14日判タ386号145頁（『通信の秘密といつても、もとより何らの制約を受けないものではなく、たとえば、国家刑罰権の適正な実現のために、ある程度の制約を受けることは公共の福祉のため否定することができない。』とした）等

難の場合には違法性が阻却されると解されている。また、これらに加えて、明文の違法性阻却事由が存在しない場合でも、違法性阻却に関する実質原理を適用することによって、違法性阻却を認めることも否定されないと考えられる[26]。公衆衛生例外に該当するような場合も、このような公共の福祉による正当化又は実質的違法性阻却を認める余地は十分にあろう。

(5) 情報の種別による差異

　以上の(2)〜(4)の検討を踏まえつつ、特に問題とされやすい点として、情報の種別による差異の有無・内容に関して検討を行う。一般に、携帯電話関連技術による感染症対策においては、端末間の接触情報と端末の位置情報の2種が主たる利活用の対象として挙げられることが多い一方で、位置情報については特に機微性が高いとして利活用に否定的な見解も見られることから、これら2つの情報種別の間で、法的な利用要件に差異があるのか、あるとして、どのような差異があるのかを検討しておくことが有益である。

　まず、一般的な判断枠組みにおいて、接触情報と位置情報の取扱いに違いがあるわけではないということは、確認しておくべきである。すなわち、これまでに検討したプライバシー保護・個人情報保護・通信の秘密の保護のいずれとの関係でも、情報の種別によって根本的な判断枠組みが異なるわけではなく、(2)〜(4)の各項目で検討した通り、従来の法令・判例等の枠組みにおける一般的な許容性判断の基準に則って情報の利活用の可否が決定されることになる。したがって、情報の種別の違いは、それ自体が本質的に異なる判断枠組みにおける異なる取扱いをもたらすというものではない。

　しかしながら、接触情報と位置情報では、情報の内容や性質に違いがあるということも否定できない。位置情報に関しては、特定の時間帯に特定の場所にいたということ自体が、ある種の社会的な意味を有する場合があるとされる。そのような場所の例としては、政治集会の会場、宗教施設、風俗店などが挙げられることが多く、またそのような特殊な場所の位置情報ではなくとも、自宅の位置との関係などから位置情報のみで個人を特定できる可能性

---

[26] 山口 2016・184頁

もあるため、プライバシーや個人情報の保護の観点から、位置情報は利活用の対象とすべきでないとされることがある。このような見方には一定の合理性があり、位置情報がそれ自体として個人識別性を有しうることや、特別の機微性を有する場合があることは銘記されるべきであろう。

　もっとも、このような位置情報の性質は、位置情報のみに固有の性質であるとは言えない。接触情報であっても、その利活用のあり方次第では個人を識別することが不可能とは言えず、一定の個人識別性は生じることに加え、接触した他者の属性が特定されれば、位置情報と同様に一定の社会的な意味を有するに至ることもありうる（特定の政治団体や宗教団体の関係者との接触が頻繁にされている事例などが挙げられる）。このように、接触情報と位置情報は、全般的な傾向としての違いはあっても、本質的な性質の差異があるとまでは言えず、これら２種の情報をカテゴリーとして根本的に異なる取り扱いとすることには合理性が認められないと考えられる。

　そして、上記(2)～(4)での検討においては、それら各項目で掲げた一般的な判断枠組みに則って判断すれば、個別的な情報の性質に応じて柔軟に適法性を判断しうることが示されたと考えられ、そのような情報種別によるカテゴリカルな違いを承認しなくとも、実質的に適切な結論を導きうると考えられる。具体的には、プライバシーとの関係では、①～⑤の各要件を充足するものとして比較衡量によって情報利用を正当化できるかが重要であるため、接触情報であれ位置情報であれ、利活用の有用性・必要性が認められ（①②）、プライバシー主体の地位等を踏まえつつその負担・不利益が最小化されており（③④）、さらにセキュリティやガバナンスの適切性に配慮されていること（⑤）が利活用の条件となる。その中で、特に④への配慮から、位置情報に関しては数メートル四方での特定された位置情報ではなく、数十メートル四方の範囲での位置情報に加工して利活用するようなことは考えられる。また、個人情報保護法や通信の秘密との関係では、位置情報であるがゆえに利活用を制限する規範を見いだすことはできない。

　以上のことから、位置情報をカテゴリカルに利活用の対象から除外する必要があるとは言えず、情報利用の有用性・必要性を前提に、状況に応じてプライバシーリスクを下げるような情報加工等を行った上で、セキュリティや

ガバナンスに十全に配慮したシステムの下で利活用を行うことは、位置情報に関しても十分に許容されうると考えられる。

(6)　実務的に許容される仕組み

1 (2) で見たように、COCOA の問題の一つとして、感染症対策の現場から必ずしも求められた仕組みではなかったということがあった。COCOA は BLE による接触情報を利用し、利用者の行動変容に期待するものであり、保健所等に位置情報を提供するようなものではない。位置情報を含む感染者の行動履歴については、感染症法に基づく積極的疫学調査などの形式でアプリを介さずに情報の収集・利用がされてきた。しかし、今後の感染症危機発生時において、保健所等の公衆衛生現場において誰にどのような情報を提供することを前提とするべきか。その仕組みが公衆衛生業務の実務で許容されるかも課題となる。

たとえば保健所における積極的疫学調査や HER-SYS への入力情報において、疑似感染症者と位置づけていた濃厚接触者を確定する上で、感染者とのどのくらいの距離（何メートル）にいたのかという位置情報については定性的に確認する可能性はあっても HER-SYS への入力項目にはなく、データとしての取り扱いはない。仮に BLE による接触情報ではなく、GPS 等を用いて位置情報を取得・収集できたとしても、物理距離によって濃厚接触者と定義すべきかどうかの判断基準が統一されていない以上、最終的には現場判断に委ねられる可能性は残る。

パンデミックにおける保健所や都道府県では、携帯電話技術によってどの時間帯・場所でどの程度の人数が動いているかを集計した情報である人流データはあっても、陽性者と濃厚接触した場所が、感染リスクの高い飲食を伴う屋内施設なのか、感染リスクの低い屋外なのかが重要な判断基準であった。接触した位置の特性によって陽性者およびその関係者への対応が異なるため、単純に接触者との物理距離のみによって濃厚接触者と定義することはできない。今般のパンデミック時における積極的疫学調査においても、陽性者へのヒアリング調査が基本であり、携帯電話技術から得られる位置情報はそれを裏付ける情報にはなり得るものの、積極的疫学調査を代替してよいかどうか

は、情報の正確性と効率性（即時性・負担軽減）の両面から検討する必要がある。

　さらに、収集した位置情報の価値は動的に変化する。たとえばパンデミック当初は重要ではなかったが、対応が進むにつれて重要な手がかりとなる情報であったり、ウイルスの感染性・致死性の変化によって情報の解釈が様々に変化する。このような現場の実態に対して、収集した位置情報の活用を技術的・法的にどのように対応するのか。

　また、保健所や都道府県の現場では、国から求められる報告事項に対し多大な労力をかけて提出し続けてきたが、保健所や都道府県でそれらのデータを活用する権限がなく、国への報告のみを行ってきた。位置情報を提供する主体である現場が、提供したデータを国と同じ権限で使えるようにして欲しいという声があった。たとえば現場では陽性者の入院先や病態、限られた医療資源の使用状況や予後等の追跡情報が重要であるにもかかわらず、国から求められる項目には含まれないため、当該データを収集することができなかった。これらの結果、報道機関で公表された陽性者情報を都道府県が再入力して陽性者の動向を把握するという奇妙な現象が起きていた。特に行政では（位置情報を含めた）個人情報の取り扱いについては慎重となる傾向がある。

　これまで検討したように位置情報であっても携帯キャリアに渡すことは法的には許容されうる。そこで、渡す場合の具体的な手順を定めて保健所等に周知することや、感染症対策として携帯位置情報を活用することについて国民の理解が得られるような取り組みをする必要がある。

　また、携帯電話関連技術を活用した位置情報の取得・収集は、感染症以外の公衆衛生領域でも許容されうるが、行政はどの領域までであれば位置情報の提供を受け取ることが社会的に許容されるかを論ずる必要がある。新型コロナウイルス感染症においては保健所が主たる公衆衛生業務の組織体であったが、空港等の検疫所や、自治体や都道府県が主体となる業務においても同じ仕組みで許容されるかという点についても議論が必要である。

5　まとめと提言

(1)　社会的・法的に必要とされるプライバシー保護の範囲と立法の必要性

　本提言2では、COCOAを中心に、COVID-19において実際に用いられた感染症対策としての携帯電話関連技術の振り返りを行い、今後実装可能性がある手法としてのCIRCLE法を紹介した。COVID-19対策での接触確認・追跡のアプリの利用に関しては、その効果を含めた評価はまだ定まってはいない。実装に際して「プライバシー」が世界的に課題として多く検討され、COCOAは「プライバシー」への配慮から同意を重視した設計がなされたが、国の運用体制の問題や感染症対策現場のニーズとのミスマッチといった問題もあった。

　どのような「プライバシー保護」が求められているかに関して、本プロジェクトでは2つの調査を行った（本提言3）。それらの調査からは、経済的インセンティブは必ずしも重要ではないこと、一定の公衆衛生上の効果が期待されるのであれば、位置情報を含めた個人情報の提供は受容されうること、一定層はどのような条件でもプライバシーに関する不安から同意は得られないことが示唆された。

　本人にメリットがあり、現場でも求められる仕組みとしては、例えば、位置情報を含めた個人情報による、現場での早期介入による感染対策がある。積極的疫学調査や陽性者の感染場所等の分析では、陽性者がどのような場所で行動したかという情報については個人から直接聞く以外の方法がなかった。そのため、たとえば感染リスクの高い場所で行動し陽性者と接触可能性があった個人に対し、感染リスクを適切に伝えることで行動変容を促す、という対策はできなかった。携帯電話技術を活用した位置情報を収集する技術があればデータを提供する個人に直接の便益が提供できる。このように、位置情報を提供する個人がその対価として行動変容に資する情報を得ることができるインセンティブがある場合には、位置情報を含めた個人情報の提供は受容されうる。

　もっとも、本人の同意を情報利用の必須の要件として位置づけることが適

切であるかについては、慎重な検討が必要である。同意を求める場合には、本提言3の結果によれば、適切に公衆衛生上の効果を提示できれば一定数以上のデータ利用は期待されるものの、一定の反対者は存在してしまうため、公衆衛生上の効果は限定的にならざるを得ない。また、仮にシステム上同意が得られているとしても、実際には、携帯端末を操作したのが他者であった場合や本人に法的な同意能力がない場合が含まれる可能性があり、システム上の同意は法的に有効な同意の存在を担保するものではない。そのような場合に、ある個人情報の利用が事後的に違法であるとされて解析結果全体の修正を余儀なくされたり、当該情報をシステムから個別に削除せざるを得なくなったりすることは、情報利用に対する安定性や信頼性の面からも望ましいことではない。その一方で、既に述べたように、プライバシー・個人情報保護規範・通信の秘密との関係では、同意がなくても法的に許容される情報利用の範囲はかなり広範であり、そのような範囲での情報利用によっても、かなりの程度、政策目的を達成できる可能性がある。このように考えれば、同意なしに許容されない情報利用を正当化するための必須の要件として本人の同意を位置づけることは適切でなく、あくまで本人の同意がなくても許容されうる情報利用について、同意は本人の納得感を得るための付加的要件として位置づけることが適切であるように思われる。

　これに関連して、感染症対策のために個人情報を活用できるようにするために、新たな立法を行うべきかを検討する必要もある。これについては、立法によって何を実現しようとするのかにより問題を区別する必要がある。まず、本人の同意に代わる情報利用の法的正当化根拠を得るために、立法により新たな法規定を設けることが考えられる。しかし、このような立法は、一定の範囲の個人情報を、本人の同意なしに強制的に利用することに道を開くものと受け止められる可能性があり、社会一般の理解を得られにくいことが予想される。上記の通り、現在までの法状況においては、特段の立法がなくてもかなり広範な個人情報を本人の同意なしに利用することが可能となっており、この種の立法が情報利用のために必要であるという前提自体が成立しにくいことも考え合わせると、いたずらに社会一般の反感を誘発するような立法を行うことには、慎重である必要があると考えられる。

他方で、感染症対策のために個人情報を利用することの適法性を直接に担保するためではなく、この種の個人情報利用に関する社会一般の理解を深め、また個別の運用の適正化を図るための宣言的・訓示的な規定を設ける立法は、十分に検討する余地がある。後述するように、一般論として比較衡量基準によって同意なき情報利用が正当化されるとしても、その判断においては、具体的にどのような内容・程度のプライバシーリスクがあるか、（行動変容への期待も含めた）位置情報を提供する個人に対する便益はどのようなものか、その情報を収集する保健所や都道府県の負担を十分に軽減しうるか、一般への情報提供によるメリットがどの程度期待できるか、そして最終的に、付加的要件であるとしても本人の同意を前提とする運用を行った場合に、同意により十分な利用者数を得て情報利用の政策目的を達成することができるか、などの制度設計上の課題を含む諸事情の総合考慮が必要である。このような諸事情の考慮を適切に行うべきことを、一定の宣言的規定によって明らかにすることには十分に意味があり、その種の立法を行うことには、国民の理解も得られやすいものと考えられる。

(2)　具体的な情報利用の基準と実現可能な感染症対策のあり方

　本提言4では「携帯電話関連技術を利用した感染症対策におけるELSI」の検討として、特に、有効な同意がなく、法律上の根拠がない場合、プライバシーの観点からは①当該情報を利用する社会的意義ないし有用性、②当該情報を利用する必要性、③侵害を受けるプライバシー主体の社会的地位や重要性、④当該主体にとっての負担・不利益の内容・程度、⑤プライバシー情報の目的外利用や漏えいによる不利益を防止するための措置の有無・内容、の5つの要件（以下、「5要件」という）の比較衡量に基づいた適切なデータ利用が求められるものとして整理を行った。

　また、同じく本提言4における検討の結果から、個人情報保護法上は多くの場合公衆衛生目的などの例外により適法な利用が可能であり、総合考慮ないし比較衡量によりプライバシー侵害が許容される場合に当たれば、携帯電話関連技術を用いた感染症対策は（少なくとも法的には）問題なく実施できること、また、通信の秘密に関しても通常想定される感染症対策の場合には

考慮せずともよいことが明らかにされた。

　これらのことを踏まえ、本項では、さらに、上記の5要件に即して実現可能な感染症対策のあり方を示し、今後に向けた提言を行いたい。

(2)-1　現行法上許容されるための考慮要素

　個人情報利用が許容されるか否かに関しては、情報利用の目的によって判断が大きく異なりうる。現場でのニーズや国際的な動向を踏まえるなら、CIRCLE法のように位置情報を保健所で扱うことで情報収集が効率的に行えるアプリ等の許容性を検討することが有用であるが、情報収集の目的で収集したデータであっても、同時に感染者や濃厚接触者への連絡や一般への情報提供、対策に向けた分析や研究にも役立てることがある。

　本項では、5要件に即し、どのような利用であればプライバシーの観点から許容されるのか、その基準に関して検討を行う。

　なお、多くの利用に関しては、（同意がない場合であっても）感染症法に基づき可能である。

　感染症法で規定されている届出（12条）は、感染が発生した時点での報告を意味する。しかし、その後の経過状況や、感染者以外の人々の情報、疫学的な情報などを収集・集約するための法的根拠が不明確で、一応は積極的疫学調査（15条）が根拠とされた。ただし、医療機関等ですでに入手した情報ではない情報で、質問・調査に対して回答がない（同意がない）場合に強制的に個人情報を集めることまでは本条文で可能とは解しにくい（本条文を根拠とするものではないが、人流情報のような一定の匿名化がされた位置情報に関しては特定の個人を識別しない使い方で活用がされた）。

　一般への情報提供・公開に関しても、感染症法第16条に基づいて可能である。ただし、その公開の程度に関しては保健所でも混乱があり、都道府県ごとにまちまちな取り扱いであった（通知により一定の基準が示されたが、やはり自治体による判断により特定可能性がある情報が公開されることもあった）。

　以下では、感染症法等の法律に基づかず、同意がない場合の携帯電話関連技術の利用（BLE接触情報も位置情報も含む）に関するプライバシーとの

関係での検討を5要件に即して行う。

①当該情報を利用する社会的意義ないし有用性

感染症対策に関連する多くの利用目的においては、通常その社会的意義は認められるものと思われる。ただし、単に感染症対策に有益である（感染症の発生を予防し、又は感染症の発生の状況、動向及び原因を明らかにすることに繋がる）ということで十分であるか、より詳細な社会的意義や有用性が示されていないといけないか、特に、状況がわからない中でどの程度の有用性のエビデンスが必要かという点が問題となりうる。

例えば、状況を明らかにすることに寄与しそうという程度で十分であるか。これは、そもそもの積極的疫学調査にどの程度の感染症対策上の意義があるかとも関わる。例えば、体温を自動的に入手する場合にその情報がどの程度有用であるかという点を考慮すべきである。

②当該情報を利用する必要性

情報利用の必要性に関しては、感染症法15条1項の「感染症の発生を予防し、又は感染症の発生の状況、動向及び原因を明らかにするため必要」と同様の必要性があれば通常は十分であると思われる。当該情報でなければならないのかどうか、必要以上の情報を収集していないかという点（取り扱うデータの最小化）が重要となる。

例えば、感染者の位置情報、感染者連絡先、接触の状況、接触者の位置情報、接触者の連絡先といった情報があれば、感染者と濃厚接触者（疑い含む）への追跡と連絡の目的で活用可能であり、これらの情報の多くは携帯電話から収集可能である。これらの情報に関して最小限度の利用（位置情報であれば対象とする移動履歴の限定や共有範囲の限定）でも当該目的が果たせるような技術的な対応可能性がないかが考慮要素となる。例えば、仮名加工情報化、匿名加工情報化や統計化した情報の利用でも十分なのかどうか、仮名加工情報化したらプライバシーの保護がかえって怪しくなる、匿名加工情報化すると情報が粗くなり有用性が下がりすぎる等の事情があるのかという点を考慮することとなる。

また、目的に即して必要性が低い情報は利用しないといったことも重要である。接触者の属性情報や、（飲食店内での接触である等）どのような場所

であるかという情報も、濃厚接触疑い者への検査等の促しの目的であれば、必要とは限らない。

政策立案や研究等に際しては、全数のデータを使う必要があるのか、一部のサンプリングで十分ではないか、どのようなデータと紐づけを行うか等の観点が重要となる。

③侵害を受けるプライバシー主体の社会的地位や重要性

この要件は、社会的地位や重要性により、対象者の情報収集・利用をすることの意義がより高い（・低い）場合に関するものであり、表現の自由との関係で特に考慮されているものである。首相等VIPに関して、公益性の観点から報道・情報公開を行うこと等が代表的な例となる。東京オリンピックに際してオリンピック関係者に対しては他の一般の渡航者と違う扱いを行い位置情報等も把握したことや、医療従事者等の特定の業種を特別に扱いワクチン接種歴等を集めるといったケースの評価にも関係する。

感染症対策における携帯電話関連技術の利用で、本要件が重視されるようなケースは少ないものと思われるが、感染症法15条の対象者の範囲の妥当性（特に、疑似症患者若しくは無症状病原体保有者の扱い）という点と、仮に特にVIPや医療従事者等特定の対象に絞ってより重点的に情報収集をした場合の妥当性が問題となる。それぞれ、①の社会的意義との関係が大きいが、感染症法の趣旨としては主体によって対応が変わることは通常ない。

④当該主体にとっての負担・不利益の内容・程度

本要件に関しては、知られたくないような内容（性的接触等）をどの程度含んでいるか、情報収集の結果入院措置や隔離等につながったり差別を受けたりするおそれがどの程度あるのか、その他情報提供を行うことに伴う負担（対応のために時間を取られる等）がどの程度あるのかという点が問題となる。（②とも関連し）位置情報に関してはその情報の性質として機微性が高いと評価される可能性がある。

「プライバシー」に対するリスクの評価は、必ずしも容易ではないが、プライバシー影響評価（PIA）に実施はこの点のアセスメントとして重要である（CIRCLE法のプライバシー影響評価に関しては第2部5.坂下論文参照）。

情報収集によるリスク（知られること）だけでなく、分析・研究をした結

果どのような不利益が予測されるか追跡・連絡後にどのような介入が想定されるのか、COCOA のように単に本人に連絡が行くだけなのかどうかも問題となる。

⑤プライバシー情報の目的外利用や漏えいによる不利益を防止するための措置の有無・内容

　本要件は、感染症対策の観点では非常に重要なものとなる。

　情報収集の時点でどの程度目的外での二次利用の可能性があるか。感染症とは関連性が低い目的で収集した既存の情報を扱う場合もあれば、広くは感染症対策目的での収集ではあるが、感染者や関係者への通知や一般への情報公開等複数の目的での利用が想定されるような場合もある。

　目的外利用や漏洩防止のための措置を含めた透明性の確保等が求められる。漏洩による不利益防止に関しては、プライバシー保護技術（PETs）の活用も検討すべきである。その他、アプリ等の設計においては適切なセキュリティの確保が求められる。また、どのようなガバナンス体制を整備しているかという点も重要な要素となる。

　以上の観点に配慮して設計すれば、携帯電話関連技術の活用はプライバシーの観点からも必ずしも同意がなくとも可能である。ただし、感染拡大後の濃厚接触者「疑い」のような広範な対象者を想定したり、追跡・連絡に引き続いて二次的な目的としての隔離等の措置が想定される場合には、韓国等の事例同様に、通常はあわせての立法が必要なものと思われる。

　なお、移動の自由を担保するための利用に関しては、同時に隔離や入場制限等の自由の制限が想定されており、プライバシー以外の観点も重要であり、通常は自由の制限に関して立法が求められる。

　また、研究目的の場合は、プライバシーの観点に加えて、研究倫理指針や薬機法等にも準拠が求められ、倫理審査の過程でこれら要素が検討されることとなる。例えば①と関連して、文部科学省・厚生労働省・経済産業省「人を対象とする生命科学・医学系研究に関する倫理指針」においては、同意なく実施可能な研究である「社会的重要性が高い研究」としては、かなり幅広いものが想定されている一方で、実務運用上は、同意無しでできる研究の範

囲は限定されている。研究ではない政策目的の場合、このような審査がなされずデータ利用が実施されることもあるが、多くは法的根拠を有するものと説明がなされる。しかし、プライバシーの観点から妥当な利用となっているかのチェックは必要であろう。

(2)-2　今後の感染症対策に向けた提言

　前項で述べたように携帯電話関連技術を用いた対策は、移動の自由・人身の自由に関するもの等の本研究のスコープ外の部分を除けば、現行法に加えての立法を要する場面は限定的で、設計次第で必ずしも同意がなくとも適法に実施可能である。

　一方で、今回のパンデミックにおいては、発生後からの対応では議論も尽くされず、十分な体制もない状態での対応とならざるを得なかった。

　そこで、本研究班としては、今後の感染症対策に向けて以下の5つの提言を行う。

1．感染症危機に至らない平常時から、適切な感染症対策が実現できるような技術的・法的な基盤を整備しておくこと
2．プライバシー侵害のリスクの評価に関しては、位置情報を類型的に機微性が高いものとして利用の対象から除外するのではなく、情報利用の有用性・必要性やプライバシー侵害の内容・程度、また情報のセキュリティやガバナンスのあり方を考慮要素とした比較衡量により、情報の利用可能性を判断すること
3．上記2.によって利用が正当化される場合には、本人の同意がなくとも利用できることを前提に、システムを構築すること
4．感染症危機時には、平常時に構築された仕組みを十全に活用する形で、感染症の性質に応じた措置を検討し迅速に実施しうるよう、体制を整備すること
5．感染症対策における意思決定の透明化と国際協調体制の推進を行うこと

---

1. 感染症危機に至らない平常時から、適切な感染症対策が実現できるような技術的・法的な基盤を整備しておくこと

　感染症はパンデミックを含む感染症危機時にのみ存在するものではない。感染症危機とまでは言えない平常時においても、一定の感染症対策は有用であり実施をためらう理由はないことに加え、危機発生時に初めて高度にシステム化された対策を実施に移すことは不可能に等しく、情報利用の安全性や効率性の面からも、平常時から機能する感染症対応の仕組みを構築しておき、そのような仕組みがそのまま感染症危機にも活用されるようにすべきである。携帯電話関連技術を用いた感染症対策に関して、本提言で示した考慮要素を参考に、ガイドライン等での適法な範囲の明確化あるいは現場の萎縮を防ぐための運用方針等の明確化が実現できるよう、必要に応じて感染症法以外を含めた立法的対応をも視野に入れつつ、実施体制の整備を行う必要がある。その中では、リスク評価を科学的根拠に基づいて行う専門家委員会等の体制を整備することも必要である。また、移動や行動の自由の制限、捜査など身体を含めた強制的な手段の実施の可否や、教育、医薬品・医療機器開発等の二次的な利用目的への情報利用の可否に関してはさらなる検討の必要があるが、これらについても国民的な議論を喚起し社会的合意の確立を目指した上で、必要ならば立法を行うことにより、明確な方針の定立と的確な実施体制の整備をあわせて行う必要がある。さらに、これらの前提として、情報の収集・移転等に関わる技術的な基盤に関する研究と実装も平常時から進めておくことが求められる。

2. プライバシーに関しては、位置情報を類型的に機微性が高いものとして利用の対象から除外するのではなく、情報利用の有用性・必要性やプライバシー侵害の内容・程度、また情報のセキュリティやガバナンスのあり方を考慮要素とした比較衡量により、情報の利用可能性を判断すること

　本提言4において詳しく論じたとおり、位置情報が接触情報に比して類型的に高い機微性を有するわけではなく、接触情報等でも機微性の高い情報は存在しうることから、接触情報でも位置情報でも情報の個別的性質を踏まえ、

場合により必要な対策措置を執りつつ利用することが許されるかを検討することができるよう、情報の種別によらず統一的な判断枠組みを構築すべきである。その中では、本提言の掲げる5要件を参考に、情報利用の有用性・必要性やプライバシー侵害の内容・程度、また情報のセキュリティやガバナンスのあり方を考慮要素とした比較衡量により、情報利用の可否を判断する必要がある。そのような比較衡量基準は、ガイドライン策定や立法を通じて明確化することが望ましい。

3. 上記2. によって利用が正当化される場合には、本人の同意がなくとも利用できることを前提に、システムを構築すること

　本提言4において詳しく論じたとおり、比較衡量によって利用が正当化される場合はかなり広範に及び、またその場合には、本人の同意がなくとも法的には情報利用が可能となる。したがって、仮に本人の納得感や社会的な理解を得るための付加的要件として本人の同意を得るという考え方を採用したとしても、そのような同意が事後的に無効になることによって情報利用の可否の結論が変わることはない。そこで、本人の同意の有無によって情報利用の可否が変わることを前提とせず、大規模データを収集し解析するシステムを構築することが可能となるのであり、それが解析の効率性や情報利用の有用性の拡大に寄与すると考えられる。具体的には、今後の感染症危機に際して活用できるよう、携帯電話関連技術の活用可能性に鑑み、可能な限り平常時からシステム的な情報連携体制整備（HER-SYS、NESID といった発生動向システムやワクチン等の医療情報のシステム全体との連携を可能としておくことなど）をすることが望ましい。また、システムが機能していくためには、多角的な観点からの研究に基づくエビデンスの蓄積と、実現していくための実務人材を確保していく策が不可欠である。

4. 感染症危機時には、平常時に構築された仕組みを十全に活用する形で、感染症の性質に応じた措置を検討し迅速に実施しうるよう体制を整備すること

　1. で述べたように、感染症対策に当たっては、平常時から一定の仕組み

を構築し、それを感染症危機発生時活用できるようにすることが重要である。それに加えて、実際に感染症危機が発生した場合に、円滑に危機時の特別な体制に移行させ有効な対策となりうる仕組みを迅速に構築することも重要であり、そのような危機発生時の体制整備を予め検討しておく必要がある。具体的には、パンデミック時においては状況が刻一刻と変化し、総合考慮ないし比較衡量の根拠となる有用性等のエビデンスも変化する。またそもそも、病原体の特性等により有効な感染症対策のあり方は大きく異なるため、病原体の特性を適切に見極めた上で、有効な対策メニューを構築する必要もある。そのような中で、当該感染症危機時にどのような具体的対策をそろえるべきかの基本戦略を定めつつ、個々の感染状況に応じた柔軟かつ迅速な見直しと再設計が必要であり、そのため、専門家の意見や専門機関の分析結果をどのように政策につなげ、誰の責任において政策判断を行うかを明確化する必要がある。その際には、新規に現れた技術や海外での取り組みを参考にすることや、5．で述べるように国際協力の下で他国と連携した感染症対策の仕組みの構築も必要である。さらに、現実の感染状況の推移や各種データの分析結果に基づき、感染症対策としての有効性・合理性を普段に検証し、適時の評価と見直しを行うべきである。これらの感染症危機時の体制整備に関しては、立法による裏付けがあることが望ましく、新型インフルエンザ等対策特別措置法の改正を含む検討がなされるべきである。

5．感染症対策における意思決定の透明化と国際協調体制の推進を行うこと

COVID-19においては、国内での意思決定における不透明性や国際的な技術開発や規制方針の不整合性（特に日本の「水際対策」の国際的な異端性）に関する指摘が多く見られた。そこで、以上の1．～4．のすべてに共通する課題として、今後の感染症対策においては、意思決定プロセスを透明化することで外部からの検証や改善提案を容易にすることに加え、他国との情報共有や連携・協調体制を充実させる必要があり、それによって迅速に有効かつ合理的な感染症対策が実施できるようにすべきである。具体的には、国内外で整備を行っている感染症デジタルサーベイランスシステムを活用し、WHOや海外から得た情報も含めて収集した情報と、それに基づいた対策方

針に関して、透明性を担保し、十分なコミュニケーションを行うことで国民の理解を得、アカデミアからの検証も可能とすることが望まれる。また、感染症専門機関間の協調体制の整備も重要であり、政府には、他国の専門機関との間で十分な協調体制を整備することが望まれる。

6　おわりに

　本提言は、COVID-19における COCOA の運用の問題点を検討の出発点として、COCOA に代わる携帯電話関連技術を用いたシステムにより有効な感染症対策を実施することができないか、技術的な可能性、法的・社会的な可能性を中心に検討を行った。その結果、本提言が次なる感染症危機に備えるべく、今後検討すべきものとした方向性は、一般にこれまで考えられてきた内容とかなり大きく異なっているかもしれない。

　しかしまず、感染症対策へのデジタル技術の活用のあり方には多種多様なものが存在し、技術的な特徴や難易度、感染症対策としての有効性や効率性、法的な権利侵害リスクの大小や内容などに大きな違いがある。それらをひとくくりに議論することは適切ではなく、さまざまな可能性を踏まえつつ、どのような形でデジタル技術を活用していくべきか、国全体の方向性が問われていると言える。

　加えて、法的・倫理的・社会的な制約に関する認識を適正化することも重要である。従来は、個人情報保護をきわめて重視する社会的風潮の影響もあり、必ずしも法的に必要とは言えないような、情報の利活用に過度に消極的な姿勢がしばしば見られたところである。しかし、法令や判例の適切な理解の下に今後の制度設計を考えるべきことは当然であり、また、実際の社会の中でどのような制度が受容可能であるのかは、実証的に調査・分析される必要がある。

　本提言は、以上のような問題意識を結実させたものとして、今後の検討に当たって参照可能な1つの方向性を示したものである。本提言が社会全体でのこの分野の発展と来たるべき感染症危機への対策に一定の貢献ができることを期待したい。

《参考文献》

Bito, S., Hayashi, Y., Fujita, T., & Yonemura, S. (2022). Public Attitudes Regarding Trade-offs Between the Functional Aspects of a Contact-Confirming App for COVID-19 Infection Control and the Benefits to Individuals and Public Health: Cross-sectional Survey. *JMIR Formative Research*, 6 (7), e37720. https://doi.org/10.2196/37720

Bito, S., Hayashi, Y., Fujita, T., Takahashi, I., Arai, H., & Yonemura, S. (2023). Survey of citizens' preferences for combined contact tracing application features during an infectious disease pandemic: A conjoint analysis (*JMIR Preprint*). https://doi.org/10.2196/preprints.53340

Hinch, R., Probert, W.J., Nurtay, A., Kendall, M., Wymant, C., Hall, M., Lythgoe, K.A., Cruz, A., Zhao, L., Stewart, A., Ferretti, L., Parker, M.J., Méroueh, A., Mathias, B., Stevenson, S.C., Montero, D., Warren, J., Mather, N., Finkelstein, A., Abeler-Dörner, L., Bonsall, D., & Fraser, C. (2020). Effective Configurations of a Digital Contact Tracing App: A report to NHSX. Available at: https://cdn.theconversation.com/static_files/files/1009/Report_-_Effective_App_Configurations.pdf?1587531217

Okumura, T. (2019). Tracing infectious agents with mobile location information: A simple and effective countermeasure against epidemic risks. *2019 IEEE Global Humanitarian Technology Conference (GHTC)*, 1-3. https://doi.org/10.1109/GHTC46095.2019.9033023

Vogt, F., Haire, B., Selvey, L., Katelaris, A. L., & Kaldor, J. (2022). Effectiveness evaluation of digital contact tracing for COVID-19 in New South Wales, Australia. *The Lancet Public Health*, 7 (3), e250-e258. https://doi.org/10.1016/S2468-2667 (22) 00010-X

Wymant, C., Ferretti, L., Tsallis, D., Charalambides, M., Abeler-Dörner, L., Bonsall, D., Hinch, R., Kendall, M., Milsom, L., Ayres, M., Holmes, C., Briers, M., & Fraser, C. (2021). The epidemiological impact of the NHS COVID-19 app. *Nature*, 594 (7863), 408-412. https://doi.org/10.1038/s41586-021-03606-z

Zhou, S. L., Jia, X., Skinner, S. P., Yang, W., & Claude, I. (2021). Lessons on mobile apps for COVID-19 from China. *Journal of Safety Science and Resilience*, 2 (2), 40-49. https://doi.org/10.1016/j.jnlssr.2021.04.002

緒方健. (2023). 携帯電話関連技術を利用した台湾の COVID-19対策. 情報ネットワーク・ローレビュー, 第22号, 104-120. https://doi.org/10.34374/inlaw.22.

0_104

奥村貴史.（2020）. 携帯電話位置情報の感染症対策への活用手法と論点整理. 厚生労働科学研究費補助金（新型インフルエンザ等新興・再興感染症研究事業）「新型インフルエンザ等の感染症発生時のリスクマネジメントに資する感染症のリスク評価及び公衆衛生的対策の強化に関する研究」分担研究報告書. https://mhlw-grants.niph.go.jp/system/files/2019/192141/201919004A_upload/20191900 4A202005291005245180004.pdf

奥村貴史.（2021）. 感染リスク管理における携帯電話活用の歴史・現状・課題. 情報処理学会研究報告, Vol.2021-CDS-30 No.7. http://id.nii.ac.jp/1001/00209021/

奥村貴史, 藤田卓仙, 米村滋人.（2022）. 携帯電話の位置・接触情報を用いた感染リスク管理の歴史・現状と課題. 情報処理学会論文誌, 63(5)；1225-1233. https://doi.org/10.20729/00217827

厚生労働省.（2021）. COCOA 不具合調査・再発防止策検討チーム報告書「接触確認アプリ「COCOA」の不具合の発生経緯の調査と再発防止の検討について」. https://www.mhlw.go.jp/content/000769774.pdf

個人情報保護委員会.（2020）.「新型コロナウイルス感染症の拡大防止を目的とした個人データの取扱いについて」別紙「個人情報保護法相談ダイヤルに多く寄せられている質問に関する回答」. https://www.ppc.go.jp/files/pdf/210319_2.pdf

宍戸常寿.（2013）. 通信の秘密に関する覚書.『現代立憲主義の諸相—高橋和之先生古稀記念』（長谷部恭男＝安西文雄＝宍戸常寿＝林知更（編）, 有斐閣）. 489頁

総務省.（2014）. 緊急時等における位置情報の取扱いに関する検討会報告書「位置情報プライバシーレポート」. https://www.soumu.go.jp/main_content/000434 727.pdf

総務省.（2021）. プラットフォームサービスに関する研究会「同意取得の在り方に関する参照文書」. https://www.soumu.go.jp/main_content/000734726.pdf

曽我部真裕.（2013）. 通信の秘密の憲法解釈論. Nextcom, Vol.16. KDDI 総合研究所. 14頁

接触確認アプリに関する有識者検討会合.（2020）.「接触確認アプリ及び関連システム仕様書」に対するプライバシー及びセキュリティ上の評価及びシステム運用留意事項. https://cio.go.jp/sites/default/files/uploads/documents/techteam_ 20200526_02.pdf

高口康太.（2021）. 中国「コロナ封じ」の虚実. 中央公論新社

デジタル庁.（2023）. 新型コロナウイルス接触確認アプリ（COCOA）の取組に関

する総括報告書. https://www.digital.go.jp/policies/cocoa

寺田麻佑, 板倉陽一郎. (2020). COVID-19（新型コロナウィルス感染症）に対応するためのビッグデータの利活用と個人情報保護—諸外国の状況を中心に—. 情報処理学会研究報告, Vol.2020-EIP-88 No.17.

山口厚. (2016). 刑法総論, 第3版. 有斐閣

山本龍彦. (2022). AIと憲法—アルゴリズム、プライバシー、デモクラシー（デジタル・プラットフォームビジネス研究の最前線11）. 法律時報, 94巻5号. 日本評論社.

米村滋人. (2022). 感染症対策と権利制約－プライバシー制限の問題を中心に. 法と哲学, 第8号. 信山社. 161-177頁

2．提　言

社会対話グループ「スマホのある生活の ELSI を考える」
ワーキンググループ

《提言1》 接触確認アプリ「COCOA」についての総括

【その1】 COCOA の導入と運用についての評価

・「目的をどの程度達成できたのか？」という視点から

目的の設定がなされていなかったため、COCOA の導入および運用を評価
することは困難である。

・「成果としてうまくいったか否か」という視点から

うまくいかなかったと考える。うまくいかなかった要素として以下を挙げ
る。

① 普及率・使用率：普及率ついては一定の成果を得たものの、COCOA
によって感染症蔓延が制限されたことを裏付けることができる結果を提
示できるほどの普及や使用には至らなかったと認識する。

② 情報開示：開始時点から運用中に至るまで、当該アプリの目的や位置
づけ、どの程度の効果が期待できるのか等について国民が十分に知るこ
とができなかった。

③ 国民の理解：「役に立たない」という共通認識が広く流布され、国民の
理解が得られなかった。

④ アジャイル検証と運用の困難さ：COCOA が持つ機能の成果を随時検
証しながらのアジャイル運用を達成することが困難だった。

【その2】　COCOAの導入および運用についての反省総括

・目的設定について：主たる目的や達成すべきゴールの設定を行う上で、開発・運用関係者間での合意形成が不十分な状態で運用が開始されたと認識する。「感染症蔓延防止」という漠然とした方向性はもちろん存在していたが、COCOAを利用する個人が得る利益や、公衆衛生上想定される利益、政策の立案や行政への活用などについて、明示されたものが存在しない状態で開発が始まり、現在に至っているため、COCOAの機能に合目性があったのか、COCOAが結果として期待される成果を上げたのかということについて、そのコンセプト形成時点で評価できないような構造を持っていたことが根源的な問題点であったと考える。

・目的の設定から仕様記述に至るうえでの検討プロセスについて：世界各国で開発され利用された接触確認アプリ、あるいは接触トレーシングアプリは、そのアプリが持つ目的を達成する上で搭載する機能の中に、パーソナルデータ（以下、PDとする）の不適正活用や統治目的の過剰な介入等、懸念される問題も併存することが想定されるため、目的を達成する上での仕様を記述する際には倫理・社会・法的な観点からの議論と、特に当該アプリユーザーである一般市民との合意形成が欠かせない。これらのプロセスが実施されなかったことは、当該アプリの目的を漠然とさせたとともに、市民のアプリに対する信頼感を得られなかった要因であったかもしれない。

・導入までの手順について：アプリの基本コンセプトから要件仕様の記述に至るプロセスには、相反しうる倫理規範が存在し、それらの衝突を加味しながら社会的な合意を得るための手順が必要であった。最も象徴的な規範としては、アプリの活用による［A］アプリ利用者への健康利益の提供、［B］公衆衛生的観点からの健康被害の抑制、［C］社会秩序の保持などの利益、［D］個人のプライバシー権侵害、あるいは個人情報漏洩・目的外利用に関するリスク、［E］当局等からアプリ利用者に対する好ましくない介入のリスク、［F］その他、派生しうる差別やハラスメント、社会的スティグマ等の生成リスク等とのバランスについて、明示された透明性の

ある議論が行われるべきであっただろう。

・開発手順について：以上3点と関連するが、目的設定以前の開発の前提が
アプリ利用者の人権を最優先で配慮するところから出発している。この前
提は、社会的なコンセンサス形成のための議論を省略することができる一
方で、アプリの目的やゴールの明示を困難としたかもしれない。

・導入から運用に関連する立法や行政手続き、利用促進に向けた普及活動等
について：日本に住むスマホを持つ人々に対する利用促進のための積極的
なキャンペーンや行政介入の積極性は不十分であったと認識する。さらに
は、本件に関連する立法等もほとんど行われなかった。それら事実の善し
悪しについての評価が困難であることについても、目標設定の不在と強く
関連している。また、導入後の混乱を最小限にするためにも、保健所や医
療機関等、関連各所へ事前に COCOA の機能や運用に関する説明等が行
われるべきであったと考える。

・効果の検証について：COCOA がどの程度個人の役に立っていたのか、ど
の程度公衆衛生に寄与していたのか、その反面でどの程度 PD の適正な活
用に対する脅威となっていたのか等に関する検証は、現時点では具体的に
明示されていない。振り返ったときに、これらのことが明示されるための
しくみも事前に設計されるべきであろう。

【その3】 その他振り返り各論

・開発主体が厚生労働省であったことについて：新型コロナウイルス感染症
対策であるとするなら、公衆衛生を担当する行政府である厚生労働省がア
プリ開発・運用の主体となることについては妥当であったと考える。一方、
開発等に係る外注先との交渉やマネジメント等については改善するべき点
がある。

・Bluetooth による接触把握を採用したことについて：Bluetooth による接

触把握そのものが仕様として不適切であったとは言えない。今後について
は、目的を達成するために最適なテクノロジーを採用すればよいだろう。

・データの保管や二次利用について：COCOA は構造的に HER-SYS/VRS
等の他のデータベースと PD に該当しうる情報が共有されているが、感染
症蔓延防止に資するデータ統合ではなかった。この点についても今回の開
発・導入背景を鑑みれば当然のことであろう。異なる入力元から連結され
る PD の扱われ方については、今後基本的なコンセプトや注意点について
の提言ができると良いだろう。

　以上の点を反省材料としてふまえつつ、今後当ワーキングでは、感染症パ
ンデミック等の非常事態におけるスマホアプリのあり方、運用の仕方に関す
る提言を《提言２》より行う。

《提言２》　今後新たに感染症パンデミックの脅威が発現した際に、国及び
　地方の行政機関、並びにそれらの公衆衛生に係る付属機関（以下、当局
　等とする）が患者、接触者、および感染リスク対象者等のパーソナル・
　データ（以下、PD とする）を取得／活用する上での基本的な考え方に
　ついての提言

【緒言】

　今後新たに感染症パンデミックの脅威が発現した際、当局等が感染症蔓延
防止のために感染症患者や接触者等の PD を活用することで、当該患者等の
健康被害を最小化したり、当該データを基に行政方略を立案・行使すること
によって公衆衛生上の不利益を抑制したりすることは期待される。一方で、
病名や病歴等、重大な要配慮個人情報を含む PD を当局等が当人の同意なし
に取得・活用することが、公衆衛生上の利益のみを根拠に許容されることに
は十分に慎重でなければならない。それは、個人情報漏洩や目的外利用に伴
うリスクを PD 主体者に与えるのみならず、感染症患者等に対する差別や偏

見等の人権侵害、さらには自由への脅威となりうることを踏まえた上、適切な手続きと透明性が確保された中で社会的な合意が形成されるべきであると考える。［提言2］では、PD主体者の人権擁護とPD活用による社会全体の健康および安全への寄与とを衡量する上での規範的な考えについて以下に述べる。

【その1】 PDの取得／活用に関する基本原則の中で、現時点で明示されるべきことと、状況に応じて議論されるべきこと

・PD取得／活用の原則：当局等がPDを取得あるいは活用する際には、PD主体者に対してその活用の目的、取得あるいは活用されるPDの範囲、活用方法、活用によって想定される個人への不利益等を説明し、PD主体者がその内容について十分に理解した上で自由意思の下にオプトイン同意を行うことを原則とする。

・翻って、以上の原則が形式上手順として担保されることで当局等のPDの取得・活用の妥当性や正当性が無批判に許容されるべきではない。特に、PD主体者が自分の人権が侵害される危険について十分に理解していること、さらには、PD主体者が自由意思を行使することを困難にさせるような圧力が同意に至る手順の中に存在しないような環境整備について、当局等は十分に配慮しなければならない。

・その上で、以上の原則に対して一部例外的にPD主体者の人権侵害の可能性を持つ当局等のPDの取得・活用を妥当なものとして許容しうるための要件に関する論点について以下に記す。

【その2】 要配慮個人情報を含むPDを当局等が収取・活用することに関する規範的な整理

・【その1】を踏まえた議論を開始する上で、本提言において対象となるPDが、病名や病歴等を含む“要配慮個人情報”としての特性を持つことを前提とする。その特性上、以下の点について特段の配慮が行われる必要

がある。

➤ PD は、たとえ匿名的に取得／活用されたとしても間接的に個人を特定しうる可能性が比較的高い（例えば、●月●日に●●町のライブハウスに訪れた後 COVID-19 に罹患した人、という情報が公表された場合、個人を間接的に特定しうる）。そのような特性を踏まえた上で、要配慮個人情報を含む PD の取得／活用による PD 主体者等への影響について検討する必要がある。

➤ 病名・病歴・受診歴等が含まれる PD の漏洩や目的外利用は、PD 主体者およびその関係者に対して不当な差別や偏見を生みだしうる。活用主体は PD の安全性・秘密性を保護するとともに、不当な差別・偏見を生むことがないような予防策を事前に立案する必要がある。

➤ 当局等による感染症情報の公表については、それが個人を特定されるリスクを負わないかどうか、それによって個人が著しい被害を受けないかどうかについて十分な評価が行われなければならない。

➤ 要配慮個人情報を含む PD の取得／活用の方法についての取り決めを行う上では、それによって不利益を被る可能性のある当事者からの意見を尊重するとともに、不利益事象の発生をあらかじめ想定した上でのリカバリ対策を立案するべきである。

・SNS 等の情報発信手段の拡張に伴い、当局等の管理の範囲を超えて直接あるいは間接的に PD が第三者によって活用されることによって PD 主体者および関係者が被りうる損害の予防や対処についても当局等は責任をもって関与しなければならない。

・スマホなどを通じて取得・活用されうる PD は、他データベース（例えば、病院の電子カルテデータベースなど）との連携が技術的には可能である。疾病状況や治療歴などについては、漏洩や目的外利用が発生した場合特に PD 主体者に対する負の影響が懸念されるため、データベース連携の選択肢を許容しつつも、きわめて注意深い取り扱いへの配慮が必要である。データの連携や統合が計画される場合には、そのリスクを勘案し、活用の目

的の範囲を超えない最小限の連携・統合であることが求められる。

【その3】 当該状況を踏まえた上での説明と同意に関する覚書

・PD 主体者の理解についての考え方について：患者が医師から説明を受けた上でインフォームド・コンセントを発する環境とは異なり、当局等がPD 主体者から同意を得る上において、PD 主体者の理解を確認することは現実的に困難であるとする。その前提に立った場合の倫理的な対策としては、［１］理解しやすい説明、［２］リスクに重点が置かれた説明、［３］活用の目的に具体性を持たせること、［４］同意後も説明内容について繰り返し確認できること、［５］同意撤回の方法を限りなく簡便化すること、［６］PD 主体者が不同意を示した際に、当該者が得る不利益がないか、あるいは最小の範囲にとどめられること、等についての配慮がなされる必要がある。

・同意取得手続きの形骸化を回避する姿勢について：特にコンピューター端末やスマートフォン端末上での同意取得の手続きにおいては、PD 主体者が「同意する」のボタンをクリックすること自体が目的になり、本来の「十分な理解に基づいた主体的同意」を得るという理念を失った形式的な手続きに陥ることが懸念される。むしろ、同意のアクションを得る前の時点において、公衆衛生上の福利を生み出す等についての目的や、そのための手段について、PD 主体者に理解してもらうための姿勢と方略を示す必要がある。

・アジャイル運用（注）における説明と同意について：感染症パンデミック等、<u>重大な健康あるいは生命への脅威が懸念される公衆衛生上の緊急事態</u>（以下、非常事態とする）が日々変動する環境においては、PD の活用の目的及び取得・活用方法の頻繁な変更が必要になる状況が想定される。PD 主体者は、その変更内容を根拠に、自らの PD を活用されることについての新たな拒否を主張できる権利を持つべきであり、当局等は、その主張を随時認識できる環境を整える必要がある。

・スマホ、およびアプリを通じた PD アクセス／活用に関する同意の考え方
について：今回の COVID-19 パンデミックにおいて世界各国で使用された
感染者接触確認アプリ／コンタクト・トレーシング・アプリを通じた PD
活用に関する同意については、[１] アプリのインストールのみでは自主
的な同意とはみなさず、アクティベーションをもって同意とする、[２]
活用される PD の範囲や期間について、PD 主体者が具体的に理解できて
いる状況を要件とする、[３] 他データベースとの連携が行われる可能性
がある場合には、データベース連携をオプション的に拒否する主張を可能
とすることを要件とする。

・取得された PD が、同意当初の目的とは別の目的に二次的に活用される場
合には、別途独立した説明と同意のプロセスを必要とする。

**【その４】 非常事態における特別措置として、当局等が要配慮個人情報を含む
PD に対し一部同意を得ず取得／活用することが発案された場合に議論すべ
き規範的なことがら**
・提言【その１-３】を基本原則（以下、基本原則とする）としたうえで、
以下について PD 取得／活用手段の立案及び計画にあたり、事前に当局等
および PD 主体者間でのコンセンサス形成が行われることが望ましい。

・基本原則が一部覆される状況として、感染症の急速な蔓延を防ぐ必要のあ
る非常事態を想定する。当該非常事態において、以下のいずれかを実現さ
せる目的のための手段として、当局等が PD を取得・活用するにあたり、
基本原則を特例的に逃れうる状況について検討しうる。
➤感染者個人、感染者と接触した個人、あるいは感染リスク環境に暴露す
る可能性のある個人の健康被害の最小化
➤当該感染症に関連して被る地域住民あるいは国民の健康被害の総和の最
小化
➤感染症蔓延に派生して影響を受ける、医師等人的資源や医療機器等ヘル
スケア資源の適正な提供の維持

➢当該感染症の蔓延に準じて発生しうる治安の悪化や差別等の抑制

・当局等によって基本原則が一部覆されうる規範的根拠として、以下を採用する。
➢当局等は、感染症から国民の生命及び健康を保護し、並びに感染症が国民生活及び国民経済に及ぼす影響を可能な限り小さくするために必要な態勢を整備する責務を有する。
➢共同体に属する住民あるいは国民は、状況に対する十分の理解の下で、基本的人権が侵害されない範囲内において、共同体全体の公衆衛生の改善に協力することが望まれる。

・非常事態等において、本人の同意なく当局等によって取得／活用されることを正当化する根拠としては、以下の点を基準に検討する。
➢個人、集団あるいは地域社会に与える脅威の重さ：個人の生命および個人が被る健康被害による生活の質への損害、さらにはその総和について衡量する。
➢緊急度と緊急度に基づく手段：目的を達成させるための方略を開始・運用するうえで、時間的猶予がどの程度限られているかについて検討する。
➢他に有効な手段がないこと：目的を達成させるための方略を選択するうえで、他に人権を保護する適切かつ有効な手段がないかについて十分に検討する。

・一方、当局によって「非常事態」という言葉が、プライバシー侵害のためのレトリックとして使用され、規範の衝突についての分析を真摯に行うことが軽視され、結果人権侵害が行われてしまう懸念が存在する。「非常事態だから正当化される」という理屈が力を持ちすぎないために、以下のような点について工夫がなされるべきだろう。
➢PD 主体者側と当局側の間で、PD の利活用に関する基本的な信頼関係が維持・向上されるような工夫
➢「非常事態」とは外部の基準によって一律に定義されるものではなく、

その深刻度や緊急度も含め共通認識されるべき概念であること

➤ 今回の新型コロナ感染症パンデミックのように、一般的な認識としての"非常事態／緊急事態"が発生し、そのうえで PD 利活用が具体的に実施されたことを受け、どのような事態に対してどのような PD が具体的に必要となり、どのくらいそれが集団や社会に向けた利益となるのか、等に関する事後的な検証と、その検証に基づいた PD 主体者側への事後説明

・当局等によって PD がその主体者の同意なく取得／活用される場合においては、必ず PD 主体者個人にその旨が通知されていること、また、取得／活用についての問い合わせや異議申し立てを行うための窓口が設置されていることを要件とする。

注：本文での「アジャイル運用」とは、システム開発や開発されたシステムの適用等について、状況の変化に準じて小さな変更を繰り返しながら執り行う運用方法を意味する。

《提言3》 感染症パンデミック等、非常事態発生時のスマートフォンアプリ利用に関する基本的開発および運用手順の骨子について

【緒言】

本提言は、感染症パンデミック等、重大な健康あるいは生命への脅威が懸念される公衆衛生上の緊急事態（以下、非常事態とする）の発生時におけるスマートフォン（以下、スマホ）アプリの利用に関する基本的な開発手順、運用、ルール／ガイドラインを構築するための基本枠組みを提供するものである。本提言は、【提言2】における倫理規範に基づき、具体的に適用を図る形で作成されている。我々は、感染症パンデミック等非常事態が発生した場合に、アプリの開発と利用が、国民の健康と安全の保障、感染症の拡大防止、そして利用者個人のプライバシーおよび人権の保護という三つの目標を達成するための具体的な指針となることを目指した。なお、本提言は、アプ

リ配給元かつアプリを通じた PD を取得・活用する主体が国及び地方の行政機関、並びにそれらの公衆衛生に係る付属機関（以下、当局等とする）であることを前提としている。

【その1】　情報取得・分析・活用の目的と範囲の明確化

　当局等は、情報取得・分析・活用の目的と範囲を事前に明確に定め、それを携帯端末あるいは携帯アプリの利用が想定される国民等（以下、利用者とする）に対して周知すべきである。

【その2】　情報活用手順の整備

　当局等は、情報取得から活用、最終的な廃棄に至るまでの一連の手順を整備し、それを公表すべきである。手順は明確で、追跡可能であるべきであり、利用者が自身の PD がどのように取り扱われているかを理解できるようにするべきである。また、利用者は随時その内容を確認する環境を得るとともに、修正や利用停止、削除等を求める権利を持つ。そのための受付窓口が設置される必要がある。

【その3】　PD の処理等に関する原則

　当局等が PD を活用する上で、以下の原則を遵守しながら方略が立案される必要がある。

・合法性および公正性：利用者に対し、合法であり、公正な活用がなされること
・目的制限：特定された明示的で正当な目的の範囲を超えないこと。
・最小限原則：利用目的を達成するための PD のみを取得すること。
・透明性原則：PD の取得・活用の目的と手順を明確にし、利用者に周知すること。
・正確性：処理の目的に照らし不正確な PD を遅滞なく削除または訂正することを確保するための適当な措置が採られること。
・安全性と機密性保持：PD は適切な安全対策を講じて保護されること。
・責任：当局等はデータ活用および保管に対する責任を負うこと

【その4】 アプリ利用に関する説明と同意の原則

・ヘルスケアにおける「インフォームド・コンセント」のコンセプトを可能な限り踏襲した手順とし、以下についての配慮がなされているものとする。
　➤利用者の意思決定能力に対する配慮が行われている。
　➤理解を前提とした同意を確認するための手立てがとられる。
　➤利用を拒否した場合に、利用した場合に得る事が想定される利益を得る機会がない以外の不利益がないことが保証される

・利用者は、以下の全部あるいは一部について選択的に同意することができることが望ましい。
　➤位置情報を含む PD を当局等が知ること
　➤PD を用いて、当局等が利用者個人を含めた国民の健康リスク等を評価すること
　➤評価を受けて、当局等が利用者に何らかの介入を行うこと。
　➤PD を当局等が取得し、当局等が管理あるいは委託するデータベースに保存すること
　➤取得された PD が、公衆衛生学的な利益を目的とした分析等に活用されること

【その5】 非常事態における例外的措置の適用基準と、その際に当局等が負う義務

・新興感染症パンデミックの発生時や爆発的な拡大時等、非常事態において当局等がスマホを通じて PD を特定の目的に活用する場合を想定し、以下の基準を設ける。

・非常事態については、以下を基準として共通認識を得る。
　➤感染率と死亡率：特定の感染症が急速に拡大しており、かつ死亡率あるいは入院率が一定の水準を超える場合
　➤医療体制の圧迫：一般的な医療設備やリソースが適切に対応できない程度に、病床使用率や ICU 使用率が増大する場合

➤社会経済的影響：疾病が社会や経済に大規模な混乱を引き起こしている
　場合

・非常事態において、当局等が国民の PD やスマホ利用者の移動情報等を同
　意なく活用する場合、以下の基準を最低限満たす必要がある。
➤活用の目的が、感染症の拡大防止と国民の健康と安全の保障の範囲に限
　定されること
➤活用によって期待される効果が、国民に与えるプライバシーリスクより
　も上回ることが見込まれていること
➤方略を実行する上で既存の法的根拠が十分でない場合を想定し、事前に
　新たな規範が立法されるか、あるいは速やかに方略の妥当性を担保する
　立法が行われること
➤当該状況を脱した場合には、速やかに同意を前提とした活用の基本原則
　に戻すこと。

・非常事態の共有認識に基づく PD の取得に関する一部同意回避運用を開始
　するうえで、当局は以下について留意する必要がある。
➤当局が PD 主体者の同意なくそのデータを利活用することを許容する判
　断を行う手順については、誰によってどのように行われるかについて、
　現時点であらかじめ議論を行い、決定しておくこと。
➤運用を適用するうえでの始期と終期の考え方を明示し、PD 主体者に伝
　えること。
➤同意を得ることなく利用者の PD を活用したい理由について、可能な範
　囲でその根拠を提示する。またその際に、「●●の目的を達成させるた
　めには、少なくとも全対象住民の●●％以上のデータが必要」など、悉
　皆データ捕捉の必要性についても可能な限り可視化を試みること。
➤非常事態において、当局等が国民の PD や利用者の移動情報等を同意な
　く活用する取り決めが行われる場合、以下の理由によりオプトアウトに
　よる拒否のオプションを設けないことを原則とする。
➤当該状況によって取得・活用されるデータが、一般的に悉皆性を必要と

する。

➤オプトアウトオプションが設定されることは、そもそも当事者の十分な理解に基づく主体的同意の原則を覆している非常事態としての方略発動の要件と矛盾する。

➤病名等を含む要配慮個人情報のオプトアウト同意による第三者提供は法律上認められていない。

【その6】 立法に関する覚書

・感染症パンデミック等非常事態において、（新型インフルエンザ等特措法など）一時的な立法の下で当局等が利用者のPDを活用することが想定される場合、以下のことが守られなければならない。

➤立法を行う上で、PD活用の目的は、［1］国民の健康と安全の保障、［2］感染症の拡大防止、の範囲を超えないこと

➤法律は制定された時点で、当該法の有効期限の見込みが明記されていること

【その7】 活用される情報の内容と活用の方略の決定

・活用される情報の内容と活用の方略の決定については、科学的根拠および法的根拠の裏付けがあることが望ましいが、感染症の性質や蔓延力によって、取得・活用される情報の内容や活用方法は大きく異なることが想定される。また、当該根拠の提示には迅速性が求められ、不確定性が強い段階で現実社会に実装されることが求められる。そのため、脆弱性が危惧される科学的根拠による裏付けを補完する上でも、以下の手順を原則とする。

➤専門家委員会の設置：新たな感染症パンデミック等発生時、迅速に専門家委員会が設置され、当該委員会において活用される情報の内容および活用情報の提案が行われる。当該委員会は、感染症学だけではなく、疫学、公衆衛生、法学、倫理学、情報科学など、学際的な特性を持つよう構成される。方略を決定する上では、当該委員会の承認を原則とする。

➤過去の類似事例の反省を踏まえた根拠の提示：専門家委員会は、情報の活用計画を提案する際に、最小限原則・透明性原則等を遵守しつつ、国

民に与えるプライバシーリスクに十分配慮した提案を行うべきである。その際に、過去の国外事例も含めた類似事例を一部根拠として採用する。

➤アカウンタビリティと承認：専門家委員会からの提案を受けた後、活用される情報の範囲や情報取得の方法、取得された情報の活用等が決定されるまでに、提案内容について国民等スマホユーザー側への十分な周知がなされるとともに、提案内容に対するフィードバックを受ける手順を設けるべきである。

・非常事態時において、刻一刻と変化する状況に応じて適切な方略をアジャイル的に対応させていくことはやむを得ないことであり、むしろ勧められることである。一方で、状況の変化に対応するためであることを理由に、目的に合致しない PD 収集が制限なく許可されるべきではない。PD 利活用におけるアジャイル運用（注）については、以下の制限の中で行われるべきである。

➤活用対象となる PD については、常に目的に合致する最小限の内容を利活用することを原則的な規範とする。

➤現時点のような平時において、非常事態における当局等による PD 活用範囲に関するアジャイル的運用に関して、住民の理解を得るアクションがあらかじめ行われるべきである。

➤取り扱う情報の範囲等が変更される場合や、新たな目的が追加される場合には、都度利用者に対してその内容が説明されるべきである。

➤有効性の検証を随時検証し続け、より必要になるデータや、有益性よりプライバシー侵害リスクが多いと判断される PD の利活用については、検証に基づいた随時変更が行われるべきである。

注：本文での「アジャイル運用」とは、システム開発や開発されたシステムの適用等について、状況の変化に準じて小さな変更を繰り返しながら執り行う運用方法を意味する。

【その8】 スマホの移動情報の取り扱いについて

・携帯端末利用者の移動情報については、PD として活用される場合と、匿

名情報として活用される場合の二案が想定される。匿名の統計情報として
活用される場合においては、本提言の提言内容を適用させない。

【その9】 情報提供者（国民、感染者、濃厚接触者）に対するコンセンサス形成の方法

　当局等によってアプリ開発および運用が計画された際、当局等は、以下について市民に対して周知を行うとともに、その妥当性について十分な意見聴取を行い、行政−市民間での合意を形成するためのプロセスを踏む必要がある。

・利用目的：利用目的は、単に「感染症蔓延防止」という漠然としたものではなく、具体性を持つ必要がある。特に、後段に示す「パフォーマンス指標」に紐づいた利用目的であることが理解されるべきである。また、公衆衛生上の利益のみならず、コミュニティの安全などについても明示されなければならない。

・アプリの利用によって想定される利益と不利益：当該アプリが有効に利用された際に、想定される利益受給者は、〈1〉利用者個人、〈2〉感染症罹患リスクに暴露される集団あるいはコミュニティ、〈3〉感染症対策を立案し、実施する国・行政・保健機関及び医療機関等、である。利用者は、〈1〉のみではなく、〈2〉および〈3〉の利益も理解した上で、当該アプリ利用の判断を行うことを前提とした説明が行われるべきである。同時に、アプリの利用によって利用者が負う不利益のリスクについて、〈1-3〉の利益の合計と衡量することが可能な説明である必要がある。

・取得されるデータの内容：個人のどのような情報が、どのような頻度で、どのような手段を通じて取得されるのかについての周知が必要である。特に、移動情報・位置情報の取得方法と取り扱い方については、具体的なイメージが利用者に理解される工夫が必要である。

・パフォーマンス指標：アプリ利用の対象となる市民全体のうち、一定の割合がアプリを利用したことを想定した場合に、予測される感染症蔓延防止の指標（例として、特定地域における集中治療室での治療が必要とされる患者数の人口比など）が、測定可能な形で具体的に複数提示されなければならない。さらには、上述した〈1〉から〈3〉への寄与をあらわす指標がそれぞれ設定されるべきである。

・データベース連携：原則としては、アプリを通じて取得される PD のデータは、他のデータベースとは連携されないものとする。一方、アプリを通じて取得されたデータが、（例えば病院利用情報など）他のデータベースと連携されることで、利用者自身への健康利益、あるいは公衆衛生的な視点からの利益に大きく寄与することが想定された場合、以上の原則を逸脱することがありうる。一方、このような PD の取り扱われ方は、利用者にとって十分な理解を行うことが困難である。そのため、特にデータベース連携が行われることで想定される特別な PD の漏洩、あるいは目的外利用のリスクについて、利用者と当局等との間でより慎重な議論が行われる必要がある。

・アプリを通じた利用者への通知・介入：上述の〈1〉の利益を実現するためには、利用者個人にとっての健康利益を高めるために、アプリを通じた利用者個人への通知・あるいは介入が想定される。当該介入が与える利用者への心理的負担感その他生活上の不具合等について、利用者側の意見聴取を行うべきである。

【その10】　活用された情報の公開あるいは特定機関等への第三者提供に係る原則

・当局等は、活用された情報の公開あるいは特定機関等への第三者提供を行う上で、以下の点を比較衡量の要件とする。
　➢提供されたデータの活用目的の妥当性
　➢当該情報を活用する社会的意義ないし有用性

➢当該情報を活用する必要性

➢PD 主体者が被る負担・不利益の内容・程度

➢PD の目的外利用や漏洩による不利益を防止するための措置の有無・内容

・活用された情報の公開あるいは特定機関等への第三者提供を実施する上においても、【情報提供者（国民、感染者、濃厚接触者）に対するコンセンサス形成の方法】で記載された手順を踏むことが望ましい。

第 2 部

◆

デジタル技術と感染症対策に関する
個別課題の検討

1. デジタル環境における健康関連個人情報を取り扱う上での「説明と同意」の構造がもつ倫理的問題点と提言

尾藤 誠司

1 はじめに

　デジタル化の波は、健康に関する個人情報の取り扱いにも大きな変革をもたらしている。スマートフォンやウェアラブルデバイス、医療機関の電子カルテシステム等から生成されるデータは、個々の健康管理から疾病の早期発見、医療サービスの提供、公衆衛生の推進に至るまで、広範な活用が期待されている。これらの情報は非常に重要である一方で、個人のプライバシーを侵害する可能性も内在している。

　この問題において、重要な議論の対象となるのが「説明と同意」である。個人の情報がどのように使われるのか、どのようなリスクが存在するのかを説明し、その上でその人が同意を与える。これは個人の自己決定権を尊重し、プライバシーを守る基本的な枠組みである。しかしながら、デジタル環境下での「説明と同意」のプロセスは、その複雑さや不透明性から、しばしば形骸化しているとの指摘がある［1］。

　本稿では、デジタル環境における健康関連個人情報を取り扱う上での「説明と同意」の構造がもつ倫理的問題点と提言について考察する。まず、医療現場における「説明と同意」の構造、およびそこで存在している倫理的問題点について考察する。次に現在のデジタル環境における「説明と同意」の実態と問題点を明らかにする。次に、現行の倫理規範とその限界を議論し、個人の自由な同意が得られるための新たなアプローチについて提言する。この議論を通じて、「説明と同意」のプロセスを再評価し、個人の情報自己決定

権を真に尊重する新たな視点を提供することを目指す。

2 医療環境における「説明と同意」がもつ倫理的問題

　医療現場における「説明と同意」の実施にはいまだ課題が多い。大きな問題のひとつは、「説明と同意」プロセスの前提に医療者と患者との間にパターナリズム的な関係が生じる可能性があることである。ここでいうパターナリズムとは、医療従事者が患者さんにとって何が最善かを知っていると信じて、患者さんに代わって意思決定を行うことを指す。医療者がもつパターナリズム的態度は、プロフェッショナリズムや助けたいという純粋な気持ちに根ざしていることが多いが、不平等なパワーダイナミックスにつながることがある［2］。医師の提案に対して、患者は、それを拒否したり、懸念を表明することに威圧感やためらいを感じたりするかもしれない。「患者のため」と正当化された医療者の独善的価値に基づく行動が、患者に対して害をもたらし、患者の尊厳を侵害した歴史的な例がある。「説明と同意」プロセスにおいて、患者は、医療者との権威勾配から自由な状態の中で、意思決定に必要な情報提供を十分に理解した上で、自分自身の価値に基づいた権限を与えられていると感じるものでなければならない。

　第二の課題は、患者に提供する情報の適切な量と内容の決定だ。医療従事者は、包括的な情報を提供する必要性と、患者を圧倒しないようにする必要性とのバランスを取ることに長けていなければならない。この情報には、患者の現在の健康状態、治療を受けない場合の予後、考えられる治療法、潜在的な利益とリスク、専門家の推奨事項などが含まれる必要がある。しかし、専門的な内容にこだわるあまり、患者が混乱したり、決断の準備ができなかったりすることはよくあることである［3］。

　第三には、理解に基づく同意の観点が不十分である点である。生命を左右しかねない健康状態に直面した患者は、不安やその他の認知的なバリアにより、複雑な医療情報を理解することが困難な環境にある。このような場合、医療従事者は必要な情報を提供するだけでは十分ではなく、むしろ提供された情報を医療を受ける当事者が自分事として理解し、葛藤するための手助け

を行うことがより肝要なプロセスである。

第四には、専門家から提案された選択肢に対して、患者が全同意以外の選好をもった際の意思決定プロセス、および患者 - 医療者関係の継続に関する問題である。「説明と同意」のプロセスでは、本質的に代替案の価値を評価することが必要である。選択肢の価値は、医学的な有効性などに基づく専門家再度によって査定される価値とともに、医療を受ける患者のもつ人生観や価値観が強く反映され、最終的な選択肢を選ぶ根拠として統合される必要がある。Shared Decision Making（SDM）は、従来の「説明と同意」のプロセスを強化するために導入されたアプローチである。SDM では、医療従事者と患者の双方が意思決定プロセスに責任をもち関与することで、医療の意思決定の共同性を強調する［4］。この共同作業により、意思決定には関係者全員の主観的な価値が反映されるため、どの関係者にとっても望ましくない結果になる可能性が低くなる。

また、患者が提案された治療法を拒否した場合に、その拒否そのものによって患者に不利益がもたらされたり、継続的な医療関係を混乱させたりしないようにすることが肝要である。拒否権の発動は、患者の自律性の基本的な側面である。しかし、それは医療関係の継続性が確保されてこそ効果的に実施できるものである。パターナリズム関係においては、たとえ医療者側に悪意がなかったとしても、医療者の提案に対して患者がそれを拒否したとき、その拒否そのものによって医療者側の機嫌を損ねたり、さらにはそれに派生して患者が正当な医療を受ける機会を失ってしまったりすることを患者が懸念する可能性はある。そのような懸念をもつ必要がないための安全な意思決定環境を設定することも、正当な意思決定において医療者が工夫すべき義務であるといえる。

3　医療において患者への十分な理解に基づく同意が回避される要件

患者に何らかの医療介入が行われたり、要配慮情報を多く含む患者の個人情報が病院の中で特定の目的のために用いられたりするうえで、すべて患者

がそれを理解しており、すべてに同意している状態は理想的な状態であるといえるが、それは現実的ではない。実際には病院等の医療現場で、患者への十分な理解に基づく同意が回避されながら医療サービスが営まれている状況は存在しており、それは社会的なコンセンサスとして許容されていると考えられる。たとえば、院内での症例検討会、担当外の医師による患者さんの診療記録の確認、患者さんの診療記録による若手医師の指導などである。これらの行為は、より良い医療提供や医学教育に貢献するものとして、一般的に受け入れられている。また、患者の健康情報が研究などの二次的な目的で使用される場合もある。これらの利用は、必ず倫理委員会で十分に検討され、承認されなければならない。患者の利益に基づくサービスや医療者の教育、健全な病院経営といった正当な利用目的と、それ以外の利用目的とでは、しっかりと区別をつけながら患者情報は取り扱われている。

　また、緊急性がある場合や、患者から同意を得ることが現実的でない医療環境にある場合には、同意回避の例外がある。たとえば、心肺停止状態の患者に蘇生への同意を求めることは現実的でないばかりか、倫理的にも問題がある。正しい行動が明確ではないボーダーラインのケースも必然的に存在する。このような場合、病院の倫理委員会がセーフガードとなり、患者さんの安全と権利が守られるよう状況を確認することができる。結論として、医療は常に「説明に基づくオプトイン・コンセント」の原則だけで運営されているわけではない。患者にとっての利益と、患者の自主性の尊重のバランスをとることが不可欠である。

　病院医療がもつ利益／害のバランスは、一見明確に見えるが、それが個々の患者にとってどの程度理解されているかは疑問が残る。医療は専門的な知識と技術が必要であり、患者自身がそのすべてを把握することは困難である。そのため、「説明と同意」のプロセスは患者が自己決定を行うための重要な機会であると同時に、患者の理解を深めるための教育的な側面ももつ。しかし、「説明と同意」のプロセスが十分に機能していない場合、患者は医療の利益とリスクについて十分な情報を得られず、自己決定の機会を失う可能性がある。

4 デジタル環境における「説明と同意」の実態

　近年、デジタル環境における健康関連個人情報の利用が急速に進展している。生体情報、遺伝情報、医療記録等の健康情報は、その正確さと即時性により、個々の健康管理だけでなく、公衆衛生、医療研究、新たな医療サービス開発等に活用されている。しかし、これらの情報が個人の同意なく利用されることは、その人のプライバシー侵害となる。こうした情報は、その人の生活習慣、疾病の履歴、遺伝的リスクなど、非常にプライベートな情報を含んでおり、それが不適切に公開されることは大きな社会的、心理的ダメージを与える可能性がある。このため、「説明と同意」のプロセスが重要となる。情報の提供者は、その情報がどのように使われ、どのようなリスクが存在するかを説明し、情報の所有者が理解した上で同意を与える。これは個人の自己決定権を尊重するための基本的な枠組みである。

　しかしながら、デジタル環境下での「説明と同意」のプロセスは、しばしば形骸化している［5］。多くの場合、利用規約やプライバシーポリシーは専門的な知識を必要とする法的な言葉で書かれ、その内容を十分に理解することは一般の人には難しい。また、その量も膨大であり、すべてを読み理解することは現実的でない。加えて、「説明と同意」のプロセスは、「説明と理解」そして「同意」の2段階から成るが、このうち「理解」の部分がしばしば省略され、情報の所有者が自分の情報がどのように使われるのかを十分に理解する機会が奪われている。さらに、データの活用は高度に複雑化しており、どのような形で使われるかを具体的に説明すること自体が難しくなっている。AIやビッグデータ分析など、新たな技術の登場により、情報の使用方法や可能性が増大し、その結果を予測することは専門家でさえ難しい。

5 デジタル環境における「説明と同意」の問題点

　デジタル環境における「説明と同意」の構造は、従来の対面による「説明と同意」の構造とは大きく異なる［6］。情報提供者と情報受取人との間の

直接的な関係性がなく、情報の取り扱いが自動化されたシステムによって行われるため、情報受取人が自身の情報がどのように利用されるのかを具体的に理解することは困難である。さらに、デジタル環境における「説明と同意」のプロセスは、一般的には「プライバシーポリシー」や「利用規約」を通じて行われるが、これらの文書は一般的に長文であり、法的な専門知識を必要とするため、一般の利用者が理解するには難易度が高い。

　また、デジタル環境における情報の流通速度は非常に高く、一度流出した情報を取り戻すことはほぼ不可能である。そのため、情報受取人が自身の情報の取り扱いについて自由に決定するためには、情報提供者が情報の取り扱いについて十分に説明し、情報受取人がそれを理解し、同意するというプロセスが非常に重要である。しかし、上記のようなデジタル環境特有の課題により、情報受取人が自身の情報の取り扱いについて自由に決定することは困難である。

　これらの問題は、デジタル環境と医療環境における「説明と同意」の規範的な視点と運用的な視点のギャップからも明らかである。医療環境では、「説明と同意」のプロセスは医師と患者との間の対話を通じて行われ、医師は患者が自身の健康に関する情報を理解し、自己決定することを尊重する。しかし、デジタル環境では、このような対話的なプロセスが欠如しており、情報提供者と情報受取人との間の関係性が希薄である。したがって、情報受取人が自己決定の機会を得るためには、情報提供者が情報の取り扱いについて明確に説明し、理解を助ける仕組みが必要である。

　以上から、デジタル環境における「説明と同意」の枠組みは、情報受取人の自己決定の機会を制約する原因となっていると言える。この問題を解決するためには、デジタル環境特有の課題に対応した新たな「説明と同意」の枠組みの設計と、それを支える社会的なシステムの構築が必要である。

6　デジタル環境における「説明と同意」に関する倫理的考察

　デジタル環境における健康関連個人情報の「説明と同意」の倫理的問題は、主に形骸化、不透明性、医療のパターナリズムという3つの観点から深く考

察することが求められる。

　まず、「説明と同意」の形骸化について考察する。この問題は、情報提供者の説明義務と情報所有者の理解と同意の過程が形式的なものとなり、その本来の目的を失っている状況を指す。たとえば、一部のプライバシーポリシーは、専門的な知識をもたない一般の利用者にとって理解しきれないほど長く、複雑である。この結果、多くの利用者は内容を理解することなく同意する状況が生じ、その結果、情報提供者と情報所有者の間の情報の非対称性が深まる。「説明と同意」の形骸化は、情報提供者が情報の使用目的、使用方法、リスクなどについて十分に説明し、情報所有者がその説明を理解した上での自由な同意が前提とされている現行の倫理規範とは一線を画している。これは個人の自己決定権、情報の自由、プライバシーの尊重といった倫理的価値を損なう可能性がある。

　不透明性の問題について考察する。この問題は、デジタル環境における個人情報の活用が、その複雑さと不確定性から透明性を欠くことにより生じる［7］。「説明と同意」の過程では、情報提供者が情報の使用方法、使用目的、関連するリスクを明確に説明することが求められるが、AIやビッグデータ分析といった技術の進展により、情報の活用方法は複雑化し、その結果を予測することは困難になっている。この結果、情報所有者が情報の使用に対して同意する際の判断基準が不明確となる可能性がある。また、この問題は、情報提供者が情報の使用について自由かつ明確な判断を行うことを妨げる可能性がある。これは、情報所有者が自身の情報の使用について意思決定を行う上での自由と情報の自由、そしてプライバシーの尊重といった倫理的価値に反する。

　「説明と同意」の倫理的問題については、医療のパターナリズムの観点からの考察も必要である。公衆衛生上の利益という概念は、当局や組織が個人にとって何が最善かを知っているという考えであるパターナリズムを正当化するためにしばしば用いられる［8］。しかし、公衆衛生上の利益が個人の権利よりもどの程度高く評価されるかについては以前議論が必要なアジェンダである。アプリの利用において、個人のプライバシー権の保護と公衆衛生上の利益とのバランスを求めることは、むしろ傲慢なパターナリズムとして

受け取られかねない。

　このような背景から、「ナッジ」の概念も重要な意味をもつ。ナッジとは、アプリケーションの微妙なデザイン機能で、ユーザーに特定の行動や意思決定を促す、あるいは時には操作するものである［9］。ナッジは、アプリケーションの中でユーザーの行動や意思決定を形成する上で重要な役割を果たすが、多くの場合、ユーザーが意識することはない。そこで問題となるのが、ユーザーを誘導して同意させることは適切なのか、ということである。

　また、患者‐医師関係（病院）と市民‐行政者関係（スマホアプリ）は、情報の取り扱いと「説明と同意」の枠組みにおいて異なる特性をもつ。病院での医療提供は、専門的な医師と個々の患者との間の直接的な関係性に基づいている。一方で、スマホアプリによる情報の取り扱いは、匿名の市民と行政者との間の間接的な関係性に基づいている。その結果、情報所有者が情報の使用について自由に判断するための条件が異なり、それぞれの場面で「説明と同意」の枠組みが異なる問題を引き起こす可能性がある。病院医療における「説明と同意」の枠組みは、医師が患者に対して情報を提供し、患者がそれを理解し、その上で自己決定を行うというプロセスを想定している。しかし、現実には、医療の複雑さや情報の不均衡、さらには時間制約や患者の健康状態などの要因により、「説明と同意」のプロセスが十分に機能していない場合が多い。これは、医療のパターナリズム的な側面が根強いことを示しており、患者の自己決定の機会が制約される原因となっている。個人情報の取り扱いにおける「説明と同意」の枠組みが抱える問題点と課題が明らかになる。患者や市民が自分の情報の取り扱いについて自由に決定できる環境を整備するためには、これらの問題と課題に対する深い理解と、それを解決するための具体的な対策が必要である。

　「説明と同意」の形骸化、不透明性、医療のパターナリズムという3つの問題は、「説明と同意」の枠組みが情報所有者の自由とプライバシーの尊重という倫理的価値を十分に実現できていないことを示している。これらの問題を解決するためには、新たな視点とアプローチが求められる。具体的には、「説明と同意」の枠組みを再構築し、そのプロセスを透明性と理解しやすさを重視したものにすることが必要となるであろう。

7 デジタル環境における「説明と同意」の 新たな枠組みとその提案

　デジタル環境における「説明と同意」の現行の枠組みは、前述した通り、情報受取人の自己決定の機会を制約する問題が存在する。この問題を解決するためには、「説明と同意」の枠組みそのものを見直すとともに、それを支える社会的なシステムの構築が必要である。本セクションでは、新たな「説明と同意」の枠組みとその提案について述べる。

　第一に、デジタル環境における「説明と同意」の新たな枠組みとして、「分かりやすい説明」が求められる。現行の「プライバシーポリシー」や「利用規約」は、長文で法的な専門知識を必要とするため、一般の利用者が理解するのは難しい。この問題を解決するためには、情報の取り扱いについて具体的かつ分かりやすく説明する仕組みが必要である。具体的には、「情報の取り扱いの目的」「取り扱いの範囲」「取り扱いによるリスク」を明示することが考えられる。

　第二に、「説明と同意」の過程において利用者の自主性を尊重する仕組みが必要である。現行の枠組みでは、情報提供者が一方的に情報を提供し、利用者はそれを受け入れる形になっているが、これでは利用者の自主性が尊重されていない。新たな枠組みでは、利用者が自身の情報の取り扱いについて自由に決定できるような仕組みが必要である。たとえば、利用者が自身の情報の取り扱い範囲を設定できるような機能の提供などが考えられる。

　第三に、これらの新たな「説明と同意」の枠組みを支えるためには、社会的なシステムの構築が必要である。具体的には、情報提供者が「分かりやすい説明」を行い、「利用者の自主性を尊重する仕組み」を提供するための指針や法的な制度、そしてそれを監視・評価する第三者機関の存在が求められる。

　これらの新たな「説明と同意」の枠組みとその提案は、デジタル環境における情報受取人の自己決定の機会を向上させ、倫理的な視点からの問題解決に寄与すると考えられる。ただし、これらの枠組みと提案が具体的にどのよ

うな形で実現されるかは、今後の議論と実践を通じて詳細化されていくべきである。

　以上の提案は、デジタル環境における個人情報の取り扱い全般に適用可能な原則であると同時に、特に健康関連個人情報の取り扱いにおいてその重要性が強調されるべきである。これは、健康関連個人情報は個人のプライバシーを深く関わる情報であり、その不適切な取り扱いが個人の生活や人権に重大な影響を及ぼす可能性があるからである。提案を具体的に実現するためには、多様な関係者が協力する必要がある。情報提供者、情報受取人、法制度作成者、第三者機関など、各々が役割を果たし、連携を図ることで、より倫理的な「説明と同意」の枠組みの実現が期待される。

8　まとめ

　本稿では、「デジタル環境における健康関連個人情報を取り扱う上での「説明と同意」の構造がもつ倫理的問題点と提言」について考察した。現代社会での健康情報の取り扱いが、急速なデジタル化により一般的になりつつあり、その中での「説明と同意」の重要性が増している中で、既存の枠組みが直面している問題点と、それを解決するための新たな規範的枠組みを提案した。

　本稿の主要な見解としては、個人の健康情報の取り扱いに関する「説明と同意」は、個々の自主性を尊重することが前提であるという点、そして、これに基づいて具体的な行動提案を提示した点である。

　また、本稿では、「説明と同意」の規範的な枠組みが、実際のデジタル環境における健康関連個人情報の取り扱いにどのように適用されるべきかについての具体的な行動提案も行った。具体的な行動提案は、情報提供者と法制度作成者や第三者機関に対するものであり、情報提供者は具体的かつ分かりやすい説明を心がけ、利用者の自主性を尊重し、オープンなコミュニケーションを維持することが求められる。一方、法制度作成者や第三者機関は、情報提供者がこれらを適切に行えるように支援し、監視・評価を行うべきである。

本稿を通じて、個人の健康情報の取り扱いにおける「説明と同意」についての規範的な枠組みを理解し、現実の課題を解決するための具体的な行動提案を提供できたことを期待する。今後もこの問題に対するさらなる議論と研究が求められる。

《参考文献》

[1] 内田宏美，太田敦子，長尾文，山脇典子，植村佐和子，徳山智恵，& 水谷奈緒子．(1999)．インフォームド・コンセントをめぐる認識の"ズレ"が問いかけるもの．生命倫理，9(1)，81-88.

[2] Childress, J. F., & Mount Jr, E. (1983). Who should decide? Paternalism in health care.

[3] Grady, C. (2015). Enduring and emerging challenges of informed consent. *New England Journal of Medicine, 372*(9), 855-862.

[4] Elwyn, G., Frosch, D., Thomson, R., Joseph-Williams, N., Lloyd, A., Kinnersley, P., ... & Barry, M. (2012). Shared decision making: a model for clinical practice. *Journal of general internal medicine, 27*, 1361-1367.

[5] Barrows Jr, R. C., & Clayton, P. D. (1996). Privacy, confidentiality, and electronic medical records. *Journal of the American medical informatics association, 3*(2), 139-148.

[6] Gesualdo, F., Daverio, M., Palazzani, L., Dimitriou, D., Diez-Domingo, J., Fons-Martinez, J., ... & Tozzi, A. E. (2021). Digital tools in the informed consent process: a systematic review. *BMC medical ethics, 22*, 1-10.

[7] Turilli, M., & Floridi, L. (2009). The ethics of information transparency. *Ethics and Information Technology, 11*, 105-112.

[8] Buchanan, D. R. (2008). Autonomy, paternalism, and justice: ethical priorities in public health. *American journal of public health, 98*(1), 15-21.

[9] Menard, J. F. (2010). A 'nudge'for public health ethics: libertarian paternalism as a framework for ethical analysis of public health interventions?. *Public Health Ethics, 3*(3), 229-238.

2. スマートフォンを用いた感染症対策と
通信の秘密との関係

溝端　俊介

1　はじめに

　感染症対策を実効的に行うためには、感染経路の特定や、行動変容の指針策定等のため、データの利活用が必要であることは言うまでもない。COVID-19対策においても、スマートフォンの接触確認アプリにより取得したデータが活用されていた。他方、必要となるデータは、多くの場合個人に関するデータであり、プライバシーへの影響を考慮すべきである。このことはCOVID-19対策においても当初から指摘されていた[1]。しかしながら、プライバシーそれ自体の理解についても見解が分かれているほか、個人情報保護法をはじめとするプライバシーに関連する個別法も存在することから、プライバシーに関する法制度は複雑なものとなっている。この点、個人情報保護法については一定の議論がなされているものの[2]、その他の個別法に関する議論は必ずしも多くはない。特に、スマートフォンを用いたデータの収集・利用を行う際には、電気通信事業法上の通信の秘密の論点を避けては通れないが、そもそも電気通信事業法に関する議論が多くはないこともあり、通信の秘密の範囲等について、やや混乱が見られたようにも思われる。

　そこで、本稿では、感染症対策のためにスマートフォンを用いて個人に関

---

[1] 「新型コロナウイルス感染症対策テックチーム Anti-Covid-19 Tech Team キックオフ会議」 議事概要（令和2年4月6日）
[2] 接触確認アプリに関する有識者検討会合「『接触確認アプリ及び関連システム仕様書』に対するプライバシー及びセキュリティ上の評価及びシステム運用上の留意事項」（2020年5月26日）

するデータを収集する際に問題となり得る通信の秘密に関する議論状況を概観する。

　なお、本稿中意見にわたる部分は、筆者の個人的な見解であり、筆者の所属する組織の見解ではないことをあらかじめお断りさせていただく。

2　通信の秘密の内容について

(1)　概要

　電気通信事業法4条1項は、「電気通信事業者の取扱中に係る通信の秘密は、侵してはならない。」と規定しているため、スマートフォンを利用した感染症対策においてデータを取得することが、通信の秘密を侵すことにならないかが問題となる。

(2)　「通信」について

　「通信の秘密」の範囲を議論するためには、ここでいう「通信」がなにか、を確定する必要がある。しかしながら、電気通信事業法には、「電気通信」は定義されているものの[3]、「通信」は定義されていない[4]。したがって、スマートフォンを利用した感染症対策においては、GPSやBluetoothを用いた情報の送信が行われるが[5]、これらがここでいう「通信」に該当するのか、直ちには明らかではない。「通信の秘密」には、個別の通信に係る通信内容のほか、個別の通信に係る通信の日時、場所、通信当事者の氏名、住所・居所、電話番号などの当事者の識別符号、通信回数等これらの事項を知られることによって通信の意味内容を推知されるような事項全てが含まれると解されている[6]ことなど、通信の秘密の保護範囲は非常に広く、また厳格に保護されることから、「通信」の範囲を明らかにすることは重要である。

---

[3] 有線、無線その他の電磁的方式により、符号、音響又は影像を送り、伝え、又は受けることをいう（電気通信事業法2条1号）。

[4] 「表現」との区別の観点から、「電気通信」を「電気」と「通信」に区分することなく不可分一体に理解するべきことについて、髙橋和之『人権研究1　表現の自由』366頁注63（有斐閣、2022年）。

[5] 新型コロナウイルス感染症対策テックチーム事務局「接触確認アプリの導入に係る各国の動向等について」（令和2年5月8日）参照

この点、憲法学説においては一定の議論がなされており、参考になる[7]。憲法学説上は、「通信」とは、「特定の差出人・発信人と特定の受取人・受信人との間で行われるコミュニケーション行為をいう」という見解が有力である[8]。これに対し、不特定多数の者に向けて行われる情報の発着信が含まれない点が問題であるとして、「『通信』とは、憲法適合的な通信制度の下で、特定の発信者・当初送信者からの情報が、一定の通信管理主体その他の関与者の仲立ちにより、特定又は不特定の着信者・最終受信者に対して、ネットワークその他の通信設備を用いて送り届けられること」であると述べる見解もある[9]。

いずれにせよ、これらの理解は、通信の秘密の保護の趣旨を前提にしているように思われる。憲法学説上は、いずれを採用するか、あるいはどの程度重視するかについて議論がなされているものの、通信の秘密の保障根拠は表現の自由やプライバシーであるとされる[10]。最高裁も、通信の秘密を保護する趣旨について、「通信が社会生活にとって必要不可欠な意思伝達手段であることから、通信の秘密を保護することによって、表現の自由の保障を実効的なものとするとともに、プライバシーを保護することにあるものと解される。」としている[11]。いずれの見解に拠るにせよ、ここにいう「通信」は、表現の自由やプライバシーを保護するために必要であるものを指しており、発信者の意思に基づいているものなど、ある程度実質的な内容を伴うものが想定されていると考えられる。

電気通信事業法を所管する総務省も、「通信の秘密」における「通信」を

---

[6] 総務省「通信の秘密の確保に支障があるときの業務の改善命令の発動に係る指針」2頁。最高裁も「送信者情報は、通信の内容そのものではないが、通信の秘密に含まれるもの」と述べる（最一決令和3年3月18日民集第75巻3号822頁）。

[7] 一般には、電気通信事業法4条1項の通信の秘密は憲法21条2項後段を受けたものであり、従って保護の趣旨及び範囲は憲法と同一のものと解されている。宍戸常寿「通信の秘密に関する覚書」長谷部恭男ほか編『現代立憲主義の諸相　下』508頁（有斐閣、2013年）、高橋・前掲注4）362頁。

[8] 芦部信喜『憲法学Ⅲ　人権各論(1)増補版』544頁（有斐閣、2000年）、長谷部恭男編『注釈日本国憲法(2)』432頁〔阪口正二郎〕（有斐閣、2017年）、宍戸・前掲注7）496頁等。

[9] 海野敦史『「通信の秘密不可侵」の法理』97頁（勁草書房、2015年）

[10] 宍戸・前掲注7）500頁等。

[11] 最一決令和3年3月18日民集75巻3号822頁

実質的な内容を伴うものに限る立場が採用していると考えられる。すなわち、「位置情報プライバシーレポート」においては、「端末利用者とアクセスポイント設置者間の通信に基づく位置情報」（下線は筆者による）は、「通信の秘密・個人情報への該当性、他の識別情報との結びつき」において、「通信の秘密」に該当しないとされているが、これは通信であっても、「通信の秘密」の対象となる「通信」には該当しない場合があるということを示していると思われる[12]。

　また、「電気通信事業における個人情報等の保護に関するガイドライン解説（令和5年5月18日版）」において、「個々の通信時以外に移動体端末の所持者がエリアを移動するごとに基地局に送られる位置登録情報は個々の通信を成立させる前提として電気通信事業者に機械的に送られる情報に過ぎないことから、サービス制御局に蓄積されたこれらの情報は通信の秘密ではな」（下線は筆者による）いと説明されている[13]。

(3)　「秘密」について

　次に、通信の秘密の範囲には、個別の通信に係る通信内容のほか、個別の通信に係る通信の日時、場所、通信当事者の氏名、住所・居所、電話番号などの当事者の識別符号、通信回数等これらの事項を知られることによって通信の意味内容を推知されるような事項全てが含まれると解するのが通説である。

　しかしながら、これらの事項が常に「秘密」に該当するのかという点については、必ずしも正面から活発な議論がなされているわけではない[14]。特定者間の通信は、ひとまず秘密性が推定されると解されているところ[15]、その推定が排除される場合についての議論がほとんど存在しない結果、通信の秘

---

[12] 緊急時等における位置情報の取扱いに関する検討会　報告書「位置情報プライバシーレポート」8頁（平成26年7月）

[13] 「電気通信事業における個人情報等の保護に関するガイドライン　解説（令和5年5月18日版）」205頁

[14] 「秘密」について議論するものとして、海野・前掲注9）123頁以下。

[15] 多賀谷一照監修・電気通信事業法研究会編著『電気通信事業法逐条解説（改訂版）』35頁（情報通信振興会、2019年）

86

密は形式秘的に扱われることになり、その意味でも手厚い保障を受けることになっていると思われる、との指摘がある[16]。かかる議論状況を踏まえると、ひとまずは形式秘的に考えることが実務上の対応となるものと思われる。

(4) 「侵してはならない」について

通信の秘密を侵害する行為には、積極的に知得する行為及び漏えいする行為が含まれると解されている[17]。これに加えて、少なくとも電気通信事業法上は、「窃用」（発信者又は受信者の意思に反して利用すること）が含まれると解されている[18]。

感染症対策のためにデータを取得し、また、取得したデータを感染症対策のために用いることは、知得及び窃用に該当する場合が多いと思われる。

したがって、「通信」を利用する場合には、「秘密」にも該当し、「侵す」ことにも該当してしまうと考えられる。

3 違法性阻却事由

通信の秘密を侵害した場合であっても、正当行為（刑法35条）、正当防衛（同法36条）、緊急避難（同法37条）に該当する場合等には例外的に違法性が阻却されると解されている。公衆衛生のための対応において、正当行為や緊急避難に拠ることが考えられるが、これらに依拠することができるかどうかについて、以下検討する。

(1) 正当行為
ア 定義

正当行為については、「法令又は正当な業務による行為」をいうと解されている[19]。

---

[16] 曽我部真裕「通信の秘密」法学セミナー786号63頁注5
[17] 宍戸・前掲注7）496頁、高橋・前掲注4）346頁。
[18] 宍戸・前掲注7）512頁、高橋・前掲注4）346頁、総務省「通信の秘密の確保に支障があるときの業務の改善命令の発動に係る指針」2頁

イ　法令による行為

　公衆衛生のための通信の秘密の利用が法令に基づく場合は違法性が阻却されうることになる。ただし、総務省のガイドラインにおいては、法律上の照会権限を有する者からの照会（刑事訴訟法第197条第2項、少年法第6条の4、弁護士法第23条の2第2項、特定電子メールの送信の適正化等に関する法律第29条等）等がなされた場合であっても、通信の秘密に属する事項について提供することは原則として適当ではない、とされているなど[20]、単に法令上の根拠があるだけでは違法性が阻却されないことに留意が必要である。その他、憲法学説上は、破産管財人による開披[21]については、適用違憲の可能性が指摘される[22]。

　判例においても、犯罪捜査のための通信傍受に関する法律の制定前に、検証許可状により電話傍受を実施することが可能であるかどうかという点について、「重大な犯罪に係る被疑事件について、被疑者が罪を犯したと疑うに足りる十分な理由があり、かつ、当該電話により被疑事実に関連する通話の行われる蓋然性があるとともに、電話傍受以外の方法によってはその罪に関する重要かつ必要な証拠を得ることが著しく困難であるなどの事情が存する場合において、電話傍受により侵害される利益の内容、程度を慎重に考慮した上で、なお電話傍受を行うことが犯罪の捜査上真にやむを得ないと認められるときには、法律の定める手続に従ってこれを行うことも憲法上許されると解するのが相当である。」との厳しい判断をしたものがある[23]。

　感染症対策のために通信の秘密を利用する立法を行う際には、現場の混乱を避けるためにも、通信の秘密との関係性を整理のうえで明確な行動準則が読み取れる規定とすることが望ましいと考えられる。

---

[19] 刑法35条

[20] 「電気通信事業における個人情報等の保護に関するガイドライン　解説（令和5年5月18日版）」99頁

[21] 破産法82条1項

[22] 芦部・前掲注8）548頁、高橋・前掲注4）353頁

[23] 最三決平成11年12月16日最高裁判所刑事判例集53巻9号1327頁。ただし、結論においては、当該事件における電話傍受を適法と判断している。

ウ　正当な業務による行為

「正当な業務による行為」の範囲については、議論がある。いずれの立場をとるかによって、公衆衛生のための通信の秘密の利用が正当業務行為に該当するかどうかについて結論が分かれることとなる。

第一の立場として、児童ポルノのブロッキングに関する議論においてみられた見解がある。すなわち、刑法35条について、「正当な業務による行為が違法性を阻却するとされるのは、業務であることに重点がおかれるのではなく、正当な業務であることに実質的な理由があると考えるべきであって、ここから、後段は、業務による行為を例示として、正当な行為一般が違法性を阻却する旨を明らかにしたもので、本条は、違法性阻却の一般的な原則を定めた規定である」という立場に立ち、「正当行為に該当するといえるためには、①目的の必要性、行為の正当性、②手段の相当性を充たすことが必要とされるところ、ブロッキングに関しては、①については、前述の児童の権利を保護する観点に加え、児童ポルノを送信する行為は、そもそも児童買春・児童ポルノ禁止法に違反する行為であること、ヨーロッパを中心に多くの国で既にとられている措置であることなどから、その目的の必要性、行為の正当性が認められることは明らかである。②については、侵害することとなる通信の秘密は通信の経路情報であり、目的達成のために必要な限度にとどまると言え、目的達成のために必要かつ相当な方法と考えられる」とする見解がある[24]。かかる立場からは、公衆衛生目的についても目的の必要性が認められ得る結果、正当業務行為と整理できる場合も存在しうることになると考えられる。

第二の立場として、総務省による「正当業務行為として違法性が阻却されるためには、電気通信役務の円滑な提供の確保の観点から、業務の目的が正当であり、当該目的を達成するための行為の必要性及び手段の相当性が認められる行為である必要がある」（下線は筆者による）というものがある[25]。

---

[24] 児童ポルノ流通防止協議会「児童ポルノ流通防止協議会　ブロッキングに関する報告書」18頁（平成22年3月）
[25] 「電気通信事業における個人情報等の保護に関するガイドライン　解説（令和5年5月18日版）」56頁

この点について、「国民の社会・経済・文化的インフラである通信役務の特色を踏まえ、個別の契約に基づく役務提供義務の履行のみならず、いつでも誰でも自由に通信を利用できる環境を確保するという観点に立ち、利用者である国民全体にとっての通信役務の円滑な提供という見地から正当・必要と考えられる措置は正当業務行為と認められている。他方、ファイル交換ソフトによる情報漏洩の防止のように一般的な意味では正当な行為と言い得るものであっても通信役務の提供それ自体と関わりなく専ら特定の通信の危険性に着目して採られる措置については正当業務行為とは認められていない。すなわち、電気通信事業者による通信の秘密の侵害行為が正当業務行為に該当するか否かは、社会インフラの担い手である電気通信事業者としての通信役務提供にとっての正当性・必要性という見地から判断されており、必ずしも一般的な意味での正当性があるかという観点から判断されているわけではないということができる」との指摘がなされている[26]。裁判例においても、電気通信事業者に、脅迫を内容とする電報を差し止める義務があるかどうかが争われた事案において、①原告らの求める行為の内容は、通信事業者たる被告らに求めることが適当でないのみならず、かえって公共的通信事業者としての職務の性質からして許されない違法な行為を内容とするものといわざるを得ない、②電気通信事業者は、利用者間で通信が行われるに際し、あくまでも物理的な通信伝達の媒体ないし手段として、発信者から発信された通信内容をそのまま受信者に伝達することが、その提供する役務の内容として予定されているものである、③原告らの主張するような作為義務を電気通信事業者である被告らに課するとすれば、被告らとしては、前示アのとおり、取り扱う全ての電報についてその内容を個別的に把握し、審査しなければならないことになるところ、このことによる社会的な悪影響は極めて重大であり、ひいては電報、葉書といった社会的に有用な通信手段の存立を危うくするものとすらいい得る④通信の内容が逐一吟味されるものとすると、これら通信による情報伝達の萎縮効果をもたらし、自由な表現活動ないし情報の流通が

---

26 安心ネットづくり促進協議会 児童ポルノ対策作業部会「法的問題検討サブワーキング 報告書」8頁

90

阻害されることになる等と判示するものがあり、正当業務行為の判断について第2説と親和的である。

　第2説の立場からは、公衆衛生は、「通信役務の提供それ自体と関わりな」いため、正当業務行為と位置付けることは困難であろうと考えられる。

　このように、正当業務行為に依拠できる余地はあり得るものの、不明確な状況にあると思われる。

(2)　緊急避難

　次に、緊急避難については、自己又は他人の生命、身体、自由又は財産に対する現在の危難を避けるため、やむを得ずにした行為は、これによって生じた害が避けようとした害の程度を超えなかった場合に成立する。通信の秘密に関する具体例としては、自殺を示唆する書き込みに係る発信者情報の警察への提供[27]や、児童ポルノサイトに対するブロッキング[28]が緊急避難の枠組みで行われている。しかしながら、公衆衛生上の懸念が、「自己又は他人の生命、身体、自由又は財産に対する現在の危難」に該当するかどうかについては疑義があろう。ブロッキングに関し、「法制度整備が行われるまでの間の臨時的かつ緊急的な措置として」緊急避難を検討するという提言がなされたこともあるが[29]、そもそも要件を満たさない場合に緊急避難に依拠することは不可能である[30]。感染症対策のために必要な実効的な措置があるのであれば、特別立法を行うことが望ましいと考えられ、損害を最小化するためのルールを組み込んだ形での行動準則を制定することが必要となろう[31]。

---

[27] 一般社団法人電気通信事業者協会、一般社団法人テレコムサービス協会、一般 社団法人日本インターネットプロバイダー協会、一般社団法人日本ケーブルテレ ビ連盟「インターネット上の自殺予告事案への対応に関するガイドライン」（平成 17 年 10 月）（https://www.telesa.or.jp/consortium/suicide）13 頁以下

[28] 安心ネットづくり促進協議会 児童ポルノ対策作業部会「法的問題検討サブワーキング 報告書」参照

[29] 知的財産戦略本部・犯罪対策閣僚会議「インターネット上の海賊版サイト に対する緊急対策」2 頁（平成30年4月）

[30] 情報法制研究所「著作権侵害サイトのブロッキング要請に関する緊急提言」

[31] 深町晋也『緊急避難の理論とアクチュアリティ』258頁（弘文堂、2018年）参照。

4　おわりに

「通信」に該当する場合には、通信の意味内容を推知されるような事項全てが含まれると解されているため、個別の「通信」に紐づいた位置情報の取得には通信の秘密の保護が及ぶ。もっとも情報の伝送が存在するだけでは直ちに「通信の秘密」における「通信」に該当するものではないと考えられる。したがって、感染症対策において、位置情報を取得する場合には、「通信」に該当しない形式で情報を取得することが検討されるべきである。電気通信が多様化している今日においては「通信」に該当するのかについて直ちに明らかではない場合もあるが、COCOA が採用した Bluetooth による接触確認のほか、個別の「通信」に紐づかない位置情報の利用は、「通信」に該当しないという整理はあり得ると思われ、そのような情報を利用することが望ましいと考えられる。ただし、通信の秘密には該当しないとしても、別途プライバシーや、個人情報保護法等の問題を検討する必要がある。

他方で、「通信」に該当した場合には、「秘密」に該当するかどうかについては広く取り扱われているために、基本的には「通信の秘密」に該当し、強力な保護がされることとなる。そして、感染症対策の文脈では、正当業務行為や緊急避難に依拠して適法化することには疑義が残る。

以上を踏まえると、通信の秘密を感染症対策に用いるのであれば、立法を行うことが望ましい。そして、単に法令上の根拠を作出するにとどまらず、現場での萎縮を避けるため、通信の秘密を侵すことがやむを得ない場合について利益状況を調整した規定を作り、適用違憲等の余地が少ないような規定が作成されることが望ましいと考えられる。そのような制度設計を行った場合には、プライバシーや、個人情報保護法の観点からも適法と解されるものと思われる。

3．公衆衛生とプライバシーのもつれ
――プライバシーの経験主義的分析が
プライバシー法制の解釈にあたえる意味――

高橋　郁夫

1　問題の所在

(1)　公衆衛生とプライバシー[1]の概念

　2020年からの新型コロナ感染症対策のなかで、コンタクトトレーシング・アプリケーションの議論においてプライバシーとの関係について議論がなされた。

　感染症とは、病原体（＝病気を起こす小さな生物）が体に侵入して、症状が出る病気と定義される。その対策においては、ウイルス保有者の接触を追跡することが有意義であり、また、各個人の接触を避けることが有効である。このような考察は公衆衛生という概念でまとめて考察することができる。公衆衛生（public health）というのは、「組織的な地域社会の努力を通じて疾病を予防し、寿命を延伸し、身体的および精神的健康と、能率（efficiency）の増進を図る科学であり、技術である」と定義をなすことができる。一方、コンタクトトレーシング・アプリケーションの議論において、プライバシーとの関係が議論された。プライバシーは、法的な概念としては、種々の理解があるが「私生活をみだりに公開されないという法的保障ないし権利」と定義しうるが、その具体的な内容については、論者によって、種々の理解がなされている。

---

[1] なお、本稿においては、いわゆる情報プライバシーにフォーカスして議論するものとしており、以下、プライバシーとするのは、情報プライバシーを意味する。

わが国においてコンタクトトレーシングのアプリケーションの開発・採用が議論になった際には、種々の議論[2]を経て、2020年6月19日に、「新型コロナウイルス接触確認アプリ（「COCOA」）が、リリースされた[3]。この議論において、もっとも議論された論点のひとつに利用者のプライバシーの保護との関係があった。本書においても、既に、公衆衛生とプライバシーについての法の態度についての概括がなされている。

(2) 新規技術の受容とプライバシーの懸念

コンタクトトレーシングのような新規なアプリケーションを個人が利用する場合（受容）に、どのような要素が、その受容に影響を与えるか、という点については、種々の理論的な議論がある[4]。プライバシーを私生活に関する情報に関して開示等に関して生じる本人の精神的な不安感を意味すると仮定したとき[5]には、このようなプライバシーの懸念が、アプリケーションの受容に影響をあたえうるのではないか、と考えることができる。また、プライバシーの懸念が、当該受容に影響を与えるものだとした場合には、その他の影響を与えうる他の要素と比較して、その重要度はどうか、その他の要素との関係で、個人の受容が影響を受けるのではないかという問題もある。

先行の研究においては、プライバシー懸念は、きわめて多様な要素に左右

---

[2] 新型コロナウイルス感染症対策専門家会議（第11回）（2020年4月22日）を経て、5月1日には、個人情報保護委員会が、「新型コロナウイルス感染症対策としてコンタクトトレーシングアプリを活用するための個人情報保護委員会の考え方について」という考え方のとりまとめを公表した。その後、令和2年5月8日に、内閣官房の「新型コロナウイルス感染症対策 テックチーム」の会合が開催され、5月17日には、第2回 接触確認アプリに関する有識者検討会合が開催されている。そこでは、接触確認アプリ及び関連システム仕様書（案）［概要］、「接触確認アプリ及び関連システム仕様書（案）」に対するプライバシー及びセキュリティ上の評価及びシステム運用上の留意事項（案）の概要が公表された。

[3] 新型コロナウイルス接触確認アプリ（COCOA）のデジタル庁のページは、最終報告書とともに、新型コロナウイルス接触確認アプリ（COCOA）の経緯をまとめている。

[4] 代表的な理論としてイノベーション普及論やTAM（Technology Acceptance Model）理論などがある。

[5] 法的な分析においては、プライバシーの定義もしくは内容については、非常に多数の意見がある。その意味で、このような本人の精神的な不安感が保護されるべき利益として十分なのか、という問題提起がありうるが、検討は別の機会に譲る。

されるということができ、文脈に依存する性格を有する（文脈依存性）とされる[6]。ここで多様な要素とは、人の基本的な要素（人口動態、性格、経験など）、情報の重要性（上記のように要配慮個人情報か、（一般の）個人情報か、単なる関連する情報か）、それ以外の要素によって影響するものと考えられる。この「それ以外の要素」は、トラスト[7]と公正さに分けることができる。誰が、どのような目的で、どのような手法でもって、どのような取扱いをするのか、という個別具体的な状況がトラストで、より一般的な、選択肢はあるのか、取扱いを撤回できるのか、また、問題が起きたときに、対応をなすことはできるのか、というのが公正さの問題になる。

コンタクトトレーシングアプリケーションは、公衆衛生の目的のために、プライバシーに関する情報を取り扱うが、公衆衛生の目的のために、そのような取扱いをなす必要が生じたことは、いままでにあまり例を見なかったということができる。そうだとすると、このような公衆衛生目的のために取り扱うということが、プライバシーの懸念にどのような影響を与えて、ひいては、そのアプリの受容にどのような影響を与えるのか、という疑問が生じる。

(3) 公衆衛生のための個人情報等の利用についての法の態度

ところで、個人情報保護法などのプライバシー保護法制において、公衆衛生目的のために一定の例外的な取扱いが認められている。具体的には、我が国の個人情報保護法においては、第18条（利用目的による制限）、第20条（適正な取得）、第27条（第三者提供の制限）において、公衆衛生についての例外規定が置かれている。また、欧州連合おける一般データ保護規則（GDPR）を例にみたときも、同様である。「特別な種類の個人データの取扱い」（9条）、「消去の権利（忘れられる権利）」（17条）、「制限」（23条）の各

---

[6] 吉田智彦「パーソナルデータの取扱いにおける文脈依存的アプローチに関する考察」情報ネットワーク・ローレビュー17巻（2019）29頁。

[7] トラストは、論者によって異なる多義的な概念であり、「不確実な環境下において、意思決定をなすのに際して、その労力を省ける個別具体的な状況、もしくはそれを構築する要素」と定義する立場をとる。山岸俊男ほか「信頼とコミットメント形成―実験研究―」（https://www.jstage.jst.go.jp/article/jjesp1971/35/1/35_1_23/_pdf）、村山優子「セキュリティと使いやすさ」（https://www.jstage.jst.go.jp/article/safety/54/6/54_464/_pdf/-char/ja）。

条項において、構成国において、同規則の例外となる国内法を定める権利が認められている。これらの規定は、プライバシーの利益と公衆衛生の利益とのバランスという観点によるといえるが、むしろ、公衆衛生のために取り扱う場合には、個人のプライバシーの懸念自体が影響を受けると考えているのではないか、と思われる。そのような文脈のもとでは、個人の感覚としては、すすんで、自分の情報を公衆衛生のために使ってもらいたいと感じるからこそ、それらのような例外規定が儲けられているのではないかという仮説を考えることができる。

上述の仮説のもとに、上述のようなプライバシー懸念を経験主義的な手法を用いて、測定できるのではないか、ということになる。

2　プライバシーと技術の受容についてのコンジョイント調査

(1)　コンジョイント方式

私生活に関する情報の開示等に関する不安感を、直接的な観察や経験に基づいて測定するという経験主義的な手法を用いて、上の仮説を検証することにする。この手法のために、コンジョイント方式を利用することが有用であると考える。コンジョイント方式は、ある対象の属性（attributes）あるいは属性の水準（levels）が，当該対象を選択する際にどの程度考慮されるのかを統計的に明らかにする方法をいう。「元来数理心理学の分野において開発された一種の尺度構成法で，予め用意された諸要因の組合せに対する評価値から各要因水準の全体評価への影響を部分効用という形で求める手法である」とされている[8]。利用者のプライバシー懸念について、一般的な質問紙法による調査によるときは、利用者は、プライバシーリスクを正確に把握できず（プライバシーパラドックス[9]）、新規技術の受容に関して、当該懸念の影響が過大に評価される可能性が存在することに比して、この方式は、そ

8　河野弘，石井博昭．"コンジョイント分析手法 MONANOVA と OLS の比較研究（モデリングと最適化の理論）．"数理解析研究所講究録 1526（2006）：61-68.
9　プライバシーパラドックスというのは、人は、プライバシーについてリスクが高いものとして認識しているが、実際に個人情報を広く提供しているという現象をさす。

のようなデメリットが少ないと考えられる。コンジョイント方式についても、詳細には、種々のほうがあるが、個々のプロファイルを作成して、それを比較する方式が代表的である。筆者の関与した IPA（「『eID に対するセキュリティとプライバシに関するリスク認知と受容の調査』報告書」[10]を例にとるとき、同調査においては、以下の9枚のカードを利用して、それぞれのカードの効用を計算した。

　そして、このカードの効用は、それぞれ、3つの属性に関する個々の水準から成り立つから、それをもとに、それぞれの属性の重要度、また、それぞれの属性の部分効用値を計算することができる。この調査においては、プライバシーの利用目的が安全目的の場合、それ自体、効用であると捉えられているという結果などが得られている。

(2)　我が国における調査

　我が国において、個人が、新規技術を受容するのに、プライバシーの感覚がどのように影響を与えるかという問題をコンジョイント方式でもちいて分析した論文としては、高橋・岡田（2012）、田尻・佐伯（2015）、竹腰ほか（2019）がある。高橋・岡田（2012）は、電子マネーの利用において、提供する個人の属性情報・行動履歴、利得性、利用範囲について、属性情報の重要度が高いとしている。田尻・佐伯（2015）は、情報の種類、用途、プライバシー侵害のリスク、軽減措置の属性を分析した結果、用途の重要度は小さい等の結果を得ている。竹腰ほか（2019）は、基本は、質問紙法によるものであるが、慰謝料、精神的被害、実被害などの項目についてコンジョイント分析によって一定の分析をなす方向性を示している。また佐伯（2016）は、分析されている手法は、質問紙法によるものであるが、「パーソナルデータ利用と個人の意識に関する研究」として、上記と同様に文献をあげて紹介している。

　我が国において新規技術の受容とプライバシーの感覚との関係についての

---

[10]　平成22年7月、https://warp.ndl.go.jp/info:ndljp/pid/12446699/www.ipa.go.jp/security/economics/report/eid_report_2010.pdf

3．公衆衛生とプライバシーのもつれ　97

コンジョイントカード9枚

プロファイル1

（1）	あなたの個人情報	提供の必要なし（完全匿名）
（2）	オプション機能	割引（1％）機能（※3）のみ
（3）	利用料金	－105円（利用することによりインセンティブが貰える）

プロファイル2

（1）	あなたの個人情報	提供の必要なし（完全匿名）
（2）	オプション機能	保険機能（※2）のみ
（3）	利用料金	無料（0円）

プロファイル3

（1）	あなたの個人情報	提供の必要なし（完全匿名）
（2）	オプション機能	何もなし
（3）	利用料金	有料（105円）

プロファイル4

（1）	あなたの個人情報	安全目的のみ利用される（※1）
（2）	オプション機能	割引（1％）機能（※3）のみ
（3）	利用料金	無料（0円）

プロファイル5

（1）	あなたの個人情報	安全目的のみ利用される（※1）
（2）	オプション機能	保険機能（※2）のみ
（3）	利用料金	有料（105円）

プロファイル6

（1）	あなたの個人情報	安全目的のみ利用される（※1）
（2）	オプション機能	何もなし
（3）	利用料金	－105円（利用することによりインセンティブが貰える）

プロファイル7

（1）	あなたの個人情報	安全目的（※1）およびマーケティング（販促）（※4）に利用される
（2）	オプション機能	割引（1％）機能（※3）のみ
（3）	利用料金	有料（105円）

プロファイル8

（1）	あなたの個人情報	安全目的（※1）およびマーケティング（販促）（※4）に利用される
（2）	オプション機能	保険機能（※2）のみ
（3）	利用料金	－105円（利用することによりインセンティブが貰える）

プロファイル9

（1）	あなたの個人情報	安全目的（※1）およびマーケティング（販促）（※4）に利用される
（2）	オプション機能	何もなし
（3）	利用料金	無料（0円）

調査も徐々に行われているということができるが、現時点において、感染症対策のための技術の受容とプライバシーの感覚の感覚についてコンジョイント方式を用いて分析しているのは、本書所収の尾藤ほか（2023）以外には、見受けられない。尾藤ほか（2023）は、プライバシーにかかる情報の取扱いにかかる主体を政府と企業にわけて分析している。

(3)　プライバシーのトレードオフについての世界的な調査の動向

　我が国における調査が、限定的であるのに対して、世界的には、コンジョイント方式を利用して新規技術とプライバシー懸念とのトレードオフを考察する手法が一般化しつつあるし、また、感染症対策における利益のトレードオフ（感染症対策とプライバシー）についての測定を試みる手法も注目をあびているということがいえる。

　世界的には、近時は、プライバシーのトレードオフの実態を明らかにするために、コンジョイント方式がきわめて有効な方法であるという認識は、一般化しているように思える。プライバシーのトレードオフをコンジョイント方式で分析する先行研究としては、Krasnova, H., Hildebrand, T., & Guenther, O.（2009）などがある。また、高橋・岡田（2012）が、新規技術の受容とプライバシーの関係についての論文を紹介している。以下、いまだ、我が国で紹介されていないものについては、検討されてる新規技術ごとにわけて紹介する。

　デジタルアシスタント・スマートスピーカーに関するものとしては、L. Burbach（2019）、Frank Ebbers ほか（2021）、Hanbyul Choi ほか（2022）がある。L. Burbach（2019）は、3つの属性と3つのレベルをそれぞれ持つ Choice-Based-Conjoint Analysis を実施した。よく知られているプライバシーとユーティリティのトレードオフに関連して、音声アシスタントの価格ではなく、プライバシーが最も重要な要因であること、音声アシスタントの受容と音声アシスタントを使用する決定は、常に異なる要因の組み合わせに依存し、その中でもプライバシーが最も重要であること、異なる嗜好を持つバーチャル音声アシスタントの4つの異なる潜在的なターゲットグループを特定することができたことなどが指摘されている。Frank Ebbers ほか（2021）

は、アシスタントの決定の説明可能性、利用者に開示される情報の量、UIのゲーム化の程度、価格（月額・ユーロ）の4つの属性ごとに3水準等を設定してコンジョイント調査を行っている。この調査によれば、消費者は、関係するデータに基づくデジタルアシスタントの決定についての説明を求めているが、アルゴリズムの詳細な説明やを望んでおらず、テキストによる提示（プライバシーポリシー）が適切であると考える回答者はわずかであるという結論が導かれている。さらに、ユーザーはアシスタントのプライバシー機能との遊び心のあるインタラクションを重視し、また、支払額も多くなるとしている。Hanbyul Choi ほか（2022）は、スマートスピーカーのプライバシーを向上させる属性が、デバイスを選択する際のユーザーの選好にどのような影響を与えるかを検証しようというものである。4つのプライバシー向上機能（パラサイト機能、データ保存方法、セキュリティ通知、話者認識機能）と、消費者の意思決定に影響を与える2つの典型的な要因（ブランドと価格）からなるコンジョイント分析を行っている。データでは、価格という属性を除けば、パラサイト機能（ウェークアップワードによって初めて音声を処理する機能）が最も好まれる属性としてランク付けされていることが確認された。

　スマートホームに関する研究としては、Schomakers ほか（2021）がある。この研究は、スマートホームにおけるプライバシーとトラストの観点から、スマートホームという技術の受容を妨げるものを考察している。ここで用いられているコンジョイント調査は、適用範囲、データタイプ、データ保存の場所、自動化の信頼性、利用の意識、自動化の水準のそれぞれの属性ごとに4水準を考えて分析している。その結果、完全に自動化されたスマートホーム技術よりも、半自動化されたシステムの方が好まれること、自動化の信頼性が最も重要な受容決定要因であり、次いでデータの保存場所であること、一方、利用に対する意識（たとえば、推奨）、データの種類、応用分野は、スマートホームの全体的な利用意欲にとってそれほど重要な要因ではないこと、が判明したとされている。

　テレマテックス型自動車保険[11]については、Derikx, S. ほか（2016）がある。この論文は、自動車所有者のプライバシーに関する懸念を、金銭的なメリッ

トを提供することで補うことができるかどうか、またどのように補うことができるかを研究しており、登録キロメーター、登録交通行動、追加保険、第三者の広告属性と水準の組み合わせで消費者の選好を分析している。その結果、消費者は利用ベースの自動車保険よりも現在の保険商品を好むこと、わずかな金銭的補償を提供されれば、消費者は自動車保険会社に自分のプライバシーを譲り渡すことを厭わないこと、消費者は、場所や空間のプライバシーよりも、行動や行為のプライバシーの方がよく重要であると判断すること、が指摘されている。

　データ市場へのデータの共有についての消費者の意識については、Schomakers ほか（2020）が分析している。ここでは、対価、データタイプ、匿名化のレベル、データ受領者、アプリセキュリティの属性ごとに4水準が用いられて分析されている。この調査において、プライバシーへの関心が高いユーザーグループと低いユーザーグループとの違いが観察されている。匿名化レベルがデータの共有意欲に最も大きな影響を与え、次いでデータの種類が影響を与えること、また、上記ユーザグループに関して、プライバシーの懸念が高いユーザーは、データ市場でデータを共有することに積極的ではなく、より多くのプライバシー保護を望んでいる。この結果は、データ市場をユーザーの好みに合わせてどのようにして設計するべきかということの理解に貢献するものであるとされている。

(4)　感染症対策におけるコンタクトトレーシングアプリケーションの受容とプライバシーの認知

　世界的には感染症対策におけるコンタクトトレーシングアプリケーションの受容とプライバシーの認知について検討した論考も多く参照することができる。

　Ayalon（2023）によると、コンタクトトレーシングに関する経験主義的なアプローチについての論考において、プライバシー懸念、利益、直接のインセンティブ、効率さ、コストがあげられている。またアプリ利用について4

---

11 ここでは、単に走行距離にとどまらず、運転者の走り方自体を保険料率に反映させる保険を指す。

	重要度			
	精確さ	インセンティブ	プライバシー	コスト
本質的利益	29.44	14.62	28.64	27.3
金銭的	26.75	28.22	23.87	21.16
ヘルスケア	28.38	26.16	24.19	21.27

つのタイプがあるというような利用者のクラスターに分けて分析がなされうる性格についても検討している論考がある。もっとも同論考においては、先行研究では、潜在的なコストと便益とともにプライバシーを考慮することは検討されていないとしており、プライバシー懸念とその他の変数との間とトレードオフに注目する研究が不十分であることが指摘されている。

　以下、具体的にコンタクトトレーシングをめぐる具体的な調査についてみていくと、Ayalon（2023）は、正確さ、モバイルデータ、バッテリー寿命、情報のタイプ、情報の保存場所、潜在的に開示される情報のそれぞれの属性を、3種類のインセンティブ（本質的利益・金銭的利益・医療インセンティブ）ごとに、選択肢を選ばせる形で、それぞれの特徴を分析している。調査の結果、インセンティブごとに、アプリで提供される種々の属性の重要度が変わることが示唆されている。また、収集データ（位置情報対近接データ）と情報保存場所（集中型対分散型）については、利用者は、重要度を低くしか認識しないということが判明しており、きわめて興味深い調査であるということができる。

　コンタクトトレーシングの具体的なアプリの採用率を想定し、さらに、採用率をあげるために、どのようにアプリをデザインすべきかという観点から、コンジョイント方式を用いて分析している調査もある。Buder（2020）は、ドイツ、Jonker（2020）は、オランダ、Wiertz（2020）は、イギリス、Zhang（2020）は、アメリカにおいて、それぞれコンタクトトレーシングの採用のための分析としての性格を有している。これらの調査で分析されている属性は、ア）アプリの取扱い主体（責任および監視の主体、データ保管および取扱いの場所）、イ）プライバシーに関する事項（移動の自由、データ保管の期間、匿名性、データタイプ（アプリは、位置データを共有するのか））、ウ）アプリの目的（自己隔離のモニタ／執行、アプリの利用による追

加的利益、PCR 検査結果の報告）、エ）アプリの精確さ（接触の定義の問題、精確さ、感度）、オ）その他の利便性（国際的利用（他の国で利用できるか）、感染アラート（感染アラートの種類））等がある。

　これらの属性についての調査のうち、ライバシー懸念とアプリのアーキテクチャー、特にその集中化メカニズムの影響については、結果がわかれている。参加者は分散型アーキテクチャーを好むという研究（Buder（2020）、Naous（2020）、Zhang（2020））がある一方で、他の研究（Horvath（2022）など）は、市民は常にプライバシーを優先するとは限らず中央型を好むという結果を示している。本書所収の尾藤（2024）も、取扱い主体の違いによって、各属性の重要度が異なることを明らかにしている。

　インセンティブとの関係で、とくに、Ayalon（2023）、Firmpong（2020）、Jonker（2020）が金銭的なインセンティブという要因に具体的なインセティブを想定して分析しているのも興味深い。Firmpong（2020）は、価格／インセンティブの重要性が約60％、精確さが20％強、プライバシーが20％弱という結果を得ており、コンタクトトレーシングアプリケーションの設計に際しては、金銭的なインセンティブが極めて重要であると論じている。

　もっとも、総体的にみるときに、プライバシーの文脈依存性をもとに、具体的な属性の設計まではなされておらず、上記 Ayalon（2023）が示すように、プライバシー懸念とその他の変数との間とトレードオフに注目する研究が不十分であるという評価をなすことができるものと考えられる。

3　考察

(1)　考察さるべき事項

　上述のような先行研究の結果から、議論しうることことをまとめると、①新規技術の受容に関して、経験主義的手法、とくにコンジョイント方式を採用して、プライバシーの懸念が、新規技術の受容に与える影響を調査する研究が近年、増加していること、とくに、新型コロナウイルスに対するコンタクトトレーシングアプリケーションの採用に影響をあたえる事項の検討のために、採用されたのが注目に値すること、②経験主義分析によってプライバ

シーの文脈依存性は、明らかになっており、コンタクトトレーシングアプリケーションの採用に影響をあたえる事項、それらの重要度は、非常に多様であること、③利用者のプライバシーの懸念の認知に関して公衆衛生目的の利用は、それ自体、進んで提供したいというもの（効用）であると認知されるというデータが明らかになっており、このデータをもとに、公衆衛生目的の利用の場合等においては、同意について、柔軟に解釈をみとめるべきであること[12]、などを指摘することができる。

　①については、2(3)および2(4)から明らかであるので、以下、②および③について検討する。

(2)　経験主義分析におけるプライバシーの文脈依存性

　プライバシーの懸念が新規技術の受容にもたらす影響については、きわめて、文脈に依存するものであるということがいえる。具体的には、中央集権型の取扱いを好む場合もあるという結果があること（(Horvath（2022））、市民は常にプライバシーを優先するとは限らないこと（Horvath（2022））、金銭的インセンティブが与えられた場合には、プライバシー懸念の重要度は、低下すること（Firmpong（2020））、などをあげることができる。

　とくに、公衆衛生のための利用の場合には、位置情報と接触情報をあわせたとしても効用であると考えられるのが平均であること、検査結果の共有は、むしろ、望ましい効用と認識されていること（Naous（2020））という特徴を有しているということができる。

(3)　経験主義による知見が個人情報保護法等の解釈に与えるべき影響

　経験主義分析において：プライバシー懸念が、文脈において、きわめて多様なものとして認知されるということは、プライバシーに関する法的規制についても重要な影響をあたえる。ここで、コンタクトトレーシング・アプリケーションに関するプライバシーに関する法的規制として個人情報保護法・

---

[12] 一般データ保護規則に公衆衛生の場合における例外を認める国内法を定めていない欧州連合構成国も同様であろう。

104

電気通信事業法の規定との関係を考察する。

　個人情報保護法において、公衆衛生に関する場合において、一般の場合に比して、例外が認められていることは論じたが、そこでの例外は、「同意」を取得できない場合に限って、個人情報の取扱に例外を認めるというものであり、公衆衛生における同意がどのように解されるべきかについては、直接はふれていない。ところで、欧州連合の一般データ保護規則においては、同意とは、「自由に与えられ、特定され、事前に説明を受けた上での、不明瞭ではない、データ主体の意思の表示を意味」とされている（同規則4条(11)）が、我が国においては、同意（本人による承諾の意思表示）に関して「黙示の同意」が認められるか否かについては、「個別の事案ごとに、具体的に判断する」とされている[13]。個別の事案ごとの判断に際して考慮されるべき事情として、被保険者等にとって利益となること、事務的作業の負担が膨大であること、明示的な同意を得ることが必ずしも本人にとって合理的であるとは言えないことなどがあげられている[14]。コンタクトトレーシングなどのアプリケーションにおいては、アプリの利用において、プライバシーポリシーへのリンク等によって個人の情報の利用目的等の具体的な表示と個々の同意がなされるのが一般である。しかしながら、その同意の取得方法について、経験主義的な分析において、コンタクトトレーシングのアプリケーションの利用は、個人にとって、効用と認知されている調査があることを鑑みると、個人情報保護法の解釈として、そのアプリケーションを利用するとした個人については、個別具体的な明示の同意なしで、そのデータを利用するのに同意をする意思表示があったものと解することができる。アプリケーションその初期値の設定は、「ナッジ」という考え方[15]から重要なものであることが指摘されている[16]。このような考え方によれば、、通常の個人にとって、効用と認知されるということが一般であるということは、できる限り、同意

13　個人情報保護委員会「個人情報の保護に関する法律についてのガイドライン」に関するQ&A A1-61「同意は本人の明示的な意思表示を受ける方法によらなければなりませんか」に対する回答A1-61（https://www.ppc.go.jp/all_faq_index/faq1-q1-61/）。

14　健保組合において通常想定される第三者提供については、黙示の同意について、これを認めている。個人情報保護委員会「健康保険組合等における個人情報の適切な取扱いのためのガイダンス」を補完する事例集（Q&A）の問301（https://www.ppc.go.jp/all_faq_index/faq4-q301/）参照。

を促進するようなアプリケーションの設計がなされるべきであるし、また、同意についてもより広く認められるような解釈がなされるべきということになる。個別の事案ごとに、具体的に判断するという判断枠組を用いれば、上述のような黙示の同意を前提とするような設計が許容されることになる。また、効用と認知される場合においては、黙示の合意が認められることになるというように考えるときには、どのような要因の組み合わせの場合に、黙示の合意をみとめることができるかというのを事前に測定することができることになる。このような手法は、個人情報保護法のもとで、公衆衛生のためのデータ活用をなすための有意義な証拠ということができるものと考えられる。

また、電気通信事業法の「秘密の保護」（4条）の解釈に関して、総務省のガイドラインは、通信の秘密（同法4条1項）に関して、通信内容にとどまらず、通信当事者の住所・氏名、発受信場所、通信年月日等通信の構成要素及び通信回数等通信の存在の事実の有無を含むが、これに該当する個人情報の取扱いについては、通信の秘密の保護の観点から、原則として通信当事者の個別具体的かつ明確な同意がなければ、有効な同意を取得したとはいえない、としている[17]。この解釈論からは、コンタクトトレーシングのアプリケーションにおいて、個別・具体的な同意をとらなければならないということになりそうである。しかしながら、このような解釈は、個人情報保護法の解釈が、個々の具体的な状況に応じて、柔軟な対応を図っているのに比較して硬直的であるという非難を受けうるであろうし、公衆衛生の利益とのバラ

---

15 「ナッジ」というのは、人を肘でおすしぐさを指し示し「ソフト・パターナリズム」（「ソフト・パターナリズム」というのは、個人や社会の福祉を増すように、個人の選択肢を拡張するように（時には、影響をおよぼすように）システムをデザインするという考え方）を用いて、行動論的・認知論的バイアスを予測し、それらを用いて、セキュリティやプライバシーに関する意思決定を明確にし、改善することをいう（具体的な論述については、Alessandro Acquisti, "Nudging Privacy: The Behavioral Economics of Personal Information." IEEE Security and Privacy, vol. 7, no. 6, pp. 82-85, Nov./Dec. 2009, doi: 10.1109/MSP.2009.163）。

16 一方、このようなナッジには、行動経済学に関するセイラー博士がいうところのわるい方向に向けてのナッジ、もしくは、物事を台無しにして、賢明な判断や社会的な活動をより困難にするものというスラッジ（汚泥・ヘドロの意味）というものもある（Richard H. Thaler, "Nudge, not sludge" DOI: 10.1126/science.aau9241（https://science.sciencemag.org/content/361/6401/431））。

17 「電気通信事業における個人情報等の保護に関するガイドラインの解説」（https://www.soumu.go.jp/main_content/000805807.pdf）42頁。

ンスという考慮を欠くものであるという批判を受けるであろう。そもそも、電気通信事業法における通信の秘密の解釈において、そのような利用は、（公衆の利益のために利用するので）自己または他人の利益のために利用するものではなく、「窃用」には該当しないと解釈できる。上述の総務省の「電気通信事業における個人情報等の保護に関するガイドラインの解説」は、そのような「窃用」には該当しない場合にまで適用されるものではないということができる。このような個人のプライバシーの認知という証拠にもとづいた解釈をすることによって、プライバシーと公衆衛生の目的を両立しうることができるということができる。

　このようにみたように、プライバシー懸念の経験主義的分析、とくにコンジョイント分析の活用は、公共の福祉のために、プライバシー懸念とトレードオフ関係にある利益とにおいて、両立をはかるための最適なバランスは何かをきわめる有意義な分析手法になるものといえる。

《参考文献》

岡田仁志，高橋郁夫「コンジョイント方式によるプライバシー分析─携帯電話電子マネーの位置情報の認知の実証的検証を例に─」（https://www.soumu.go.jp/iicp/chousakenkyu/data/research/icp_review/04/okada-t2012.pdf）（岡田・高橋（2012））

上田昌史「行動科学から見た情報セキュリティとプライバシーに関する研究について」電子情報通信学会誌 96.8（2013）：656-661.（上田昌史（2013））

竹腰智，小川隆一，竹村敏彦「コンジョイント分析による SNS 情報の価値の測定」コンピュータセキュリティシンポジウム 2019 論文集（2019）：281-288.（竹腰ほか（2019））

佐伯千種「パーソナルデータ利活用に対するスマートフォン世代の信用・プライバシー意識」（佐伯（2016））

尾藤誠司「デジタル環境における健康関連個人情報を取り扱う上での「説明と同意」の構造がもつ倫理的問題点と提言」米村滋人編『デジタル技術と感染症対策の未来像』（日本評論社，2024）所収（尾藤（2024））

Abramova, Olga, et al. "One for all, all for one: Social considerations in user acceptance of contact tracing apps using longitudinal evidence from Germany and Switzerland." International Journal of Information Management 64 (2022): 102473. (Abramova (2022))

Ayalon, Oshrat, Dana Turjeman, and Elissa M. Redmiles. "Exploring Privacy and Incentives Considerations in Adoption of |COVID-19| Contact Tracing Apps." 32nd USENIX Security Symposium (USENIX Security 23). 2023. (Ayalon (2023))

Buder, Fabian, et al. "Adoption rates for contact tracing app configurations in Germany." Nuremberg Institute for Market Decisions (2020). (Buder (2020))

Butori, R., & Miltgen, C. L. (2023). A construal level theory approach to privacy protection: The conjoint impact of benefits and risks of information disclosure. Journal of Business Research, 168, 114205. (Butori (2023))

Chopdar, Prasanta Kr. "Adoption of Covid-19 contact tracing app by extending UTAUT theory: Perceived disease threat as moderator." Health Policy and Technology 11.3 (2022): 100651. (Chopdar (2022))

Frimpong, Jemima A., and Stephane Helleringer. "Financial incentives for downloading COVID-19 digital contact tracing apps." (2020). (Frimpong (2020))

Guillon, Marlène, and Pauline Kergall. "Attitudes and opinions on quarantine and support for a contact-tracing application in France during the COVID-19 outbreak." Public health 188 (2020): 21-31. (Guillon (2020))

Horvath, Laszlo, Susan Banducci, and Oliver James. "Attitudes to digital contact tracing: citizens do not always prioritise privacy and prefer a centralised NHS system over a decentralised one." British Politics and Policy at LSE (2020). (Horvath (2020))

Horvath, Laszlo, Susan Banducci, and Oliver James. "Citizens' attitudes to contact tracing apps." Journal of Experimental Political Science 9.1 (2022): 118-130. (Horvath (2022))

Jacob, Steve, and Justin Lawarée. "The adoption of contact tracing applications of COVID-19 by European governments." Policy Design and Practice 4.1 (2021): 44-58. (Jacob (2021))

Jonker, Marcel, et al. "COVID-19 contact tracing apps: predicted uptake in the Netherlands based on a discrete choice experiment." JMIR mHealth and uHealth 8.10 (2020): e20741. (Jonker (2020))

Krasnova, H., Hildebrand, T., & Guenther, O. (2009). Investigating the value of privacy on online social networks: conjoint analysis. (Krasnova (2009))

Kuzmanovic, M., & Savic, G. (2020). Avoiding the privacy paradox using preference-based segmentation: A conjoint analysis approach. Electronics, 9 (9), 1382. (Kuzmanovic (2020))

Li, Tianshi, et al. "What makes people install a COVID-19 contact-tracing app? Understanding the influence of app design and individual difference on contact-tracing app adoption intention." Pervasive and Mobile Computing 75 (2021): 101439. (Li (2021))

Naous, Dana, et al. "Towards Mass Adoption of Contact Tracing Apps--Learning from Users' Preferences to Improve App Design." arXiv preprint arXiv: 2011.12329 (2020). (Naous (2020))

Pu, Y., & Grossklags, J. (2015). Using conjoint analysis to investigate the value of interdependent privacy in social app adoption scenarios. (Pu (2015))

Pullman, D., Etchegary, H., Gallagher, K., Hodgkinson, K., Keough, M., Morgan, D., & Street, C. (2012). Personal privacy, public benefits, and biobanks: a conjoint analysis of policy priorities and public perceptions. Genetics in medicine, 14(2), 229-235. (Pullman (2012))

Simko, Lucy, et al. "COVID-19 contact tracing and privacy: A longitudinal study of public opinion." Digital Threats: Research and Practice (DTRAP) 3.3 (2022) : 1-36. (Simko (2022))

Walrave, Michel, Eline Baert, and Koen Ponnet. "Adoption of and attitudes towards Coronalert, Belgium's COVID-19 contact tracing app: summary of research results." (2021). (Walrave (2021))

Wiertz, Caroline, et al. "Predicted adoption rates of contact tracing app configurations-insights from a choice-based conjoint study with a representative sample of the UK population." Available at SSRN 3589199 (2020). (Wiertz (2020))

Zhang, Baobao, et al. "Americans' perceptions of privacy and surveillance in the COVID-19 pandemic." Plos one 15.12 (2020): e0242652. (Zhang (2020))

4. 見えない感染を追う技術
——感染症危機管理における技術革新とその評価——

奥村 貴史

1 接触確認技術のもたらしたブレークスルー

　2020年に始まった新型コロナウイルスの世界的な流行は、各国に多大な社会的影響を及ぼしつつも、さまざまな技術革新を促した。新型ウイルスの感染拡大を抑えるために自宅勤務が推奨され、それまでは特定の業種においてのみ活用されていたオンライン会議が一気に一般化した。パンデミックワクチンを迅速に国民へと接種していくうえで、mRNA ワクチンが臨床応用され、2023年のノーベル生理学・医学賞へと繋がった。そして、同じく感染制御の切り札として、個々人へと広く普及した携帯電話を用いた感染リスク管理アプリが極めて短期間で開発され、世界各国において一気に実用化された。

　日本においては「接触確認アプリ COCOA」として導入されたこの技術は、各ユーザーのスマートフォンに「日次キー」を生成する。このキーは定期的に変更され、当局は誰がどのキーを使っているのかを知ることはできない。アプリをインストールした端末は、微弱な電波を用いる Bluetooth Low Energy（BLE）という無線技術を用いてこの日次キーから生成した匿名 ID を常時周囲に送信している。他の端末がこの信号を受信すると、受信した匿名 ID を端末内に記録する。端末の持ち主がウイルスに感染した際、その日次キーをサーバの感染者リストに追加する。このリストから匿名 ID を計算することで、感染者と接触があった人々は、相手が誰であるかを知らないまま、感染リスクのみを知ることができる。端末の持ち主がどこに行き、誰に会ったのかという情報は、一切の記録として残らない。

こうした技術は、パンデミックが深刻化した2020年3月には技術者コミュニティで知られたものとなり、シンガポールを皮切りに世界各国で導入されることになる。2020年5月には、Google、Apple 社が両社の携帯電話間での通信を共通化する方針を発表するに至り、50ヶ国を超える国が取り組みを進めた。開発されたアプリには、BLE を用いた方式以外にも、GPS を用いたインドの Aarogya Setu、アイスランドの Rakning C-19、ブルガリアのViruSafe や、QR コードによる訪問先記録を組み合わせたニュージーランドの The NZ COVID Tracer といったアプリも存在した。2023年10月時点では、こうして開発されたアプリは109ヶ国、178種もの数に拡大するに至っている。

従来、感染者の接触歴の追跡には、詳細な記録や聞き取りが不可欠であった。接触確認技術は、この移動歴の記録や聴取を自動化することで、人的負担の大幅な軽減を可能とした。患者やアプリの利用者は、どこに移動し、誰と会い、何をしたかというプライバシーの根幹を守ることができる。さらに、従来、発症して初めて知覚することができた感染者との接触を、簡便に可視化することが可能となった。これは、とりわけ新型コロナウイルスのように無症候感染が感染拡大に少なからず関与している感染症にとって、大きな意味があった。そして、接触相手が不明ないし不特定多数である等、従来の聞き取りに基づく疫学調査では追うことができなかった接触への対処をも実現した。これは感染症危機管理における技術革新であり、パンデミック対応のみならず、今後のさまざまな感染症対策に向けた基盤となることが期待される。

それにも関わらず、接触確認技術は、国内では多くの問題を引き起こし、その効果を十分に発揮しないまま運用を終了した。海外においては、日本とは異なる種類の問題も報告されているものの、有効性に関するエビデンスが報告されつつある。今後、感染症のリスクから国民を守る有効な手段としていくためにも、適切な評価を通じた技術の確立に向けた努力は不可欠である。そこで本稿では、携帯電話を用いた接触確認技術について、定量的評価と定性的評価のそれぞれについて主要な論点を整理したうえで、評価における現状の課題を記し、将来的な方向性を示したい。

2　定量的評価：対象とアプローチ

　技術が知られるようになった当初より議論の対象となってきたのは、未知の技術である接触確認技術による感染抑制効果であった。とりわけ注目されたのは、普及率（インストール率）と感染抑制効果の関係であった。というのも、Bluetooth 技術を用いた接触確認アプリは、感染者と接触者の双方にアプリがインストールされていなければ接触が検知されないにも関わらず、多くの国ではインストールが強制されず個々人の判断に委ねられたためである。この問題に対して、流行最初期の2020年 3 月末、アプリによる感染制御の可能性を示す論文が Science 誌に掲載され［Ferretti 2020］、その後の、4 月中旬、「人口の56％が接触確認アプリを利用することにより、流行は抑制しうる」とするシミュレーション結果が発表された［Hinchi 2020］。これらの研究は、それまで知られていなかった接触確認技術の価値を各国に知らしめると共に、プライバシー保護の観点から国民に利用を強制しない方針を選択した自由主義国家にとって普及率の目標を定める役割を果たした。

　一方、技術が実用化された後より、有効性の評価を試みる研究論文は継続的に刊行されてきた。特に、Colizza は、透明性を確保した評価こそが技術に対する信頼につながると、2021年の段階より実測データに基づいた評価の必要性を強調している［Colizza 2021］。これらの試みを踏まえ、接触確認アプリを対象とした定量的評価について、マクロ評価－ミクロ評価、実測評価－シミュレーション評価の 2 軸を用いて整理したものを表 1 に示す。

　マクロ評価としては、「アプリのインストール率やその推移」、「アプリの導入により防ぐことができた感染数」（より専門的には「実効再生産数」をどれだけ減少させたか）、これらを組み合わせた「インストール率の上昇に従って、感染抑制効果はどう変化したか」といった点の解明が期待されてきた。また、これら政策評価という観点の他に、アプリやその運用を改善していくための指標化という観点からは、「感染した者のうち、何人が陽性登録を行ったか」、「一人の感染から、何人に通知がなされたか」、「感染リスクのある接触から通知が届くまで何日を要しているか」等、感染抑制に繋がる重

表1　定量的評価

	実測評価	シミュレーション評価
マクロ	● 感染抑制効果の推計、普及率との関係 ● 濃厚接触とみなす時間閾値等、異なるパラメータの感度分析 ● 一人の感染者から通知される接触者数 ● 地域や集団レベル毎の接触量比較	● 普及率・インストール率* ● 通知により何人の感染を防いだか ● 感染者のうち陽性登録を行う割合* ● 感染リスクのある濃厚接触から通知までのタイムラグ ● 届け出た濃厚接触者の陽性率* ● 地域や集団レベル毎の接触量比較 ● 聞き取りにより捕捉された濃厚接触者と通知数との比較*
ミクロ	● 電波伝搬シミュレーション ● 端末集中時の情報交換シミュレーション	● BLEの電波伝搬測定 ● 端末種別の影響評価 ● アプリのバッテリー消費測定

＊は、実測結果がシミュレーションの入力として特に価値を持つ項目

要なパラメータの定量化が望まれている。

　また、これらのようなマクロ指標を用いた評価に加えて、通勤電車やレストランといった個々の状況において接触の検出率がどの程度であったかといったミクロな評価も重要となる。たとえば、図1のような状況において（円で囲った）感染者と、その周囲の接触者全員がアプリを利用している際、それらの接触が感染リスクに応じて正しく検知されているかを確認する必要がある。そのためには、まず、シミュレーション評価として、位置や状況ごとにどれくらいの精度で接触を検知できるのかという電波伝搬に関するシミュレーションが考えられる。また、BLE通信は、複数の端末が集中することにより生じる「通信の衝突」を避けるための制御を行わないことから、多くの端末が一箇所に集まる状況では衝突確率が増し、接触記録に必要となる通信の品質が大きく損なわれる可能性がある。そのため、通勤電車等、人口密度が極端に高まる状況において適切に情報交換が可能かどうかも検証される必要がある。

　それぞれについての実測評価も重要である。たとえば、主要なスマートフォンの基盤ソフトウェアであるiOSとAndroidでは、前者のほうが多量に通信を試みることに加えて、通信を受け取る挙動も異なる。その結果、端末が一箇所に集中している際、電波的には正常に受信ができたとしても、シス

図1 感染者と濃厚接触者における感染リスクと検知可能性

テム内部でそのデータを取りこぼしてしまう可能性がある。そのため、電波の伝播シミュレーションだけで実際の挙動を解明することは困難であり、iOSとAndroidを多数混在させた環境での通信性能を実測評価していく必要がある。また、Android携帯は、端末メーカーや機種が多彩であることから、BLEデータの受信の際に計測される電波強度のデータが機種毎に変動する問題が知られている。こうした点もシミュレーションでは明らかにしえないことから、実測を通じて評価されなければならない。ハードウェアに依存したミクロな評価としては、接触確認アプリのバッテリー消費もユーザーのアプリ受容に影響を与えうる項目であり、実測により評価される必要がある。

　接触確認アプリは、各国それぞれが、それぞれの事情に応じて開発し、公開してきた。そのために、国によって実装されている機能やデータの扱いなどが異なっている。さらに、各国それぞれにおいて感染状況や医療制度、医療水準も異なることからも、同じCOVID-19を対象とした技術であっても国によって評価のため利用しうるデータや観測される性能に相応のばらつきが生じるものと考えられる。そのため、接触確認アプリを導入した国毎に、それぞれの機能や医療体制、プライバシー保護方針等に応じて、適切な評価体制を確立していく必要がある。我が国においては、この評価のとりくみがほとんどなされていない。

114

3 定性的評価：対象とアプローチ

接触確認アプリを有益で信頼できる技術へと発展させていくうえでは、定量的評価に加えて、定量化に馴染まないさまざまな要素の定性的な評価が欠かせない。たとえば、国家による国民の監視を否定する自由主義の各国では、接触確認アプリの導入に際していかにプライバシーを保護するかという点が主要な関心となってきた。また、こうした新たな技術が社会に受け入れられるうえで障害となる要因の解明や、普及促進の方策にも関心が持たれてきた。以下では、これらの論点を社会側と技術側の2つへと大別したうえで概観する。

まず、社会的な論点について、技術の導入、運用、終了のフェーズ毎に整理する。

接触確認アプリが社会へと導入される段階においては、プライバシー保護とこれらの技術の社会受容と、技術としての信頼獲得が中心的な論点となってきた。とりわけ、GPSを利用したり、個々人の位置情報を集中管理した国においては、国際人権保護団体がプライバシー侵害の懸念を表明する等の動きも生じた［Amnesty International 2020］。このようにプライバシーへの影響をいかに極小化し感染対策技術としての効率を高めるかという点は、今後も議論の中心のひとつとなるものと考えられる。そこで、我々の研究グループでは、情報の収集方法、公開方法のそれぞれについてプライバシー侵害リスクを評価することで技術を大まかに分類する手法を提案した［奥村2022］。この手法を用いれば、たとえば、わが国は「B0」水準にある一方で、中国は「C2」水準、プライバシー侵害度が高い韓国は「D3」水準といった分類が可能となる（表2）。今後、「B0」水準の技術が十分な感染抑制能力を有することの実証によって、技術の価値がさらに高まることが期待される。

また、技術の運用フェーズにおいては、接触通知された濃厚接触者が適切に検査を受けられたか、リスクに応じた隔離などの措置を取られるか、陽性確定した患者が迅速にシステムへと陽性登録されるか、といった、各地域における公衆衛生施策との適切な接続の有無が重要となる［Colizza 2021］。さ

情報収集手段

表2　感染症リスク管理技術のプライバシー侵害度分類

プライバシー侵害のリスク	分類	利用方法	利用位置・接触情報				利用例（登場・提案時期）
			携帯電話在圏情報	WiFi基地局接続情報	GPS情報	その他	
低	○	匿名化された携帯位置情報の統計利用	○	△	○	—	日本（2020.4）、他
｜	A	聞き取りによる移動情報収集	—	—	—	—	標準的な疫学調査方法
｜	B	（自由意志による）接触者追跡アプリの利用と情報提供	精度不足	△	精度不足	○	米国（2020.3）、欧州（2020）・シンガポール（2020）、日本（2020）
｜	C	携帯位置情報等を用いた患者・接触者追跡	○注1	○	○	△	韓国：MERS対応（2015）、オーストラリア（2020）、中国（2020）、イスラエル（2020）
高	D	自宅隔離対象や移動制限者の携帯位置情報監視	○注2	—	○注3	—	台湾（2020）、韓国（2020）

情報収集手段

プライバシ侵害のリスク	分類	利用方法	利用位置・接触情報				利用例（登場・提案時期）
			携帯電話在圏情報	WiFi基地局接続情報	GPS情報	その他	
低	0	患者発生情報のプレスリリース（非構造化、フリーテキスト）	—	—	—	—	標準的な患者情報公開法
	1	オープンデータ化された患者発生情報（携帯位置情報を利用した感染リスク計算）	△	△	○注4	—	日本：各種の可視化サイト（2020）日本：大向ら（2020）[56]
	2	携帯位置情報を用いた患者接触リスク通知	○注5	○	○注6	—	日本：奥村（2019）[17]日本：濃厚接触検出器（2020.2）
高	3	患者位置情報の詳細開示	—	—	—	—	韓国（2020）, マレーシア（2020）

注1：日本においては、1類感染症を対象に令状ベースで通信事業者等に位置情報開示を求める手法に当たるが、法的根拠がクリアでない
注2：わが国においては、実現のハードルがきわめて高い
注3：国内にくる旅行客を対象に、位置情報アプリケーションのインストールを義務付ける。ないし、同意の下にインストールさせる手法
注4：住民側は自らのGPS位置情報を記録するアプリケーションを用い、公開されている感染者データとの接触を計算しうる
注5：携帯キャリアにとって、保有する在圏情報の目的外利用を避けるため、端末契約者の利用許諾を得る手順が別途必要となる
注6：住民側が自らのGPS位置情報を記録するアプリケーションを用いる点で、通信事業者と比して事業者側の実施のハードルが低い

[奥村2022] より引用

らに、イギリス等の感染率が高かった国では、接触確認アプリが発する自主隔離通知が過剰となることが問題となってきた［Rimmer 2021］。こうした問題は pingdemic とも呼ばれており、通知量の多さがユーザー受容の低下という逆説的な結果をもたらしかねない。そこで、複数の接触通知を集約したり、より感染リスクを下げる行動についての推薦に切り替えたり等、感染拡大期における接触通知の適正化の取り組みが望まれる。

　最後に、運用の終了に関する分析が挙げられる。今回のパンデミックも発生から 3 年が経過し、接触確認アプリの運用も日本を含む多くの国で既に終了している。しかし、その理由が分析されておらず、技術の改良に適切に生かしていくことが困難な状態となっている。事業の終了が技術的な不具合にあったのか、感染者数の増大により通知の意味が乏しくなったためか、それ以外の理由に依るのか、網羅的な分析が望まれる。

　社会的な論点の次に、技術面でも、いくつもの定性的な評価の論点が存在してきた。

　まず、接触確認アプリを実現するうえで、そもそもどのような技術が適切かという問題がある（表 3）。COCOA においては BLE が採用されたが、それ以外にも、上述した GPS や、イスラエルや韓国で利用されている携帯電話の基地局接続情報、屋内測位に用いられる Wi-Fi、音響的な信号の到達時間で端末間距離を測位する手法に加えて、QR コードによって訪問先を登録する手法など、さまざまな手法が提案されてきた［Jiang 2022］。これらはさらに、「接触データを各携帯端末のみに保存することでプライバシー保護を実現する分散管理アプローチ」と、「接触データの集中管理を通じてプライバシー侵害のリスクと引き換えに詳細な分析を可能とするアプローチ」に大別される。将来的な発展性としてどのような選択が合理的か、改めて検討する余地がある。

　また、感染には、「患者より飛散した飛沫を接触者が吸い込む等の形で成立する飛沫感染」、「患者が触れた場所に接触者が触れることで成立する接触感染」、「患者が滞在していた場所や患者が滞在している場所から多少の距離があっても感染が成立する空気（飛沫核）感染等」、複数の感染様式が存在する。現在問題となっている新型コロナウイルスは、体外に出た飛沫だけで

表3　接触確認に利用しうる位置情報源

技術	利用データ	精度	電力消費
Bluetooth Low Energy	短距離無線により端末間の接触を検知し、記録する	2m以内の接触を実測できる	小
Global Positioning System	端末それぞれの座標情報を取得し、記録する	近接関係を抽出できず、誤検知が発生する	中
携帯基地局情報	携帯利用に伴い発生する接続先基地局情報のログを用いる	位置情報の精度が低い	なし
Wi-Fi	付近にあるWiFiアクセスポイントをスキャンし記録する	条件により正確な位置が得られるが、利用可能な場所に制約がある	無視しうる
音響測位	端末間での音声通信を元に、遅延等を用いて測位する	正確に測位しうるが、端末数の増加時に機能しにくい	無視しうる
QRコード	施設等訪問時に、掲示されているQRコードを読み取ることで訪問記録を行う	場所の粒度が恣意的であり、ユーザー操作に依存する	無視しうる

[Jiang 2022] Fig.4を元に筆者加筆・修正

なく、飛沫中の水分が乾燥して飛沫核へと至る前のエアロゾルの状態でも感染性を維持しうるという特徴を有していた。こうした感染様式のどの感染を検知しうるかという点は、技術の評価において本質的に重要となる。とりわけ、BLE方式では、患者と接触者の物理的な接近を検知することで飛沫感染や短距離のエアロゾル感染を検知しうる一方で、接触感染や空気感染を検知することができない。さらに、同じBLE方式であっても、匿名ID交換のための通信を双方向で行うか片方向で行うかによっても、通信効率の違いによって検知性能に差が出るものと考えられる。さらに細かくみれば、同じ携帯電話でもiPhoneとAndroid携帯では利用しているソフトウェアが大きく異なり、また、バージョンによってもアプリの動作に違いがあったり、端末が一箇所に集まる際に挙動が不安定となったり、端末ごとにBLE通信の挙動が異なり通信を取り漏らしたり、交換する匿名IDの全体数に制約が生じたりと、細かな技術的差異が存在する。実際、シンガポールで利用されたTraceTogetherは、iPhoneでは適切に動作しないといった問題を抱えた。また、ヨーロッパを中心に開発されたDP-3Tも、実際のスマートフォンで動作させるうえでは技術的な制約があり、Google/Apple社が提供した方式に依存する結果となった。

これらの問題の多くは、技術コミュニティ以外ではほとんど関心を持たれてこなかったことからも、関連技術の健全な発展に向けて、これまでの取り組みの適切な総括が望ましい。

4　技術評価における課題と研究グループの試み

　接触確認アプリの有効性を高めていくためには、技術としての評価を踏まえた改善の努力が必要となる。その点、「アプリによって実際の感染のどれだけを検知しうるのか」は、基本的な性能指標となる。これは、いわば「検査の感度」を表す指標であり、高ければ高いほど好ましいように聞こえる。しかし、感度は、少しでも疑いがあるケースを大げさに解釈することで、見かけの上で「水増し」することができてしまう。そのため、検査技術の評価としては、感度に加えて、検知された接触が実際に感染を引き起こした割合（陽性的中率）などを組み合わせて解釈する必要がある。ただし、接触確認アプリのように感染症のスクリーニングを目的としている場合は、市中に患者がほとんどいない状況では、感染の取りこぼしによる感染拡大を防ぐために感度を優先し、患者が増えた際には陽性的中率（より一般的には「特異度」とされる指標）を重視した挙動とすることが合理的となる。

　このように、検査技術は、信頼性の確保のために複数の指標を定量化したうえで評価していくことが欠かせない。しかし、COCOA の場合、プライバシーの保護のために接触履歴は各端末内のみに保存されることから、こうした性能を定量的に評価していくことができなかった。このことは、今後、技術としての改良を進めていくうえでも大きな制約となる。実際、COCOA に関する研究論文はごく僅かに留まっており、パンデミック発生後、世界中で接触確認アプリに関する膨大な数の研究論文が刊行されてきたことと対照をなしている。今後の発展のためにも、接触確認アプリを定量的に性能評価するための研究基盤の構築が不可欠である。

　そこで、我々の研究グループでは、この接触確認アプリの技術評価を可能とする研究基盤の検討と構築に取り組んできた。そのためにまず必要となるのは、特定の集団に生じた感染の全体数（分母）と、技術により発見できた

数（分子）の定量化となる。前者を実現するためには、感染が生じた際に必ず届け出る体制が求められる。また、後者には、陽性通知を受け取る利用者の数が必要であり、接触確認アプリ中の接触データを集約する必要がある。これらの条件を満たすため、北見工業大学において倫理審査を通し、学内の全感染者の解析用データ化を進めると共に、接触データを匿名で集約できる「研究用接触確認アプリ Folkbears」の開発を行った。なお、プライバシー保護のため、接触情報は学内滞在中のみに取得する工夫を施すと共に、学内において倫理審査を受け、研究開発を進めた。

　以下に、開発したシステムを用いてキャンパス内で小規模に接触データの収集を試みた予備実験の結果を紹介する［奥村 2023］。まず、被験者として学内より集めた30名を対象に、実験内容を説明したうえで、実験参加に関する書面同意を取得した。接触データの収集は2022年8月1日に開始し、12日間のデータ収集の結果、1,812 件の接触データが得られた。得られた接触データのサンプルとして、とある被験者が、とある日の午後に、端末 ID28番、25番と接触しているケースを示す（図2）。図に示す通り、持続的な接触に加えて断続的な接触が記録されており、端末間の位置関係等の理由により送受信が断続的となりうる可能性が示唆された。また、得られた全接触データを接触時間の長さで区切ったヒストグラムを示す（図3）。技術的なトラブルにより Android 端末からは接触データをほとんど収集することができなかったが、事前予想の通り、接触傾向がべき分布に従う様子を観測することができた。COCOA に実装されたアルゴリズムでは15分以上の接触を濃厚接触として判定しているが、収集データを用いることで、「この閾値には満たないものの相応の感染リスクが存在する接触の割合」を定量的に評価することができることを確認した。

　これらの結果は、研究用接触確認アプリによってキャンパス内の接触を網羅的に収集し接触確認アプリを実測評価しうることを示した点で価値がある。一方で、研究用接触確認アプリの技術的な問題も明らかとなった。まず、iPhone では、利用者がアプリを直接利用していない（バックグラウンドで動作させている）際に BLE 通信を行うことに制約が課されていることが明らかとなった。また、一度に通信できるデータ量に上限があり、その制約を

4. 見えない感染を追う技術　121

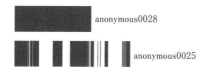

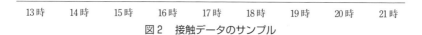

図2　接触データのサンプル

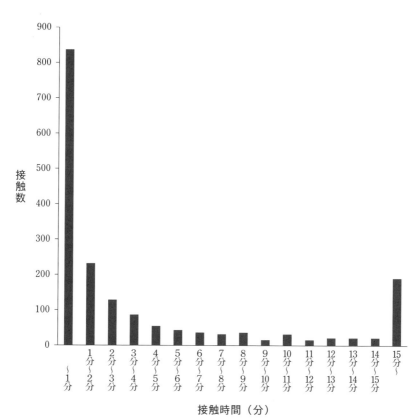

図3　予備実験における被験者間の接触時間分布

回避する通信方式を用いると携帯端末が一箇所に集中した際に通信効率が大きく悪化することが明らかとなった。さらに、Android と iPhone では BLE 通信の挙動が微妙に異なっており、端末の組み合わせによっては正しく通信が受信されないケースがあることも明らかとなった。こうした試行錯誤を経て、実用性のある接触確認アプリの開発は各スマートフォンを統御する Google や Apple 社の技術者以外には困難であることを確認した。この問題は、接触確認アプリに関わる海外の技術コミュニティではパンデミック初期から知られていたものの、国内ではほとんど問題視されてこなかったため、検証に時間を要してしまった。

　こうした事態を受けて、我々グループは接触確認アプリの技術評価に向けた研究用システムの再設計を行った。まず、研究用接触確認アプリの開発に際して別プロジェクトより提供を受けたアプリの基盤部分を再開発した。これにより、システムが利用できる匿名 ID 数が大幅に縮小したが、端末集中時の通信効率やバックグラウンドでの動作等の問題が解消するものと期待されている。なお、端末の匿名性を保障するためには匿名 ID を頻繁に変える必要があることから、利用できる匿名 ID 数に制約の大きい研究用の接触確認アプリは都市レベルでは利用が困難となる。一方、北見工業大学のように学生数2000人程度の地方単科大においては、ある程度の匿名性を担保しうる。

　以上のような試行錯誤を通じて、端末の混在環境における匿名 ID 交換が正しく行えているのかという点自体が疑わしい状況となった。そのため、キャンパス内における学生、教職員間の接触状況を網羅的かつ高精度に記録しつつ、スマホ間の BLE 通信の信頼性を測定しうる評価基盤を別に用意する必要が生じた。そこで、図 4 に示すような小型コンピュータを用いた接触確認デバイス「Folkbears probe」を別途開発した。こうしたデバイスは、携帯性を高めるために小型化する必要があるが、小型化することでバッテリサイズも小さくなる。結果として、省電力化しなければ十分な稼働時間を確保できないことから、省電力にむけたさまざまな工夫を要した。現在、学内での試験的配布を行っている。

4. 見えない感染を追う技術　123

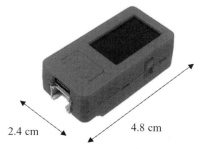

図4　超小型コンピュータ（M5 Stick C plus）を用いた接触確認用プローブ

　こうした小型デバイスでは、スマートフォンが有するさまざまな技術的制約に縛られず、自由な研究開発が可能となっている。また、小型化することで、小学校や幼稚園や老健施設などのスマートフォンを携帯しないハイリスク群の接触状況を観測することも可能となる。さらに、一連の接触が単一の機種にて計測されることで、iPhoneや各種Android携帯のように多様なスマートフォンを用いた構成と比して、電波強度を用いた端末間の距離測定精度を大幅に向上させることが可能となる。こうした技術は、シンガポールで実用に供された他［Government of Singapore 2020］、アメリカ［Shelby 2021］やニュージーランド［Chambers 2023］で研究目的で小規模に用いられた実績があるが、国内での利用実績は知られていない。今回の研究開発により、さまざまな組織における感染動態の解明に向けた評価ツールを、国内グループとして初めて利用することが可能となった。今後、さまざまな組織における感染動態の解明への活用が期待されている。

5　今後に向けて

　接触確認技術は、mRNAワクチンと共に、今回のパンデミックを契機として一気に実用化が進んだ感染症危機管理における重要な技術革新である。BLEを用いた手法については、Google、Appleという巨大なプラットフォーマーが技術的な根幹を押さえてしまったが、日本において研究が進められてきた携帯基地局情報を用いた手法［Ami 2021］など、未だ発展の余地は

大きい。それにも関わらず、日本政府は、公衆衛生における情報技術に関する研究開発助成を主体的に行っておらず、日本全体がこの分野の技術革新から取り残されつつある。

　前掲したColizzaらは、接触確認アプリを5つの観点から評価すべきと提言している［Colizza 2021］。1点目として、アプリ単独ではなく、それぞれの地域における医療政策（感染対応方針）との統合度合いの評価を求めている。その観点では、陽性確定者の陽性登録の効率性やアプリ通知により明らかとなった濃厚接触者に対する保健所対応には改善の余地が多かった［Okumura 2023］。2点目に、ユーザー側の受容と継続利用性がある。COCOAに関しては、導入時に懸念されたプライバシー侵害への反対意見が大きなものとならなかった点で実績を残した。一方、利用する価値や意義をユーザーに十分に示したかという点で課題が残された。3点目として、感染者の迅速な隔離への貢献度合いが指摘されている。濃厚接触者へと迅速な検査を提供し、有症状者の自主隔離にインセンティブを持たせる等、コロナ後の他の感染症への応用可能性を踏まえて方策を検討することが望ましい。4点目に、接触通知の迅速性がある。患者の陽性が確定した際、いかに迅速に接触者へと通知し対応を促すかは、感染抑制効果を左右する。その観点では、将来的には、感染の疑いの時点で予めアラートを発する等、迅速化に向けた工夫の余地があるかもしれない。これは、感染拡大期には過剰な通知（pingdemic）を引き起こしかねないが、感染拡大前の段階では有益となる可能性がある。最後に、本稿を通じて議論した、客観的で透明な性能評価の必要性が指摘されている。

　将来のパンデミックへの備えのため、また、日々の感染症危機管理をより効率的、効果的なものとしていくため、多くの人命と引き換えに得られた教訓は今後の関連施策に適切に還元されなければならない。そのためには、これらの評価に基づく改善の取り組みが欠かせない。一方で、公衆衛生における情報技術は、双方の専門家による密接な連携が不可欠であり、難度が高い。その点、米国においては、パンデミック以前から、Google Flu Trendsなどの試みを通じて情報技術と公衆衛生の共同作業を通じた技術的素地が存在した［Ginsberg 2009］。わが国においては、そもそもこの分野の研究開発を担

う人材育成から進めていく必要がある。そこでます、今回のわが国の教訓、各国の状況等をまとめ可能な技術的オプションを整理した教科書の刊行を提言したい。また、研究開発体制として、携帯キャリア、携帯メーカーとの連携体制と、自由に研究利用可能な人々の移動・接触データセットの構築と公開が望ましい。それらの取り組みを通じ、公衆衛生分野における情報技術の発展に向けた研究コミュニティの確立が望まれる。

　パンデミック対策における「デジタル敗戦」の余波もあり、政府はこの分野における取り組みを事実上凍結してきた。しかし、公衆衛生は、社会的な厚生に大きく資するものの個々人の便益は限定的となりがちで、民間部門での研究開発投資は常に過小であり、政府による研究開発投資が欠かせない分野である。今後、全国における保健所の縮小や公衆衛生人材の不足を補っていくためにも、公衆衛生分野における技術革新は不可欠といえる。パンデミックによる教訓を無駄にしないためにも、感染症危機管理分野の発展に向けて、政府の政策転換を期待したい。

《参考文献》

Ferretti, L. et al. "Quantifying SARS-CoV-2 transmission suggests epidemic control with digital contact tracing." Science 368.6491 (2020): eabb6936.

Hinch, R. et al. "Effective configurations of a digital contact tracing app: a report to NHSX." https://cdn.theconversation.com/static_files/files/1009/Report_-_Effective_App_Configurations.pdf

Colizza, V. et al. Time to evaluate COVID-19 contact-tracing apps. Nat. Med. 27, 361-362 (2021).

Bahrain, Kuwait and Norway contact tracing apps among most dangerous for privacy. Amnesty International https://www.amnesty.org/en/latest/news/2020/06/bahrain-kuwait-norway-contact-tracing-apps-dangerfor-privacy/ (2020).

奥村貴史，藤田卓仙，米村滋人，"携帯電話の位置・接触情報を用いた感染リスク管理の歴史・現状と課題"，情報処理学会論文誌，Vol.63，No.5，2022年5月号，pp.1-9.

Rimmer A. Sixty seconds on ... the pingdemic BMJ 2021; 374: n1822

Jiang, T. et al. "A survey on contact tracing: the latest advancements and challenges." ACM Transactions on Spatial Algorithms and Systems (TSAS) 8.2 (2022): 1-35.

Government of Singapore, TraceTogether Token, https://www.tracetogether.gov.sg/common/token/

Shelby, T. et al. "Pilot evaluations of two bluetooth contact tracing approaches on a university campus: mixed methods study." JMIR formative research 5.10 (2021): e31086.

Chambers, T. and Andrew A. "Pilot of a digital contact tracing card in a hospital setting in New Zealand, 2020." Journal of Public Health 45.2 (2023): e171-e174.

Ami, J., Ishii, K., Sekimoto, Y., Masui, H., Ohmukai, I., Yamamoto, Y., Okumura, T, "Computation of infection risk via confidential locational entries: A precedent approach for contact tracing with privacy protection." IEEE Access 9 (2021): 87420-87433.

Okumura, T., Ami, J., Masui, H. "Overcoming the Triple Challenges of Digital Contact Tracing in Japan", IEEE GHTC2023, Oct 2023.

Ginsberg, J. et al. "Detecting influenza epidemics using search engine query data." Nature 457.7232(2009): 1012-1014.

5．CIRCLE法を用いた接触リスク把握システムのPIA（プライバシー影響評価）について

坂下 哲也

1　はじめに

　本研究はELSI（Ethical, Legal and Social Issues）の観点から感染症のパンデミック時にデジタル技術を利用するにあたり配慮すべき点や注意すべき点を医学・法学・IT技術の専門家の知見を集め、整理することが一つのアウトリーチになっている。

　本稿は、その中で研究において利用されることになった接触確認技術CIRCLE法（Computation of Infection Risk via Confidential Locational Entries）を用いた感染拡大リスクを下げるための携帯電話の活用に関する技術を用いたシステムに対して実施したPIA（プライバシー影響評価）について報告するものである。

　本稿では、PIAの概要について説明し、今回のPIAの対象となったシステムについて概観すると共にPIAを試行した結果を説明する。

　令和元年12月個人情報保護委員会が公開した「個人情報保護法 いわゆる３年ごと見直し 制度改正大綱」（以下、「大綱」）において、民間の自主的取組の推進として、特定個人情報保護評価（PIA）の実施が推奨されている。

　このような動きに伴いDX（デジタルトランスフォーメーション）を推進する組織は、個人識別可能情報（以下、PII[1]という）を処理するプロセス、

---

[1] JIS X 9251では、「a）その情報に関連するPII主体を識別するために利用され得る情報、又はb）PII主体に直接若しくは間接にひも（紐）付けられるか又はその可能性がある情報。」と定義されている。

情報システム、プログラム、ソフトウェアモジュール、デバイス又はその他の取組において、今まで以上にプライバシーに対するデューデリジェンス（善管注意義務）及びプライバシーバイデザイン（Privacy by Design[2]）の達成が求められるようになった。

　PIA は、潜在的なプライバシーへの影響を事前にアセスメント（評価）するための手段であり、ステークホルダーと協議してプライバシーリスクに対応するために必要な行動を起こすための手段である。PIA を実施することは、プライバシーバイデザインを達成することである。

　当協会では、2020年 PIA ガイドラインの国際標準である「ISO/IEC 29134: 2017 Information technology —Security techniques— Guidelines for privacy impact assessment」を有識者の協力の下で、JIS 原案（情報技術 − セキュリティ技術 − プライバシー影響評価のためのガイドライン）の策定を行い、翌年 JIS 規格「JISX9251」として発行された。

2　PIA の概要

　PIA は、PII を処理するプロセス、データ、プログラム、ソフトウェアモジュール、デバイス又はその他の取組みにおけるプライバシーに対する潜在的な影響をアセスメントするための手段であり、利害関係者と協議してプライバシーリスクに対応するために必要な行動を起こすための手段である。

　PIA の報告書には、JIS Q 27001における情報セキュリティマネジメントシステム（以下、ISMS という）の使用による措置など、リスク対応のための措置に関する文書が含まれている場合がある。

　また、サービスやシステム開発など取組みの可能な限り早い段階から始まるプロセスであり、取組みの結果に影響を及ぼす機会がまだあることから、プライバシーバイデザインを確実にするものである。PIA は、プロジェクトが展開されるまで、またその後も継続するプロセスである。

---

[2] 1990年代にカナダのオンタリオ州　情報・プライバシー・コミッショナーであるアン・カブキアン博士が提唱した概念で、「技術」、「ビジネス・プラクティス」、「物理設計」のデザイン（設計）仕様段階からあらかじめプライバシー保護の取り組みを検討し、実践すること。

5. CIRCLE法を用いた接触リスク把握システムのPIA（プライバシー影響評価）について　129

図表1　PIA概要

　原則として、PIIの管理者がPIAを実施する責任を負う。また、PII処理者又はデジタルデバイスの利用者向け提供者は、自らPIAを実施することもある。

(1) 実施状況

　諸外国で実施されているPIAは「個人のプライバシー等の権利権益を侵害する可能性、それによる影響を予測し、そのリスクを分析した上で、そのようなリスクを軽減する措置を講じていることを確認する」行為として、実施されている。

　プライバシーに対する価値観は個人によって異なる（例えば、学歴を人に見せたい人もいれば、見せたくない人もいる等）ため、個人個人のプライバシー影響評価を行うことは難しい。よって、必要最低限の個人情報について、発生するリスクを分析し、その対応を人に関する面（業務手順等）とシステムに関する面（システム構成・機能、手順面）の両面から宣言することで、総じてプライバシー等の権利権益が保護されるものとしている（図表1参照）。

　具体的には、PIIを取り扱う主体が、その適正な取り扱いを確保することによって、PIIの漏えいその他の事故の発生を防止すると共に、個人のプライバシー等の権利権益を保護するものであり、以下の2点を目的として実施されるものである。

図表2　プライバシー影響評価の目的

事前対応による個人の プライバシー等の権利 権益の侵害の未然防止	個人のプライバシー等の権利権益が一旦侵害されると、その回復は容易 ではない。よって、個人のプライバシー等の権利権益の保護のために、 事前に PII の取り扱いに伴う PII の漏えいその他の事態を発生させるリ スクを分析し、それらを軽減するための措置を講じておくことが必要で あるため。
利用者等の信頼の確保	PII を取り扱う者が、入手する PII の種類、使用目的・方法、安全管理 措置等について利用者等（提供するものによって正又は負の効果が与え られる者）に分かり易く説明し、その透明性を確保することが必要であ ることから、評価を実施する主体が、PII の取り扱いにおいて個人のプ ライバシー等の権利権益の保護に取り組んでいることを自ら宣言し、ど のような措置を講じているか具体的に説明することによって、利用者等 の信頼を得るため。

(2)　PIA によってもたらされる便益

　PIA は、プライバシー等の権利権益のリスクについて早期に注意を促す 仕組みである。PII 処理に起因する潜在的なプライバシーリスクを検出する 方法によって、組織が多額の投資をする前に、予防策を講じてリスクに合わ せた安全対策を構築するのがよい箇所を示す。計画段階でプロジェクトを修 正するコストは、通常、後で修正が発生するコストに比べれば少額である。 受容できないプライバシー影響がある場合は、プロジェクトを中止すること もあり得る。

　PIA はプライバシー上の課題を早期に考慮することによって、次のいず れか又は全ての役に立つ。

①プライバシー上の課題を早期に特定するため。

②管理上の時間、法的経費、及び潜在的なメディア若しくは社会的懸念のコ ストを削減するため。

③組織が犠牲の大きい又は不名誉なプライバシー上の誤った取扱いを回避す るため。

　PIA はその後の苦情、プライバシー監査又はコンプライアンス調査の際 には、関連するプライバシー及びデータ保護の要件を満たしていることを組 織が証明することに貢献するものである。プライバシーリスク又は侵害が発 生した場合、PIA 結果は、組織がその発生を防止しようと適切に行動した という証拠を提供するものである。そのため、コンプライアンス以上のもの

として取り扱うことが望ましい。

　適切な PIA は、顧客や市民などに対して、プライバシーを尊重し、そのリスクに対応していることを示すものである。PIA は、十分な情報に基づく意思決定を強化すると共に、そのプロジェクトのプライバシー上の課題に関する内部の意思疎通を円滑にする。つまり、PIA は、意思決定者に情報を提供するために、プロジェクトから生じるプライバシー上の課題について体系的な分析を行うツールである。

　また、PIA は、プロセス、情報システム、又はプログラムのプライバシーに関する危険性について、組織が監査人又は競合他社に指摘される前に把握するものであるため、社会的なプライバシーへの懸念を予期し、対応することに貢献する。

　更に、PIA は、プロセス、情報システム又はプログラムの設計に、プライバシーに対する配慮が組み込まれているという社会的な信頼及び信用を組織が得るのに役立つ。信頼性は透明性に基づくものであり、PIA はオープンなコミュニケーション、共通の理解及び透明性を促進する規律あるプロセスである。PIA を実施する組織は、従業者及び契約事業者に対して、自らがプライバシーを真剣に受け止めていることを行為で示す。PIA は、プライバシーについて従業者を教育し、組織に損害を与え得るプライバシーの問題に油断しないように従業者に注意を喚起する一つの方法でもある。

　以上の要素は、組織の価値を確認する方法でもある。PIA は、デューデリジェンス（due diligence）の証左の一つとすることができると共に、顧客による監査回数の適正化などの効果をもたらす。

(3)　本稿における PIA

　PIA は個人識別可能情報（以下、PII という）を処理するプロセス、プログラム、ソフトウェア、モジュール、デバイス又はその他の取組みを開始する前に実施することが望ましい。要件定義（企画）、基本・詳細設計（設計）、開発（準備）などのフェーズからでも実施できるが、後の工程で実施、リスクを低減させる必要が発生した場合に、手戻り（コストや工数など）が大きくなるため、システムであれば設計前に実施することが望ましい。

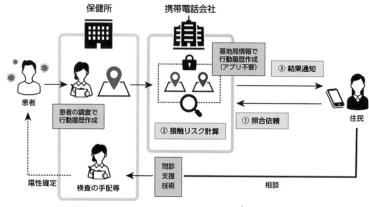

図表 3　CIRCLE 法概略[3]

　本研究では「CIRCLE 法を用いた感染拡大リスクを下げるための携帯電話の活用に関する技術を用いたシステム」(以下、「本システム」という) の研究開発が進められており、本システムを対象に PIA を実施した。

　また、PIA では、PIA を実施することが必要か否かを評価する "閾値分析" を通常実施するが、このプロセスも割愛をしている点をご了解いただきたい。

　対象となるシステムを図表 3 に示す。

　本システムは、保健所が要請と判定された患者から調査時に行動履歴を聞き取る等をして調査をする。その後、当該患者と秘密保持契約を締結した上で、調査した行動履歴を匿名化し、携帯電話会社へ提供する。

　住民が感染を懸念した際は、そのリスクを携帯電話会社に問い合わせる (図中①)。携帯電話会社では、この利用者の携帯電話の位置情報履歴と患者行動履歴とを用いて接触の有無を計算し (図中②)、結果のみを利用者に回答する (図中③)。感染の可能性が高い場合は、保健所に問い合わせを行い、診察や検査などの対応を行うものである。

---

[3] 出典:「感染拡大リスクを下げるための携帯電話の活用に関する研究開発」北見工業大学プレスリリース、2021 年 7 月 7 日。

5．CIRCLE 法を用いた接触リスク把握システムの PIA（プライバシー影響評価）について　133

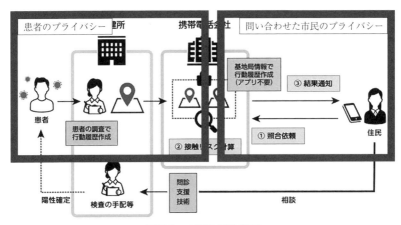

図表 4　本稿の PIA 範囲

　PIA は、必要最低限の個人情報を取得し、考えられるリスクを最大まで軽減する運用とセキュリティ対策が施されるのであれば、「秘密」（プライバシー）は守られるという考え方をする。ここで「秘密」を守る対象は、保健所において行動履歴を聴取される"患者"と、感染リスクを問い合わせる"住民"が対象となる。以上から、今回の PIA の実施範囲を図表 4 に示す。

3　PII 情報フローの識別

　範囲が確定したら、次に情報フローを識別する。"患者"、"市民"それぞれについて以下に示す。

(1)　保健所における情報フローの識別
　保健所における情報フローは以下のようになっている。
(i) 収集
　陽性と診断された患者の申し出により、保健所職員は以下の項目を聞き取り調査する。
　①氏名、住所、年令
　②過去 1 週間分の行動履歴

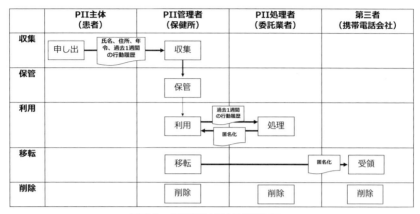

図表5　保健所における情報フロー

　　・日付、おおよその時間（概ね10分単位）、移動履歴、自宅以外の場所（建物名や店舗名、公共交通を利用した場合はその区間）

(ii) 保管

　保健所は聴取した資料（紙）をファイリングし、保管する。

(iii) 利用

　保健所は聴取した資料のうち、上記（1）-②の部分を委託したデータ処理事業者渡す。

　データ処理事業者は上記（i）-②の部分のアドレスマッチング（地図に表示するための座標付与作業、データには聞き取った日付、時間データが付与されている。）を行い、そのデータを保健所へ戻す。

(iv) 移転

　保健所は上記（iii）で処理された情報を携帯電話事業者へ渡す。

(v) 削除

　　・保健所は聞き取りした調書は定められた期間が来たら速やかに廃棄する。

　　・処理事業者は上記（iii）の作業が終わり次第、元の情報を保健所へ返却し、事業者内でデータ化したものは速やかに削除する。

　　・携帯電話会社は2週間分を保管し、期限が来たデータは速やかに廃棄する。

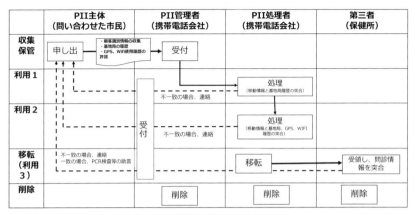

図表6　携帯電話会社における情報フロー

(2) 携帯電話会社における情報フローの識別

携帯電話会社における情報フローは以下のようになっている。

(i) 収集（受付）

市民（携帯電話会社顧客）から問い合わせを受け付ける。

その際に顧客であることを確認し、氏名・電話番号・契約状況を確認する。

また、合わせて過去1週間の利用履歴（基地局の履歴、GPSの利用履歴、Wifiの使用履歴）の利用の同意[4]を取る。

(ii) 処理1

同意を得た顧客の端末の基地局の履歴と、保健所から受領した行動履歴を照合する。

一致しない場合は、受付をした部署へ連絡し、本人へ連絡をする。（一致した場合は、以下に進む。）

(iii) 処理2

同意を得た顧客のGPS、Wifiの使用履歴と上記（ii）の処理結果を照合する。

一致しない場合は、受付をした部署へ連絡し、本人へ連絡をする。（一致した場合は、以下へ進む。）

---

[4] この利用同意は、事前同意を得ておくことで個別に問い合わせる負担を軽減する運用となることなどが想定される。

（iv）移転（処理3）

　上記（iii）の処理結果を保健所へ移転する。

　保健所は問診時の情報と照合し、感染可能性を判断し、その結果を携帯電話会社へ伝える。

　携帯電話会社は、保健所の判断結果を本人へ連絡する。

（v）削除

　携帯電話会社は本人へ連絡をした時点で、処理1、2のデータを速やかに廃棄する。

　保健所は上記（iv）の判断終了後、照合結果を速やかに廃棄する。

4　取得情報の確認

　PIAの実施にあたっては、当該業務（又はサービス）を実施するにあたり、最低限の個人情報の取得になっているかを確認し、また、正確性をどのように確保するのかを確認することが必要である。

　前記3で示した情報を取得する主体別に図表7に整理した。

　上記から、保健所は法に則り、必要とされる情報を取得している。また、携帯電話事業者は、対象となるシステムを利用し、感染の可能性を携帯電話利用者へ通知するにあたり、最低限の個人情報の取得になっていると判断できる。

　また、これら取得される情報は、「JISX9251」に規定されるPII性質（図表8参照）に照らすと、PII主体の健康に影響を及ぼす個人情報であると考えられるため、"影響レベル4"の個人情報として取り扱う必要がある。

5　必要な手順の確認

　PIAでは、必要最低限に取得された個人情報の取り扱いにおいて、「取得

5　取得時の手続きは新型コロナウィルスに限ったものではないが、本報告では新型コロナウィルスの関係文書でまとめている。

5．CIRCLE法を用いた接触リスク把握システムのPIA（プライバシー影響評価）について　137

図表7　本システムで取得される個人情報の種類

情報を取得する主体	取得される事項	取得時の手続き
保健所	陽性判定を受けた患者の氏名、年齢、性別、電話番号、メールアドレス、職業（職場の連絡先を含）、国籍、既往歴（妊娠、喫煙の有無等を含）、感染可能性のある発症2日前から調査が行われた日（現在）の行動履歴（場所、行動）、濃厚接触者（必要な感染予防策をしないまま手で触れたり、また対面で互いに手を伸ばしたら届く距離（1m程度）で15分以上接触があった者）の有無、有りの場合は連絡先。	感染症法に規定される積極的疫学調査の実施のため、その目的を患者へ伝え、実施される。また、実施にあたっては、「今後を見据えた保健所の即応体制の整備について」（令和2年6月19日付け厚生労働省新型コロナウイルス感染症対策推進本部事務連絡）に基づく体制の下で、「積極的疫学調査における優先度について」（令和2年11月20日付け同対策推進本部事務連絡）を踏まえ、「新型コロナウィルス感染症患者に対する積極的疫学調査実施要領」（国立感染症研究所 感染症疫学センター）に基づいて実施される。[5]
携帯電話会社	問い合わせをした顧客の携帯電話番号（端末識別子把握、本人への連絡のため）、本人が連絡をした時点より1～2週間のwifi利用履歴、GPSの利用履歴	問い合わせを受けた顧客に対して、感染している可能性を調査するにあたり、左記情報を取得・利用する旨を伝え、同意を取る。（同意を得られない場合には、問い合わせで取得した情報を廃棄する。）

図表8　PIIの影響レベル

PIIの性質	影響レベル
一般にアクセス可能なPII（例えば、電話帳、住所録、選択リスト）	1
アクセスに正当な利益を必要とするPII （例えば、限定公開ファイル、配布リストのメンバー）	2
不正な開示がPII主体の評判に影響を及ぼす可能性のあるPII（例えば、所得、社会福祉給付、固定資産税、罰金に関する情報）	3
不正な開示、変更、減失又は棄損がPII主体の存在、健康、自由、生命に影響を及ぼす可能性があるPII（例えば、誓約事項に関する情報、刑罰、人事評価、健康データ、利用不能の債務、PII主体が刑事事件で被害者になるリスクがある場合）	4

→加工・更新→移送・提供→廃棄」の各プロセスにおいて、想定されるリスク（漏えい、減失等）を分析し、そのリスクを軽減させる手順（業務手順やシステム使用マニュアル等）を定めているかを確認することが求められる。また、職員・社員等業務従事者の守秘義務等について確認することが求めら

図表9　保健所におけるプライバシーリスク

事項	保健所	想定されるリスク
PII への認可されていないアクセス（機密性の喪失）	積極的疫学調査に基づく聞き取り調査は保健所の職員が規定に沿って行うものである。	聞き取り調査の結果が第三者に漏洩するなど。
PII の認可されていない変更（完全性の喪失）	患者からの聞き取り調査等の変更にあたっては、保健所職員が規定に沿って行うものである	保健所職員が不在時に派遣やアルバイトの者など本来対応しない者が対応をして変更するなど。[6]
PII の紛失、盗難又は認可されていない持ち出し（可用性の喪失）	聞き取り調査を行った帳票や、感染者情報のやり取りを行うFAX 等がファイリングされ、保管される。	患者数の急拡大等の混乱などによってキャビネに保管をすることを忘れ、紛失するなど。
PII の過剰収集（運用管理の喪失）	法律、実施要領に規定された内容であり、過剰収集はない。	聞き取りにあたった職員等が興味本位で関係のない内容を聞き出すなど。
PII の認可されていない又は不適切なひも付け	単票で管理され、クラスター発生時等は別途定めれた規定に則り、束ねられる。	興味本位で紐づけが行われるなど。
PII の処理目的に関する情報が不十分（透明性の欠如）	取扱いについて、患者に十分説明する。	―
PII 主体の認識又は同意なしにPII を処理すること	取扱いについて、患者に十分説明し、同意を取得して処理される。	同意を取り忘れる。
PII 主体の同意なしに、第三者と PII を共有又は目的を変更すること	取扱いについて、患者に十分説明し、同意を取得して処理される。	同意を取り忘れる。
PII の不必要な長期保有	標準文書保存期間基準等に沿って廃棄される。	廃棄を忘れる。

れる。

(1)　プライバシーリスク

　PIA ではアセスメント中のプログラム、情報システム又はプロセスから生じる、関係する利害関係者に対するリスクを特定することが求められる。具体的には図表9に示される項目となり、本システムを対象に作成したものを示す。なお、項目については図表9に挙げたものが全てではなく、その対象によって考慮される。

5．CIRCLE 法を用いた接触リスク把握システムの PIA（プライバシー影響評価）について　139

図表10　選択のレベル

選択のレベル	説明
無視できる	選択されたリスク源では、サポートする資産の特性を利用して脅威が起こる可能性はない（例えば、入館証読取機及びアクセスコードで保護された部屋に保管された紙文書の盗難）。
限定的	サポートする資産の特性を利用して脅威が起こることは、選択されたリスク源にとっては困難であるようである（例えば、入館証読取機によって保護された部屋に保管された紙文書の盗難）。
重大な	選択されたリスク源では、サポートする資産の特性を利用して脅威が起こる可能性があると思われる（例えば、受付で最初に入館手続をしなければアクセスすることができないオフィスに保管された紙文書の盗難）。
甚大な	選択されたリスク源にとって、サポートする資産の特性を利用して脅威を実施することは極めて容易であるようである（例えば、ロビーに保管された紙文書の盗難）。

　PIA では、プライバシーリスクを洗い出した後に、サポートする資産の脆弱性及びそれを利用するリスク源の影響力（スキル、利用可能な時間、財源、情報システムへの近接、モチベーション、刑事免責など）を考慮して、各脅威が悪用されることの起こりやすさ（脅威が発生するために、サポートする資産の特性をどの程度まで利用できるか）を推定する。

　リスクの起こりやすさは、インターネットへのアクセス、外部サイトとのデータ交換、他の情報システムとの相互接続、高度なシステムの異質性、可変性などの追加要因を含めることによって変化する。よって、相互接続がなく、インターネットに接続されていない同質のシステムは、リスクの起こりやすさを低減させる場合がある。

　保健所の場合、図表9で示した「想定されるリスク」は主に人的なリスクによって発生することが予見され、図表10に照らすと、「重大な」又は「甚大な」に相当する。保健所では、職員など従業者への研修・指導の徹底に伴う規定の遵守が求められる。

6　例えば、調査対象者の親族知人が保健所勤務している場合、そのような者の手によって何らかの改竄が発生する可能性などがある。

(2) 携帯電話会社

同様に携帯電話会社についても図表11に示す。

図表10に照らすと、「重大な」又は「甚大な」に相当する。各プロセスは、すべてプログラムが処理している。そのためそのプログラムにおけるバグにより、「予期しない動作が生じる」、ないし、「期待された動作が行われない」というリスクがある。

6 行動履歴のプライバシーリスク

CIRCLE法はbluetooth（10m程度の短距離の通信規格）を用いた接触確認アプリとは異なり、①患者の聞き取りによる行動履歴、②相談者の携帯電話の基地局履歴、③相談者の携帯電話のGPS、wifiの使用履歴を用い、①と②・③の照合から感染の可能性を導きだすものになっている。それらによって導かれる行動履歴のプラバシーリスクを以下、検討する。

(1) 測位に用いられる技術

(a) 携帯電話基地局

私達が使用している携帯電話の主に右上には線が0～3本表示され、本数が多いほど基地局との接続が強いことや、スマートフォンの場合には、「LTE」、「5G」などと表示され、今受けている回線サービスの種類を把握できるようになっている。

携帯電話の基地局はBS（ベースステーション）と呼ばれ、アンテナと送受信機が設置されている。しかし、1つの基地局で対応できるユーザー数・通信量は決まっているため、利用者が多い人口密集地域や人出が多い場所であるほど、基地局の数も増える。

端末はその基地局の電波によって形成されたセル（電波が届く範囲）の中にいることを携帯電話会社は把握し、通信サービスを提供している。基地局の場合、鉄塔型では3～5kmのセル、ビル設置型では1～3kmのセル、電柱設置型（小型）では200～500mのセル、屋内設置型では30mのセルで私達の通信をカバーしている。私達の持つ携帯電話側でどのセルを使うかは

5．CIRCLE 法を用いた接触リスク把握システムの PIA（プライバシー影響評価）について　141

図表11　携帯電話会社におけるプライバシーリスク

事項	携帯電話会社	想定されるリスク
PII への認可されていないアクセス（機密性の喪失）	顧客データへのアクセスは決められた部署で行われ、アクセス制御された社員のみアクセスができる。	アクセスできる社員の ID・パスワードの盗難などのリスク
PII の認可されていない変更（完全性の喪失）	本システムにおいて、顧客データの変更はできない。	―
PII の紛失、盗難又は認可されていない持ち出し（可用性の喪失）	本システムでは帳票への出力などの機能はない。また同システムはインターネットに接続されておらず、外部からの不正アクセスに晒される可能性は非常に少ない。	悪意のある個人が閲覧するリスク（但し、通信事業者の保有する通信ログは、通信の秘密に該当するデータであるため、管理体制上、閲覧権限管理は厳しく、悪意のある個人であっても閲覧することは極めて困難ではある。）
PII の過剰収集（運用管理の喪失）	本システムは相談者の受付を行うものであり、電話番号以外は取得しない。	（ワークフロー上、人間が介在する箇所が無い。）
PII の認可されていない又は不適切なひも付け	不適切な紐づけが許容される仕様になっていない。	保健所から来る患者データは、本事業の今般であるログ部分の管理体制の"外"から持ち込まれるため、偽データが登録されるなどのリスクは考えられる。
PII の処理目的に関する情報が不十分（透明性の欠如）	取扱いについて、問い合わせた顧客に十分説明する。	―
PII 主体の権利への考慮の欠如	どのような情報を取得し、どのような判断がなされるかを十分説明する。	―
PII 主体の認識又は同意なしに PII を処理すること	取扱いについて、顧客に十分説明し、同意を取得して処理される。	システム側の不具合によって、同意を得ていない顧客のリスク計算を行い、またそれが漏洩するリスクなど。
PII 主体の同意なしに、第三者と PII を共有又は目的を変更すること	取扱いについて、顧客に十分説明し、同意を取得して処理される。	システム側の不具合によって、同意を得ていない顧客のリスク計算を行い、またそれが漏洩するリスクなど。
PII の不必要な長期保有	規定に沿って廃棄される。（例：感染リスクが無いと判定された場合には、本人連絡後速やかに消去）	システムの不具合により、データが漏洩するリスクなど。

コントロールできず、携帯電話会社が最適な通信状況となるように判断し、機械的に動的に割り振っている。

この割り振られた基地局から端末までの距離で位置を割り出す事ができる。

(b) GPS・GNSS

GPS（Global Navigation System）はアメリカにおいて、1973年に開発が始まり、何度かの測位衛星実験機が打ち上げられたあと、1989年に初の実用機の打ち上げに成功した。1995年には24機の測位衛星が6本の衛星軌道上に配備され、民生利用への無償開放が開始され、現在は31機が運用されている。

GPSはアメリカが管理運用している衛星測位システムだが、衛星測位システムはロシア（GLONASS）、欧州（Galileo）、中国（BeiDou）、インド（NavIC）、日本（みちびき）などでも開発され、運用されている。これらはグローバル軌道衛星群（GNSS：Global Navigation Satellite System）と呼ばれ、地球のほぼ全ての場所で位置を測定することができるようになっている。

衛星測位は三角測量の方式を利用したシステムであり、GPS・GNSS衛星から届く衛星軌道や時刻情報を含んだ信号を使って、その受信機が位置を計算し測位を行う。具体的には、受信機の座標x、y、zに時刻情報tを加えた4つの値を、4つの衛星信号を用いた連立方程式を解くことによって算出することで求める。

カーナビゲーションなどでは、このような方式を利用するが、携帯電話の場合には、測位に係る時間を短縮し、消費電力を抑制するため Assisted GPS（A-GPS）、複数種類の衛星のアシスト情報を使った測位方式である A-GNSS が採られるものも多い。複数の衛星信号を用いることによってスマートフォンの潜在的な測位誤差は最小化されるが、機種によっても差があり、概ね3〜7m（当協会実証による値）となっており、屋内では使用できない。

(c) WiFi測位

WiFiのアクセスポイントの信号情報を基に測位を行う方式であり、三角測量、又はパターンマッチングアルゴリズム（電波減衰判別アルゴリズム等

5．CIRCLE 法を用いた接触リスク把握システムの PIA（プライバシー影響評価）について　143

図表12　聞き取り調査項目（患者用）の例

発症日前	日付	時刻	場所	行動歴／接触歴	状況 （活動内容、他者との接触状況、イベント規模、体調不良者の有無等）	感染リスクの高い場所の同行者氏名	備考
記載例	6／Y	9時〜12時 13時30分〜17時頃	①○○駅近くのXXライブハウスTEL：000-000-0000 ②△△県△△市 ③□□県◇◇町	①所属する営業2課の同僚とライブへ参加 ②○×観光バスで移動TEL：999-999-9999 ③△△駅前で風症状のある友人（○○氏）と接触	①観客約300人、スタンディングで密集。 ②家族（妻、子供2人）を含めバスには20人程度で、乗客に体調不良者あり。 ③マスクの着用なしで30分ほど立ち話をした	①○×部長、△□主任 ②○○太郎、□□花子、△△次郎	

を用いて位置を算出する等）などの手法を用いて位置を算出する。

(2)　患者の行動履歴の例

　積極的疫学調査では、図表12で示す内容の聞き取りが行われる。

　本システムでは、①保健所の聞き取りの行動歴から位置情報を算出し、②相談者の携帯電話の基地局測位情報と照合し、感染リスクがあると判断する。

　図表13に疑似的に作成した行動履歴、携帯電話会社のデータを重畳したものを示す。（疑似的に作成したものであり、事実ではない。）

　地点A、B、Cは患者からのヒアリングした行動履歴である。この患者は、某月某日某時刻A地点のコンビニエンスストアで買い物（5分）し、その後、B地点のレストランで食事（1時間）し、C地点のビルに入ったその後、携帯電話会社に相談してきた相談者の携帯電話基地局測位状況（右図；都心部なので50m程度で記載）はB地点で重なっており、その後、携帯電話会社が提供するアプリのGPS（5m誤差）情報を重畳したところ、患者が食事をしたB地点で30分以上停止していたため、保健所に相談の上、検査を受ける事を伝えた。携帯電話会社は本人に伝えると共にデータは廃棄した。感染リスクを検証するためのデータ利用であり、生命や健康に影響があることからプライバシーリスクについて重視をしないという考え方もある。また、

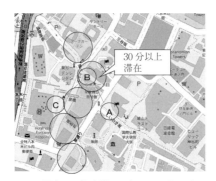 

図表13 疑似的なデータの重畳（ベースマップは OpenStreetMap を使用）

　CIRCLE法では閉じられた環境で判断がなされるものであり、情報漏洩等の事故がない限り、直接プライバシーを侵す可能性が低いものである。一方で、仮に漏洩などのインシデントが発生した場合には、当該個人のプライバシー（風評、噂等）を侵す可能性があることから「レベル4」（不正な開示、変更、滅失又は棄損がPII主体の存在、健康、自由、生命に影響を及ぼす可能性があるPII）として取り扱う事が肝要であろう。

　また、感染リスクがあるという判断を伝えた顧客に対して、説明を求められた場合にどのように説明を行うのか、その手順等を文書化し、整備しておく必要があるのではないだろうか。

7　ISO/IEC 27701の管理策を使った検証

　JISX9251では、活用可能な管理策として「ISO/IEC 27701」を挙げている。

(1)　ISO/IEC 27701

　ISO/IEC 27701は、2019年に発行された国際規格である。この規格は、ISO/IEC 27001及びISO/IEC 27002の（拡張）規格として位置づけられており、情報セキュリティマネジメントシステムの要求事項に加え、個人情報の処理によって影響を受けかねないプライバシーを保護するための要求事項とガイドラインを規定している。ISO/IEC 27001の認証取得が前提条件となっ

5．CIRCLE 法を用いた接触リスク把握システムの PIA（プライバシー影響評価）について　145

ており、現状、ISO/IEC 27701の単独認証はない。

(2)　保健所における管理策の検証

図表14　ISO/IEC 27701との照合結果

A.7.2 収集及び処理の条件 目的： 適用法域ごとの法的根拠及び明確に定められた正当な目的に基づき、処理が合法であると決定し文書化すること			本事業での確認状況
A.7.2.1	目的の識別及び文書化	管理策 組織は、PII を処理する特定の目的を定め文書化しなければならない。	規定類を確認した。
A.7.2.2	適法な根拠の特定	管理策 組織は、特定した目的のために PII を処理する関連する適法な根拠を定め、文書化及び順守しなければならない。	規定類を確認した。
A.7.2.3	いつどのように同意を取得すべきかの決定	管理策 組織は、PII 主体から PII 処理に対する同意をいつどのように得られたのかを証明するプロセスを決定し文書化しなければならない。	規定類を確認した。
A.7.2.4	同意の取得並びに記録	管理策 組織は、文書化されたプロセスに従って PII 主体から同意を得て記録しなければならない。	規定に基づく記録を確認した。
A.7.2.5	プライバシー影響評価	管理策 組織は、PII の新しい処理あるいは PII の既存の処理の変更が予定されている場合には常に、プライバシー影響評価の必要性を評価し、該当する場合には実施しなければならない。	該当無
A.7.2.6	PII 処理者との契約	管理策 組織は、利用する PII 処理者と書面による契約を締結し、PII 処理者との契約は附属書 B の適切な管理策への対応を確実に実施しなければならない。	契約を確認した。
A.7.2.7	共同 PII 管理者	管理策 組織はいかなる共同管理者とも、PII 処理（PII 保護及びセキュリティ要求事項を含む）に関する各々の役割と責任を決定しなければならない。	規定類を確認した。
A.7.2.8	PII 処理に関する記録	管理策 組織は、PII の処理に対する自身の義務を補強する上で必要な記録を特定し、安全に維持管理しなければならない。	記録を確認した

A.7.3 PII 主体に対する義務 目的： PII 主体に自身の PII の処理に関して適切な情報が確実に提供され、その処理に関係がある PII 主体に対するその他の適用される義務を履行することを確実にすること			
A.7.3.1	PII 主体に対する義務の特定及び履行	管理策 組織は、その PII 処理に関する PII 主体に対する法的、規制上及びビジネス上の義務を決定し文書化し、これらの義務に適合する方法を提供しなければならない。	法律、事務通達等に基づく規定類を確認した。
A.7.3.2	PII 主体に対する情報の決定	管理策 組織は、PII の処理に関して PII に提供すべき情報及びその提供のタイミングについて定め、文書化しなければならない。	規定類を確認した。
A.7.3.3	PII 主体に対する情報提供	管理策 組織は、PII 主体に、PII 管理者を識別し、PII 処理を説明する明確かつ容易にアクセス可能な情報を提供しなければならない。	規定類を確認した。
A.7.3.4	同意を修正又は撤回するメカニズムの提供	管理策 組織は、PII 主体に対して自身の同意を修正又は撤回するためのメカニズムを提供しなければならない。	規定類を確認した。
A.7.3.5	PII 処理に異議を唱える方法の提供	管理策 組織は、PII 主体に自身の PII 処理に異議を唱えるための方法を提供しなければならない。	規定類を確認すると共に問い合わせ窓口の設置を確認した。
A.7.3.6	アクセス、訂正及び／又は削除	管理策 組織は、PII 主体が自身の PII にアクセス、修正及び／又は削除可能にするという義務に適合するための方針群、手順及び／又は方法を実装しなければならない。	規定類を確認した。
A.7.3.7	PII 管理者の第三者通知義務	管理策 組織は、PII を共有する第三者に共有 PII の修正、撤回あるいは取得に対する異議について通知し、そうするための適切な方針、手順及び／又は講じるべき方法を実装しなければならない。	携帯電話会社との契約（実証実験における規定類）を確認した。
A.7.3.8	処理された PII の複製物の提供	管理策 組織は、PII 主体からの求めがあった際に処理された PII の複製物を提供可能でなければならない。	規定類を確認した。
A.7.3.9	異議申立ての取扱い	管理策 組織は、PII 主体からの正当な要求を扱い、対処するために方針群と手順を定め文書化しなければならない。	規定類を確認した。

5．CIRCLE 法を用いた接触リスク把握システムの PIA（プライバシー影響評価）について　147

A.7.3.10	自動化された意思決定	管理策 組織は、PII の自動処理にのみ基づいてなされた PII 主体に関係する組織の決定の結果生じる、法的義務を含む、PII 主体に対する義務を特定し対処しなければならない。	（該当無）
A.7.4 プライバシーバイデザイン及びバイデフォルト 目的： 収集と処理（利用、開示、保存、送信及び廃棄を含む）が特定された目的に必要なものに制限されることを確実にするようプロセスとシステムが設計されることを確実にすること。			
A.7.4.1	収集の制限	管理策 組織は、PII の収集を、特定した目的に関連し、比例し、必要な最小限に制限しなければならない。	確認した。
A.7.4.2	処理の制限	管理策 組織は、PII の処理を、特定した目的に適切で、関連性があり、必要なものに制限しなければならない。	確認した。
A.7.4.3	正確性及び品質	管理策 組織は、PII のライフサイクル全体を通じて、PII の処理目的の必要性に応じて、PII が正確、完全及び最新の状態であることを確実にしなければならない。	規定類を確認した。
A.7.4.4	PII 最小化目的	管理策 組織は、データ最小化目的と、その目的を達成するために用いる（非識別化など）メカニズムを特定し文書化しなければならない。	規定類を確認した。
A.7.4.5	処理終了時の PII 非識別化及び削除	管理策 組織は、PII 原本が特定された目的に必要でなくなったら直ちに、PII を削除するか PII 主体の識別又は再識別ができない形式にしなければならない。	廃棄の規定を確認した。
A.7.4.6	一時的なファイル	管理策 組織は、PII の処理の結果として作成された一時的なファイルが、特定され、文書化された期間内に、文書化された手順に従って確実に廃棄（例えば、削除又は破壊）されることを確実にしなければならない。	（該当無）
A.7.4.7	保存	管理策 組織は、PII 処理目的に必要な期間を超えて PII を保持してはならない。	規定類を確認した。
A.7.4.8	廃棄	管理策 組織は、PII の廃棄に関して文書化された方針群、手順及び／又はメカニズムを有しなければならない。	規定類を確認した。

A.7.4.9	PII 送信管理策	管理策 組織は、データ送信ネットワークを介して（例えば、別の組織への送信など）送信される PII を、データが予定される送信先に確実に到達することを確実にするように設計された適切な管理策の対象としなければならない。	データ送信は無いが、行動履歴を加工する際の規定類を確認した。
7.5 PII 共有、移転及び開示 目的： 適用される義務に従って、他の法域又は第三者と PII を共有、移転するか及び／又は開示するかどうか、またそれはどういう場合かを決定し、文書化すること。			携帯電話会社との契約（実証実験における規定類）を確認した。
A.7.5.1	法域間でPII を移転する根拠の特定	管理策 組織は、複数の法域間での PII 移転に関連する根拠を特定し、文書化しなければならない。	（該当無）
A.7.5.2	PII の移転先となる国及び国際機関	管理策 組織は、PII の移転先となる可能性がある国及び国際組織を特定し文書化しなければならない。	（該当無）
A.7.5.3	PII 移転の記録	管理策 組織は、PII の第三者への、あるいは第三者からの移転を記録し、PII 主体に対する義務に関連する将来的な要請を支援するために、それらの関係者との協力を確実にしなければならない。	（該当無）
A.7.5.4	第三者へのPII 開示の記録	管理策 組織は、どの PII が、誰に、いつ開示されるのかを含む、PII の第三者への開示を記録しなければならない。	規定類を確認した。

(3) 携帯電話会社における管理策の検証

　上記図表15を用い、携帯電話会社における管理策の検証を実施した。結果は保健所と変わりがないため表は割愛する。

　ただし、社会実装にあたっては、携帯電話会社の場合、「A.7.3.8処理された PII の複製物の提供」において、感染リスクが高いと判定された顧客から、その根拠の開示を求められた場合の対策を準備しておくことが必要なのではないかと考えられる。

8　システム上の安全管理策の検証

　本システムの仕様書や稼働状況を確認していないため、システムに関する

安全管理策の検証が出来ていない。

　そこで、図表15にJISX9251において、一般的な脅威に対するシステムに対する安全管理策の目安を示す。

図表15　一般的な脅威に対する評価の観点

サポートする資産	アクション	プライバシーリスク	脅威の例
ハードウェア	異常使用	PII の消失	個人ファイルの保管、個人利用など
ハードウェア	異常使用	PII への不正アクセス	機微情報を取り扱う用途としては不適切な USB フラッシュドライブ又はメモリの使用、個人的な理由によって実施する機微情報を含んだハードウェアの運搬など
ハードウェア	ダメージ	PII の消失	洪水、火災、器物破損、経年劣化によるダメージ、記憶装置の故障など
ハードウェア	スパイ行為	PII への不正アクセス	相手に気づかれず電車内で行う他人のスクリーン画面の観察、スクリーン画面の撮影、ハードウェアの位置情報の収集、電磁信号の遠隔検知など
ハードウェア	消失	PII の消失	ノート型 PC 又は携帯電話の盗難、デバイス又はハードウェアの廃棄など
ハードウェア	消失	PII への不正アクセス	ホテルの客室からのノート型 PC の盗難、スリによる携帯電話の紛失、廃棄された保管機器又はハードウェアの回収、電子的保管デバイスの紛失など
ハードウェア	変更	PII の消失	互換性のないハードウェアの追加による故障、システムの適切な稼働に必須の部品の除去など
ハードウェア	変更	PII への不正アクセス	ハードウェアを基盤としたキーロガーによるトラッキング、ハードウェア部品の除去、OS を起動、又はデータを取得するためのデバイスの接続（USB フラッシュドライブ）など
ハードウェア	変更	PII に対する望まない変更	互換性のないハードウェアの追加による故障、アプリケーションの適切な稼働に必須の部品の除去など
ハードウェア	過負荷	PII の消失	保管ユニットの空き容量なし、停電、処理能力オーバー、オーバーヒート、過熱など
ハードウェア	ハードドライブの消失	PII への不正アクセス	不完全な廃棄、又は保守契約の不備による PII への不正アクセス

サポートする資産	アクション	プライバシーリスク	脅威の例
ソフトウェア	異常使用	PII の消失	データ削除、偽造又はコピーされたソフトウェア、オペレータの人的ミスによるデータ削除など
ソフトウェア	異常使用	PII への不正アクセス	コンテンツのスキャニング、データの不適切な相互参照、アクセス権限の設定の高度化、利用履歴の削除、電子メールによる大量の迷惑メールの送信、ネットワーク機能の誤用など
ソフトウェア	異常使用	PII に対する望まない変更	データベース上の望まないデータ変更、ソフトウェアが動作するために必要なファイルの削除、オペレータの人的ミスによるデータ変更など
ソフトウェア	ダメージ	PII の消失	稼働している、又は実行可能なソースコードの削除、論理爆弾など
ソフトウェア	スパイ行為	PII への不正アクセス	ネットワークアドレス及びポートのスキャニング、構成情報の収集、搾取可能な欠陥の場所を特定するためのソースコードの分析、データベースがどのように悪意のある問合せに対応するかのテストの実施など
ソフトウェア	スパイ行為	PII への不正アクセス	ネットワークアドレス及びポートのスキャニング、待ち受けに関するぜい弱性への攻撃、分析結果レポート、ブローカーのポート及びサービス
サポートする資産	アクション	プライバシーリスク	脅威の例
ソフトウェア	消失	PII の消失	データアクセスに使用するソフトウェアライセンスの未更新など
ソフトウェア	変更	PII の消失	データ更新、設定又は保守に関するエラー、マルウェアによる感染、部品の交換など
ソフトウェア	変更	PII への不正アクセス	ソフトウェアを基盤としたキーロガーによる追跡、マルウェアによる感染、遠隔管理ツールの設置、代替部品の置換えなど
ソフトウェア	変更	PII に対する望まない変更	データ更新、設定又は保守に関するエラー、マルウェアによる感染、部品の交換など
ソフトウェア	過負荷	PII の消失	データベース容量の超過、通常の値の範囲を超えたデータ入力など
コンピュータチャネル	ダメージ	PII の消失	ワイヤーの切断、Wi-Fi の不良な受信状態など

5．CIRCLE 法を用いた接触リスク把握システムの PIA（プライバシー影響評価）について　151

サポートする資産	アクション	プライバシーリスク	脅威の例
コンピュータチャネル	スパイ行為	PII への不正アクセス	イーサネット通信の傍受、Wi-Fi 通信上のデータの不正取得など
コンピュータチャネル	消失	PII の消失	銅線ケーブルの窃盗など
コンピュータチャネル	変更	PII に対する望まない変更	中間者攻撃又は MITB（man in the browser）攻撃によるネットワーク上のデータ変更、反射攻撃（傍受されたデータの再送）など
コンピュータチャネル	過負荷	PII の消失	帯域幅の誤用、データの不正ダウンロード、インターネット接続の消失など
個人	異常使用	PII への不正アクセス	影響（フィッシング、ソーシャルエンジニアリング、賄賂など）、圧力（脅迫、心理的ハラスメントなど）など
個人	異常使用	PII に対する望まない変更	影響［うわさ（噂）、虚偽情報など］など
個人	ダメージ	PII の消失	労働災害、職業病、その他の怪我又は病気、死亡、神経系、心理的又は精神疾患など
個人	スパイ行為	PII への不正アクセス	会話中の意図しない情報漏えい、会議を盗聴する装置のユーザーなど
個人	消失	PII の消失	配置転換、契約満了又は解雇、部分的又は全社の経営権掌握など
個人	消失	PII への不正アクセス	社員の引抜き、業務分担の変更、部分的又は全社の経営権掌握など
個人	過負荷	PII の消失	多くの業務量、ストレス又は勤務環境におけるマイナスの変化、従業員の能力を超える業務への割当て、スキルの不十分な活用など
個人	過負荷	PII に対する望まない変更	多くの業務量、ストレス又は勤務環境におけるマイナスの変化、従業員の能力を超える業務への割当て、スキルの不十分な活用など
紙媒体	ダメージ	PII の消失	アーカイブされたドキュメントの劣化、火災などによるファイルの消失など
紙媒体	スパイ行為	PII への不正アクセス	読込み、コピー、撮影など
サポートする資産	アクション	プライバシーリスク	脅威の例
紙媒体	消失	PII の消失	文書の盗難、引越し時におけるファイル消失、廃棄など

サポートする資産	アクション	プライバシーリスク	脅威の例
紙媒体	消失	PII への不正アクセス	オフィスからのファイルの盗難、郵便ポストからの郵便物の盗難、廃棄文書の回収など
紙媒体	変更	PII に対する望まない変更	ファイル上の数字の変更、原本と偽造文書との差替えなど
紙媒体	過負荷	PII の消失	時間とともに漸次的に文書を削除、自主的に文書の一部を削除など
紙媒体伝送チャネル	ダメージ	PII の消失	組織再編成後の業務フローの終了、ストライキによる郵便物配送の中止など
紙媒体伝送チャネル	スパイ行為	PII への不正アクセス	現在使用中の署名簿の読み取り、輸送中の文書の複製を制作など
紙媒体伝送チャネル	消失	PII の消失	組織再編後のプロセス廃止、ドキュメント配送会社の喪失など
紙媒体伝送チャネル	変更	PII の消失	郵便物の配送方法の変更、紙媒体の送信チャネルの再編、業務で使用する言語の変更など
紙媒体伝送チャネル	変更	PII に対する望まない変更	本人へ報告なしにメモ内容を変更、一つの署名簿から別の署名簿への変更、矛盾する内容の複数の文書の送付など
紙媒体伝送チャネル	過負荷	PII の消失	大量の郵送物、負担の大きい検証プロセスなど

9 課題と展望

　新型コロナウィルスの感染拡大は、公共的な安全・安心の確保・向上と個人の権利・プライバシーの確保の矛盾を可視化した事象だった。

　自由を確保しようとすれば、公共の安全性は低下し、プライバシー侵害の被害も大きくなる。また、安全性のみに注力すると自由が確保できなくなり、「監視」というプライバシー侵害が拡大する懸念がある。更に、プライバシーの確保に注力すると、個人情報の利用が極端に抑制され、私達の自由な活動が妨げられるだけではなく、匿名性が高まる社会が創出され、安全を脅かす事にもなりかねない。

　シンガポールで始まったとされる接触確認アプリは、当初は優れたシステムだと期待されていたが、買い物等様々な局面で義務化が求められると急速に求心力が衰えていった。

それまでデジタル技術と感染症対策はそれぞれ別世界で展開されてきた。離れて共存していた機能の接近によって、利害の対立や権限分界・責任分界などの解決するために新たな制度の検討も行われた。しかし、情報は有体物ではなく、専有性もなく、法制度による制御が難しい。新たな法制度の議論の時間費消を回避し、まず個人の行動変容という意志に期待したものが接触確認アプリだったのだろうが、それを政治的な目的の中で利用された場合に脆弱性が露呈することも私達は知った。

そのような中での一つの提案がCIRCLE法であると考えられる。

CIRCLE法は患者と感染リスクを知りたい個人から、互いの個人情報を知ることなく個別の局面でデータを取得し、照合し、その結果を返す。また、データを取得する主体、照合する主体、結果を返す主体は一致しない。このような形を採る事によって、自由の確保、公共の安全性の確保、個人の権利の確保に寄与する仕組みであると言える。

本来、PIAはその運営主体などの組織の評価なども含めて実施するものであるが、本研究では資料が少なかったため、その内の一部の評価に留まってしまった事を付記する。

本稿に示した評価の観点が、今後、感染症分野にデジタル技術を活用した対応を行おうとする場合の参考になれば幸甚である。

6．公衆衛生のためにデジタル技術を活用できる
住民目線のヘルスシステム

佐藤　大介

　グローバル経済の流れにおいて保健医療・介護分野はややもすれば国内完結と誤解されがちな分野であるが、世界中で医薬品や医療機器だけでなく、デバイス、通信技術、アプリなど世界中の科学的知見に基づく科学技術やサービスの本格導入が始まっている。そして、そのエコシステムがさらなる科学技術の発展と医療サービス向上の好循環を生み出している。

　2019年度に起こった新型コロナウイルスによる世界的パンデミックを契機に、全世界的にデジタル・トランスフォーメーションによるさまざまなシステム・イノベーションが生まれた。一方で、我が国のヘルスシステムのデジタル化については、かねてから指摘されていたその遅れの根本的課題を露呈させた。

　本稿では、新型コロナウイルス感染症の感染拡大を契機に、行政機関や保健所等の公衆衛生現場が公衆衛生業務の実務において露呈した課題と、それらを抜本的に変革しうる政策動向とその展開について述べる。最後に公衆衛生行政の変革を実現するために必要な課題について私見を述べる。

1　第1：公衆衛生業務の実務で露呈した課題
（新型コロナウイルス感染症対策）

　我が国において新型コロナウイルス感染症の感染拡大が始まったのは2020年2月に遡る。当時は原因ウイルスであるSARS-CoV-2の特性に伴う致死性や感染性が不明であり、治療法も確立されていなかった。その後、デルタ株でコロナウイルスエンザや季節性インフルエンザよりも致死率・重症化率

が高く、オミクロン株ではそれらと同等程度と、変異株の登場に伴い公衆衛生行政の対策も変更や修正、国民への啓発活動を繰り返し、2023年5月に感染症5類に指定されてもなお、公衆衛生行政は新型コロナウイルス感染症に関する業務に多大な労力を要している。たとえば保健所では、発生した集団感染の全体像を把握し、感染拡大防止対策に用いることを目的に、医療機関等から感染症の発生届が届け出られた患者とその濃厚接触者に対して、感染前後の行動履歴や接触者状況等の聞き取り調査を行う「積極的疫学調査」を行い、それらを国が指定する項目と様式に入力し提出する「HER-SYS」へのデータ入力業務が大きな負担となっていた。特にこうしたデータの入力方法は、1981年に日本電信電話公社により開始されたファクシミリ（FAX「ファックス」が通称。電話回線を通じて紙媒体を読み取り、画像情報で電子的に送受信する装置。受信側は装置に内蔵されているプリンタから紙媒体で出力される情報を受け取る）で行われている等、我が国の公衆衛生行政業務が未だに紙媒体を主に行われていることが諸外国から注目された。また、保健所や都道府県の新型コロナウイルス感染症に対応してきた現場では、国から求められる報告事項に対し多大な労力をかけて、陽性者に対する積極的疫学調査に関する情報や属性に関するデータを提出し続けてきた。しかしながらデータを提出する保健所や都道府県が自らそれらのデータを分析する等、活用する権限も環境もなく、ひたすらに国への報告のみを行う状態であった。情報提供主体である保健所や市町村が、こうした貴重なデータを速やかに活用できないことには、地域の陽性者の入院先や病態、予後を把握することや、治療に必要かつ貴重な医療資源の使用状況を把握することはできない。また、国から求められる情報以外は収集されず、たとえ公衆衛生上重要な情報であっても、当該項目に関するデータを収集することができなかった。国が現場の負担軽減や個人情報保護の理由から必要最小限の項目に限定した可能性はあるが、都道府県や保健所は、報道機関が当該機関に取材し公表した情報を、取材を受けた都道府県や保健所が再利用して陽性者の動向を把握するという奇妙な現象が起きていた。

　ところで、新型コロナウイルス感染症の感染拡大期において、陽性者の位置情報は感染拡大防止の観点から大変重要であった。その対応として期待さ

れるもののひとつに携帯電話関連技術が挙げられる。保健所による積極的疫学調査やHER-SYSへの入力情報において、疑似感染症者と位置づけていた濃厚接触者を確定する上で、感染者とのどのくらいの距離（何メートル）にいたのかという位置情報については、定性的に確認する可能性はあってもHER-SYSへの入力項目にはなく、データとしては存在しなかった。携帯電話技術を用いて位置情報を効率的に収集・分析することができる。感染拡大時においては、どの時間帯・場所でどの程度の人数が動いているかを集計した情報である人流データはあっても、陽性者と濃厚接触した場所が、感染リスクの高い飲食を伴う屋内施設なのか、感染リスクの低い屋外なのかが重要な判断基準であった。接触した位置の特性によって陽性者およびその関係者への対応が異なるため、積極的疫学調査で陽性者へヒアリング調査を行う際、こうした携帯電話技術から得られる位置情報はそれを裏付ける情報になり得る。もちろん、積極的疫学調査そのものを代替できるかどうかは、情報の正確性と効率性（即時性・負担軽減）の両面から検討する必要がある。また、収集した位置情報の価値は動的に変化する。感染拡大当初はコロナウイルスだが、対応が進むにつれて重要な手がかりとなる情報であったり、ウイルスの変異株に伴う感染性・致死性の変化によってデータから読み取れる情報の解釈が刻々と変化するのが感染症対策の難しさであった。こうしたデータを人的な労力を最小限に抑えながら蓄積できることがデジタル技術の特長である。実際に台湾や韓国等の東アジア諸国においては、これに関連する技術が導入され、国民の行動制限を最小限に抑えていた。

　しかしながら、新型コロナウイルス感染症の感染拡大時において、携帯電話技術を用いた位置情報を保健所へ適用に関する法的位置づけについては、1）患者や陽性者（疑い含む）の位置情報を携帯キャリアに渡して良いか。また、渡す場合の手順、2）感染症対策として携帯位置情報を活用することについて国民の理解が得られるか、について整理されていない。また、倫理的側面からは1）公衆衛生の目的のために住民への接触可能性通知サービスが倫理的に許容されるか、2）携帯位置情報を利用した集計・統計は許容されるかを整理する必要がある。さらに言えば携帯電話技術を活用した位置情報の取得・収集が、感染症以外の公衆衛生領域でも許容されるか。言い換え

れば行政はどの領域までであれば患者の携帯番号から位置情報の提供を受け取ることが社会的に許容されるかの整理も課題である。さらには保健所だけでなく、法的位置づけの異なる空港等の検疫所や、自治体や都道府県が主体となる業務においても同じ仕組みで許容されるかという点についても議論が必要であろう。

公衆衛生行政に関するデジタル化の課題は新興感染症の感染拡大防止だけではない。たとえば感染拡大等によって緊急事態宣言が発令され、人々の行動や経済活動が制限された時、その経済対策として、全世帯への給付金の支給が行われたが、その実務レベルで我が国のデジタル化の遅れを露呈する結果となった。具体的には、マイナンバーに基づく住民台帳がデジタルで運用されていないことで、各世帯の家族構成員を職員が一人ずつ紙媒体等で確認する事務業務が膨大であった。これにより支給開始が遅れ、かつ多額の事務費用と行政職員を疲弊させる結果となった。これらを含めた新型コロナウイルス感染症の感染拡大に関連する補正予算額は1次、2次合わせ約57兆6,000億円に達している等、デジタル基盤のない我が国の脆弱なインフラが、将来の財務的基盤を棄損した。

我が国の医療に求められているのは、たとえ新興感染症が感染拡大しても、一般の医療を含めて医療体制が崩れることなく国民や地域住民の命と健康を守ることである。加えて、医療機関が提供する医療サービスだけでなく日々の健康や介護を含めた日常生活や経済的困窮から守ることである。将来、次の新興感染症がまん延しても、地域で生活でき、必要な医療・介護サービスを安心して受けられ、経済的な困窮に陥らない社会を実現するには、デジタル技術を活用できる法整備や技術的・財源的課題の解決はもちろんこと、全国で実際に運用できる仕組みを完遂する国家的取り組みが早急に必要である。

2　第2：新型コロナウイルス感染症の感染拡大以降の ヘルスシステムに向けた政策動向

本章では、我が国のデジタル基盤技術を活用した制度に係る政策動向を紹介する。

我が国における医療・介護のすべてにおいて新興感染症のような緊急時にも対応し、国民の健康と命を守る活動を継続するために、厚生労働省はいくつかの柱となる政策を打ち出している。ひとつは地域完結型の医療・介護提供体制を構築することである。これは「在宅を中心に入退院を繰り返し、最後は看取りを要する高齢者を支えるため、かかりつけ医機能が発揮される制度整備・各種計画との連携・情報基盤の整備」であり、その体制構築のために「全世代対応型の持続可能な社会保障制度を構築するための健康保険法等の一部を改正する法律（令和5年法律第31号）」等、必要な関係法律を一体的に改正した（令和7年4月施行）。特筆すべきは新たに「新興感染症発生・まん延時の医療体制」に係る事業を医療法改正で制定し、都道府県が地域の医療機関・施設等と「協定に基づく医療体制」を構築することを明確にした点である。

　特に医療計画においては新たに「新興感染症発生・まん延時の医療体制」に係る事業を医療法改正によって制定し、都道府県が地域の医療機関・施設等と「協定に基づく医療体制」を構築することが明記された。感染症治療と一般診療に関する個々の医療機関の役割について、医療機関と都道府県との間で協定を結ぶ仕組みにより、平時から感染症医療及び通常医療の提供体制の構築を図ることがねらいである。これらの実現のために重要な基盤になるのが、患者の診療情報や薬歴情報等の患者データや情報等を医療機関・介護施設の間で共有できる医療DXの情報基盤システムである。

　我が国の医療DXについては、かかりつけ医機能を発揮する制度整備[1]や医療DX推進本部[2]、マイナンバーカードの健康保険証利用[3]、オンライン資格確認の導入[4]のように、政府主導で基盤構築と推進の動きが始まってい

---

[1] 令和5年11月15日 第1回 かかりつけ医機能が発揮される制度の施行 に関する分科会　資料2 かかりつけ医機能が発揮される制度の施行に関する検討について https://www.mhlw.go.jp/content/10800000/001167574.pdf
[2] 内閣官房 医療DX推進本部 https://www.cas.go.jp/jp/seisaku/iryou_dx_suishin/index.html
[3] 厚生労働省 マイナンバーカードの健康保険証利用について https://www.mhlw.go.jp/stf/newpage_08277.html
[4] 厚生労働省 オンライン資格確認の導入について（医療機関・薬局、システムベンダ向け）https://www.mhlw.go.jp/stf/newpage_08280.html

る。これまでの主な政策動向では、地域医療情報連携ネットワーク事業、PHRデータ流通基盤構築事業、地域医療介護総合確保基金等、マイナンバーカードと保険証の一体的運用、オンライン資格確認、医療DX政策等、デジタル基盤を我が国に展開するための第一段階とも言える政策が政府主導で進んでいる。

　一方で、都道府県や自治体等の地方行政や、医療団体、大学病院等が主導する現場主導型の動きとの連動への道筋は道半ばである。そのためには、それぞれが目指す方向を一致させなければならない。その中核となるのは国民であり地域住民である。国民・地域住民のニーズは何か。医療DXが提供することで地域住民一人ひとりが得られる価値とは何か。それをいかにして実現させるのか。これらが鍵となる。上述の現場主導型の政策を実現する第二段階に向け、デジタル基盤が社会実装され、我が国すべての公衆衛生行政や保健医療介護サービスがデジタル基盤上で完結することができるヘルスシステムを実運用へ移行させることを見据えると、関係省庁や都道府県・地方自治体・地域の医療関係団体が一体となって取り組まなければならない。あらゆる運用において、数多くの領域・組織・部署において独立した目的、管理運用規定、業務フロー、地域特有の事情や慣習が複雑に絡み合う中で、デジタルで完結させる変革を全国レベルで実現することのハードルの高さは想像以上であろう。

　また、医療DXにより得られるデータの利活用を設計するために、法的・倫理的・社会的観点から、公益性を重視しつつ、個人のメリットにも繋がるような、データ利活用の出口規制、データ活用時のリスクをコントロールする仕組みを作るべきである。これについては別稿（藤田）を参照されたい。特にデータ利活用の出口規制の実装に向けては、ルールの明確化と、データの利活用を審査する組織や会議体の設計が重要な課題となる。また、実際の運用を見据えると、社会実装においては地域住民や関係者との相互理解とコミュニケーションが非常に重要である。そのため、たとえば古くから積極的な取り組みを行っている自治体や地域で試行的に導入し、新たな技術基盤を用いた際に生じる課題とその対策を繰り返す実証事業や、必要な専門人材の育成から、全国展開を着実に進める方法が有効と考えられる。そしてその実

現のためには、地域に根ざした分野横断的な人材とその育成が必要不可欠である。外部委託に頼っては地域にノウハウは蓄積されないどころか、自治体自身が自ら理解できず実装は実現しないであろう。データの取り扱いやルール化に関する法的・倫理的・社会的観点からルールを整備できる専門人材、データの二次利用によって医療政策へ反映させるためのデータサイエンス人材、実装に関する情報技術を有する専門人材等が挙げられる。こうした複合的な専門的知見を有する人材が全国各地域で求められる潮流が今後本格化するであろう。こうした人材を育成する制度・仕組みや人材育成プログラムの開発や専門人材のキャリア形成等について熟慮し、我が国が医療 DX の実現に向けた中長期的ビジョンおよびそれに基づく総合政策が必要である。

7. 携帯電話関連技術の感染症対策としての今後の活用に向けて

藤田 卓仙

1 はじめに

　新型コロナウイルス感染症（COVID-19）対策のため、携帯電話関連技術やデータの活用が世界中でなされた[1]。本稿では、特に日本における携帯電話関連技術の活用を振り返るとともに、今後の感染症対策における同技術の活用についての課題に関して論じる。

2 COVID-19における携帯電話関連技術の活用

(1) 感染症対策目的での活用の概説

　携帯電話関連技術の感染症対策目的での活用は、技術面、対象者、目的からそれぞれ整理することができる。

　技術的な側面に着目するなら、携帯電話に搭載している無線通信技術（3G/4G/5G、Wi-Fi、GPS（Global Positioning System）、BLE（Bluetooth

---

[1] Budd, J., Miller, B.S., Manning, E.M. *et al*. Digital technologies in the public-health response to COVID-19. *Nat Med* 26, 1183–1192（2020）. https://doi.org/10.1038/s41591-020-1011- 4

　Turki Alanzi（2021）A Review of Mobile Applications Available in the App and Google Play Stores Used During the COVID-19 Outbreak, *Journal of Multidisciplinary Healthcare*, 14:, 45-57, DOI: 10.2147/JMDH.S285014

　藤田卓仙「COVID-19を含む感染症対策のためのIT活用（コロナと共に生きる世界・社会と法）—（小特集 感染症対策の法と医療：新型コロナ問題の背景は何か）」法律時報93巻3号（日本評論社、2021）74-77頁ほか

Low Energy)、NFC（Near Field Communication）等）を用いた通信により、（1）携帯電話の位置情報を用いる（2）（携帯電話同士が通信したということに基づく）接触情報を用いる（3）（携帯電話内にある）データを提供するといったことの他、インターネットに接続することによって本人が記録を行う、テキストにより本人に対する情報提供や連絡を行う、ビデオ通話を行う、カメラから体温等の生体情報を取得する、医療機関・検査機関等の予約を行う等様々な活用方法がある。

　こうした技術に関しては、携帯電話の機能の進歩とともに利用可能性が増しており、携帯電話の位置情報や接触情報の公衆衛生上の活用可能性に関しては、2003年の重症急性呼吸器症候群（SARS）以降もしくは2010年のハイチ地震を期に検討が始まっており、実際に韓国では2015年のMERS（Middle East respiratory syndrome coronavirus）の際にGPSを用いた位置情報が用いられたが、BLEを用いた接触情報の実際の活用に関しては2020年のCOVID-19への適用が初めてであった[2]。これら新しい技術を用いるにあたっては、プライバシー上の課題を中心としたELSI（倫理的法的社会的課題）は論点となりつつも[3]、その効果検証も含め、十分な時間的猶予のないまま感染症対策としての実戦投入と技術開発とが並行して行われてきた。例えば、接触追跡を行うアプリ「TraceTogether」[4]がシンガポールにおいて導入された2020年3月20日の後、各国においてBLEを用いた接触確認アプリが導入される直前（概ね同年4月〜6月に導入されている）の2020年4月8日に欧州委員会から位置情報等を用いる携帯アプリに関する勧告[5]、同年4月16日には関連のガイドライン[6]が出されている。日本の新型コロナウイルス感染症対策テックチームは4月6日に第1回会合が開かれ、接触確認ア

---

[2] 奥村貴史，藤田卓仙，米村滋人「感染リスク管理における携帯電話の位置・接触情報利用」情報処理学会論文誌63巻5号（2022）1225-1233頁

[3] Open letter.（2020）. Joint statement on contact tracing. https://drive.google.com/file/d/1OQg2dxPu-x-RZzETlpV3lFa259Nrpk1J/view Rowe, F.（2020）. Contact tracing apps and values dilemmas: A privacy paradox in a neo-liberal world. *International Journal of Information Management*, 55, 102178. 等

[4] Singapore Government Developer Portal , TraceTogether–Community-driven Contact Tracing https://www.developer.tech.gov.sg/products/categories/digital-solutions-to-address-covid-19/tracetogether/overview

7．携帯電話関連技術の感染症対策としての今後の活用に向けて　163

図表1　感染症対策における携帯電話関連技術の活用（目的別）

A）情報収集目的	a．感染者（疑似感染者含む）の発生状況把握のための情報収集 b．感染者（・接触者）の他者への感染リスク行動（移動やイベント参加等）把握のための情報収集 c．感染者・感染リスク者の体調管理のための情報収集 d．全国民の感染対策活動（ワクチン接種、三密回避等）の実施状況把握のための情報収集 e．事業者における感染対策の実施状況把握のための情報収集
B）情報公開・提供目的	a．広く一般への注意喚起のための発生状況の公開 b．広く一般への注意喚起のための感染リスク行動に関する情報公開 c．広く一般への安心な行動を促すための事業者の対策情報等の提供 d．高リスク者・経過観察者への注意喚起や受診勧奨等のための連絡 e．事業者への注意喚起や指導のための連絡 f．政府内・自治体間での情報共有
C）その他	a．感染者の早期発見 b．医学・公衆衛生学的介入（オンライン診療の実施含む） c．感染症に関する研究 d．感染症に関する報道 e．リスク情報などのやり取り（ワクチンパスポート含む） f．その他目的（捜査目的等）

プリに関する有識者検討会合は5月9日に開始、接触確認アプリに関する仕様書等は5月26日に公表されている[7]。

　次に、携帯電話関連技術の活用をその対象者から分類すると、保健所・医療機関等の公衆衛生当局、一般市民、感染者、感染者と接触した（可能性がある）者と分類できる。日本の感染症法の建付け[8]や、2020年4月8日の欧州委員会勧告におけるアプリの類型もこうした分類を前提としている。

　さらに、この対象者の区分を踏まえて、目的から分類するなら、図表1のように分類が可能である。（なお、これらの複数の目的のために一つのアプ

---

[5] Commission Recommendation on a Common Union Toolbox for the use of technology and data to combat and exit from the COVID-19 crisis https://ec.europa.eu/commission/presscorner/detail/en/ip_20_626

[6] European Commission Communication from the Commission Guidance on Apps supporting the fight against COVID 19 pandemic in relation to data protection 2020/C 124 I/01 https://eur-lex.europa.eu/legal-content/EN/TXT/?uri=CELEX%3A52020XC0417%2808%29

[7] 政府CIOポータル 新型コロナウイルス感染症対策 テックチーム https://cio.go.jp/techteam

[8] そのため、COVID-19においては無症状病原体保有者の位置づけが問題となった。

リが用いられる場合もある。）

　これら目的のうち、携帯電話を保有し情報提供を行う本人にとっては、感染リスクの高い行動を避けるため、濃厚接触疑いがある場合に早期に感染の有無を確認し治療等を行うため、感染リスクが低い場合の行動の自由を確保するため、といった目的での活用は直接的に本人の利益にもなるものであり、同意が得られやすい。その他金銭的なインセンティブが与えられることによるデータ提供や、感染症の早期収束のような公益のために協力する場合もあるが、これらの理由がない場合に関しては、本人の意思に反したデータ提供・活用となる。意思に反したプライバシーに関する情報の提供を避けるため、日本においては原則として同意を取得するか、匿名化・統計化したデータのみを用いた対策が行われた。一方で、EU においては、一般データ保護規則（GDPR）上、必ずしも本人同意は要しないことが示されており[9]、韓国やタイ、非常事態法制下でのハンガリーのように、法律に基づき必ずしも同意を得ない位置情報の利用がすすめられた国もあった[10]。

(2) 日本における対策

　（1）で概観した取り組みに関して、より詳細な事例を以下に紹介する。日本における COVID-19対策での携帯電話関連技術の活用は、（ア）情報収集・分析（イ）接触確認（ウ）入場管理・通知（エ）コロナパスポート（オ）出入国管理（カ）その他　の形で行われた。

(ア) 情報収集・分析

　（1）に示したそれぞれの目的での情報収集・分析が（必ずしも携帯電話

---

[9] European Data Protection Board Statement by the EDPB Chair on the processing of personal data in the context of the COVID-19 outbreak2020 Mar 16, [2020-12-18]. Available from: https://edpb.europa.eu/news/news/2020/statement-edpb-chair-processing-personal-data-context-covid-19-outbreak_en

　なお、同声明では、GDPR に加えて e プライバシー指令を実施する国においては、同意なく匿名化もされていない位置情報を用いるには立法措置が必要とされている。

[10] プライバシー保護の観点からの日本と韓国・台湾の対策の比較に関しては、山田哲史「感染拡大防止とプライバシー保護」大林啓吾編『コロナの憲法学』（弘文堂、2021）参照

7．携帯電話関連技術の感染症対策としての今後の活用に向けて　165

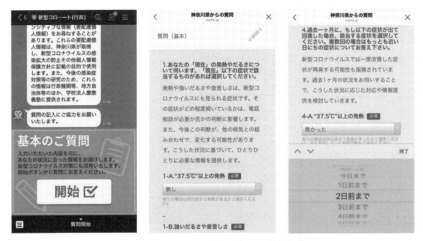

図表2　LINE での各都道府県の情報収集

を使わない形も含めて）各種行われた。携帯電話を通じて新たに情報収集を行う場合は、個別の同意を取得したうえでの収集がなされた。代表的なものは、LINE アプリを用いたパーソナルサポートと、同じく LINE による全国調査である（その他様々な研究目的でのオンラインでの情報収集もなされている）。

　前者は、各都道府県の公式 LINE アカウントに対して、各個人が同意に基づいて体調などの質問（図表2）に回答することで、個人の状態に合わせた情報提供（症状がある場合の窓口の紹介等、図表3）がなされるというものであった[11]。集まったデータは、本人への情報提供のほか、新型コロナ警戒マップ（図表4）等が作成される等、都道府県での対策にも用いられた。

　LINE による全国調査は、LINE の全ユーザー（2020年時点で8400万人）に対して行われ、同意が得られた回答者からの情報が匿名化され厚生労働省に提供された。第1回第2回には2450万人超の回答を、2020年8月の第5回調査でも1540万人程の回答が得られるなど、国際的に見ても非常に大規模な

---

[11] 大多数のアカウントは2024年3月1日現在終了をしているが、一部継続的な情報提供を行っているものがある。例えば、東京都「新型コロナ対策パーソナルサポート＠東京」https://www.hokeniryo.metro.tokyo.lg.jp/kansen/corona_portal/soudan/line-corona-kiyaku.html

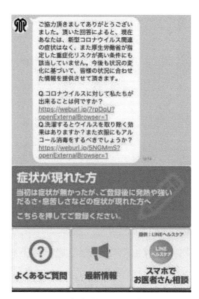

図表3　LINEでの各都道府県のパーソナルサポート

図表4　神奈川県の新型コロナ警戒マップ（イメージ）

7．携帯電話関連技術の感染症対策としての今後の活用に向けて　167

図表5　LINE による全国調査

調査となった。調査の結果に関しては、厚生労働省において分析がなされ、対策に活用された（図表5）。

また、これら新たに同意を得て情報収集する場合以外に、統計化もしくは匿名化したデータの活用がなされている。2020年3月31日に内閣官房（情報通信技術（IT）総合戦略室・新型コロナウイルス感染症対策推進室）・経産省・総務省・厚労省から「新型コロナウイルス感染症の感染拡大防止に資する統計データ等の提供の要請」がプラットフォーム事業者に出され、それに基づいた協定締結の上で、位置情報等の提供が複数企業からなされた。また、その枠組み以外でも、統計化したデータの自治体への提供がなされている。

この枠組みでは、携帯基地局情報を用いた「モバイル空間統計」のデータが NTT ドコモ[12]から、GPS 情報に基づく位置情報等をベースにした分析結果等が、KDDI[13]、ヤフー[14]、Agoop[15]から提供されている。なお、GPS 位置情報の取得に際しては各社本人の同意を得ており、そのうえで、それぞれ個人が識別できないような統計処理がなされている。

分析した結果に関しては、政府・自治体でのさまざまな対策の検討に用い

12　報道発表資料：（お知らせ）厚生労働省と「新型コロナウイルス感染症のクラスター対策に資する情報提供等に関する協定」を締結 | お知らせ | NTT ドコモ　https://www.docomo.ne.jp/info/news_release/2020/05/28_03.html

168

られた他、一部公開[16]がなされた。

（イ）接触確認

シンガポールにおける接触追跡アプリの公開・運用以降、そのプライバシー上の課題をクリアする形でのアプリの開発導入が世界で行われた。経緯や内容に関する詳細は全体提言（本書第１部1.）に譲るが、日本においては、2020年５月21日に公開されたApple-GoogleのApple-Google Exposure Notification Framework（AGF）を利用する形で、５月26日に仕様書と仕様書に関する留意事項[17]を公表、これらに基づいて開発がなされ、６月19日にリリースされたのが、接触確認アプリCOCOA（COVID-19 Contact-Confirming Application）[18]である（図表６）。

COCOAの目的は、個人が自らの行動変容を意識するとともに、接触確認後の適切な行動等を実施できることにより、感染拡大の防止につながることが中心であって、公衆衛生当局による濃厚接触者の把握に用いるものとはなっていない。BLEを用いて、通常時は、他者との接触について概ね１ｍ以内に15分以上いたと評価される相手の（個人に紐付かない）識別子が記録さ

---

[13] 新型コロナウイルス感染症対策に向け、位置情報ビッグデータ分析ツール「KDDI Location Analyzer」を全国の自治体へ無償提供 | 2020年 | KDDI株式会社　https://news.kddi.com/kddi/corporate/newsrelease/2020/04/22/4395.html
　KDDI 2020年５月11日発表 KDDI Location Analyzerを用いた全国主要観光地におけるGW期間中の詳細人流分析レポート　https://www.kddi.com/extlib/files/corporate/covid-19/topics/pdf/KDDI_GW_analysis.pdf?_ga=2.145056375.234290678.1712132075-1038082699.1712132073

[14] 関係府省からプラットフォーム事業者等各社への「新型コロナウイルス感染症の感染拡大防止に資する統計データ等の提供」要請に対する対応方針 - ニュース - ヤフー株式会社　https://about.yahoo.co.jp/pr/release/2020/04/03a/

[15] 厚生労働省とAgoopは「新型コロナウイルス感染症のクラスター対策に資する情報提供等に関する協定」を締結しました―厚生労働省　https://www.mhlw.go.jp/stf/newpage_11116.html　内閣府公開の「V-RESAS」にAgoop流動人口データを提供 | 株式会社Agoop https://agoop.co.jp/2020/07/14/7312/

[16] 例えば、人流データが地域経済にどのような影響を与えるかに関しての内閣府のV-RESAS（2024年３月31日提供終了）等

[17] 政府CIOポータル2020年５月26日 資料１：接触確認アプリ及び関連システム仕様書
　資料２：「接触確認アプリ及び関連システム仕様書」に対するプライバシー及びセキュリティ上の評価及びシステム運用留意事項　https://cio.go.jp/node/2613/

[18] https://github.com/cocoa-mhlw/cocoa

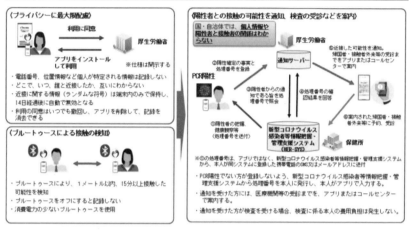

図表6　新型コロナウイルス接触確認アプリ（COCOA）

れ、新型コロナウイルス感染者等情報把握・管理支援システム（HER-SYS）[19]に陽性者が登録された場合、登録された陽性者は保健所の通知を受けて、（同意の上で）自分が陽性者であることをアプリ上で入力するというものである。陽性の登録がなされると、陽性者との接触歴がある場合に接触者アラートが通知される（接触した個人が特定できない形で通知される）。接触が確認された者には、メッセージにより、適切な行動と帰国者・接触者相談センターへの相談方法などがガイダンスされる。

　COCOAの利用者に関しては、複数の不具合が発生する等トラブルがあり[20]、最初はダウンロード数が伸び悩んだが、2022年11月17日にサービスを終了する前日の11月16日時点での延べダウンロード数41,287,054件、陽性登録件数3,694,068件と一定数のダウンロードが最終的にはあった。COCOAの評価に関しては今後のさらなる研究を要するが、デジタル庁からは2023年

---

[19] 厚生労働省HP https://www.mhlw.go.jp/stf/seisakunitsuite/bunya/0000121431_00129.html
[20] 厚生労働省COCOA不具合調査・再発防止策検討チームによる報告書（2021年4月16日）
https://www.mhlw.go.jp/stf/shingi/other-soumu_030416.html

3月31日に追補を含めた総括報告書[21]が出されている。

COCOAのデータに関しては、2020年5月9日の第1回「接触確認アプリに関する有識者検討会合」の時点では疫学調査への使用の可能性もあったが、同年5月26日の仕様書の段階で、アプリは行動変容のみを目的とするものとなり、それ以外の利用目的が制限された[22]。

なお、接触確認に関しては、COCOAを補完する形で、東京大学学生・教職員向けにキャンパス内に設置したBluetoothビーコンからの位置情報を活用するMOCHAというアプリ[23]等、いくつか独自の取り組みも行われていた。北見工業大学の奥村らが提案する、携帯在圏情報を用いた通知の仕組みであるCIRCLE法[24]もそうした、COCOAによらない類似目的の取り組みである[25]。

（ウ）入場管理・通知

美術館等の公共施設や飲食店等への入場、イベントへの参加等を記録し、感染者が発生した場合にそこにいたものに通知をする取り組みがQRコード等を活用して複数行われた（一例として図表7）[26]。シンガポールやドイツ等、接触確認・追跡アプリと連携し、接触度に応じた施設や地域への立ち入り制限を行うといった形で運用していた国もあり、日本でも同様にCOCOAとの連携を行い、クラスター対策と結びつける検討もなされた。しかし、ワクチンや治療薬等の登場、COVID-19に関する知見の蓄積、リソースの限界な

---

[21] デジタル庁 新型コロナウイルス接触確認アプリ（COCOA）の取組に関する総括報告書（2023年3月31日）https://www.digital.go.jp/policies/cocoa/

[22] 前掲注17「留意事項」P10

[23] MOCHA https://mocha.t.u-tokyo.ac.jp/

[24] J. Ami et al., "Computation of Infection Risk via Confidential Locational Entries: A Precedent Approach for Contact Tracing With Privacy Protection," in IEEE Access, vol. 9, pp. 87420-87433, 2021, doi: 10.1109/ACCESS.2021.3087478.

[25] 詳細に関しては第2部4. 奥村論文参照

[26] 【県民の方向け】感染防止対策取組書・LINEコロナお知らせシステム（神奈川県HP）https://www.pref.kanagawa.jp/docs/ga4/corona/osirasekenmin.html
　もしサポ＠東京を利用しませんか？〜接待を伴う飲食店を営業されている皆様へ〜（東京都福祉保健局HP）https://www.fukushihoken.metro.tokyo.lg.jp/iryo/kansen/moshisapo.html 等

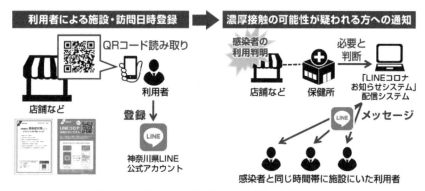

図表7　LINEコロナお知らせシステム（神奈川県）

どの観点からCOCOAと連携した開発の具体的検討はされなかった。

　結果、自治体等が独自に取り組みを行い、QRコードの仕組みが都道府県ごとに統一されず相互運用性がない部分や、利用者が少ない点等の課題があった。

(エ) コロナ証明書

　COVID-19の感染リスクが低いことを示し、さまざまな行動制限を緩和するために、抗原検査もしくはPCR検査の陰性証明やワクチン接種証明（いわゆる「ワクチンパスポート」）を用いることが国内外で行われた。日本では、「ワクチン・検査パッケージ」として行動制限緩和が2021年11月から導入されたが、オミクロン株の拡大等の状況に鑑みて、2022年1月には運用が停止した。ワクチン・検査パッケージに関しては、必ずしもデジタル化は十分に進められておらず、紙の検査陰性証明書や紙のワクチン接種証明書をベースとした運用が多くなされていた。また、アプリに関しても都道府県、業界等により複数のものが提供され、そのデータの相互運用性にも課題があった。

　完全にデジタルベースでのこれら情報を用いたアプリとしては、スイスの非営利法人によるCommon Pass（図表8）が国際渡航目的で導入検討なされた。

　国際渡航に関しては、この他、国際商業会議所（ICC）によるAOK Pass

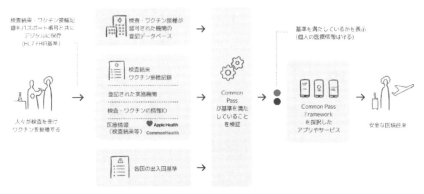

図表 8　Common Pass

や、国際航空運送協会（IATA）による IATA Travel Pass 等、複数の提案がなされ、EU Digital COVID Certificate が EU 域内の行き来のために2021年7月1日から導入、国際民間航空機関（ICAO）による ICAO VDS-NC、北米中心に普及した SMART Health Cards 等様々な証明書の標準が用いられた[27]。日本では、検査の証明書は国際標準に対応したものは基本的に用いられず、ワクチン接種証明書に関しては、2021年12月20日にデジタル庁により、ICAO VDS-NC と SMART Health Cards に対応する形で携帯アプリを介した発行がなされた[28]。

（オ）出入国管理

2020年3月21日以降、日本への入国は制限され、制限地域からの入国後PCR検査を実施し陰性の場合も自宅等で14日間待機し、国内において公共交通機関を使用しないよう要請する措置が取られた。これらの順守を確認す

---

[27] 東京財団政策研究所 review「デジタル証明書：科学的なコロナ対策の要」2021年12月24日 https://www.tkfd.or.jp/research/detail.php?id=3868
[28] 新型コロナワクチン接種証明書アプリーデジタル庁　https://www.digital.go.jp/policies/vaccinecert/（2024年3月31日にサービス終了）

7．携帯電話関連技術の感染症対策としての今後の活用に向けて　173

図表9　厚生労働省からの告知

るため、前項（エ）のワクチン接種証明書等を中心とした渡航時の証明書の他、出入国の要件を確認するためのアプリやCOCOAと合わせて、2021年には、日本入国後の位置確認や体調報告等を行うアプリの利用が求められることとなった（図表9）。位置情報に関しては、2021年1月14日の段階では陽性となった場合などに、保存された位置情報を保健所などに提示するためにGoogle Map等での必要な設定を行い、求められたら位置情報を提示すること（その後2021年3月12日には加えて位置情報確認アプリである留学生危機管理システム（Overseas Student Safety Management Assistance：OSSMA）により位置情報の報告を14日間毎日行うこと）が求められた。ま

た、LINE アプリにより健康状態の報告を1日1回行うこと、ビデオ通話アプリ（Skype）を通じた「入国者健康確認センター」担当者からの登録待機先の居所確認のためのビデオ通話への随時の応答が求められた[29]。なお、スマートフォンを持っていないまたはアプリをインストールできないスマートフォンしか持っていない場合には、入国時に各自の負担でスマートフォンをレンタルすることが求められた（図表9）。

　入国時には、14日間の自宅等での待機、公共交通機関の不使用、アプリを通じた位置情報の保存と位置情報の提示を含めた内容の誓約書の提出が求められ、誓約書に違反した場合には氏名等が公表される場合があり、外国人の場合は出入国管理法に基づく在留資格取消手続きおよび退去強制手続きの対象となることがあるとされた。毎日100人〜300人が報告していないといった報道[30]もあったが、すぐには氏名の公表等はなされず、2021年8月2日には、誓約書違反の日本人3名の氏名が公表され、2022年1月14日までで145名の公表がなされた。誓約書に関しては、最終的には検疫法第16条の2の規定に基づく誓約事項である旨が記載されたが（図表10）、それまではそうした法的な根拠が明確ではない書面[31]により誓約・違反者の公表がなされていた。

　これら出入国関連のアプリと並行して検討がなされたものが、2020年東京オリンピック・パラリンピックの来場者・関係者向けアプリ（通称「オリパラアプリ」、図表11）であった。（エ）で紹介した Common Pass 等とも重複する機能を含むものとして仕様が示されており、2021年6月リリースに向けて2021年1月に発注がなされたが、3月20日に無観客での開催となったため

---

[29]　その後、位置情報確認アプリは2021年3月26日に OEL（Overseas Entrants Locator）に変更され、健康状態の報告も3月20日には LINE アプリが使用できなくなり OEL に変更、ビデオ通話アプリは Skype に加えて2021年3月26日から WhatsApp も可能となった後2021年5月19日に MySOS に変更され、2021年7月28日には位置情報確認の機能も MySOS に集約され、MySOS と COCOA の2アプリが求められることとなった。

[30]　朝日新聞「入国後待機、1日最大300人が違反　警告メール送信へ」（2021年5月10日）https://www.asahi.com/articles/ASP5B5QGHP5BUTFK00M.html

　　NHK「"入国後 連絡取れず" 悪質な数人の氏名公表で最終調整 厚労省」https://www3.nhk.or.jp/news/html/20210525/k10013049441000.html

[31]　2022年3月1日更新およびそれ以前の誓約書には「検疫法第12条の規定に基づく質問事項及び同法第16条の2の規定に基づく誓約事項」という記載はなかった。

7．携帯電話関連技術の感染症対策としての今後の活用に向けて　175

検疫法第12条の規定に基づく質問事項及び同法第16条の2の規定に基づく誓約事項
（令和4年4月15日更新）

【検疫法第12条の規定に基づく質問】

あなたに対し、検疫法第12条に基づき、下記について質問します。該当する答えに○を付けてください
※回答しない場合や、虚偽の回答をした場合は、検疫法第36条の規定に基づき、懲役6カ月以下又は罰金50万円以下の罰則が課されることがあります。

検疫所長

■あなたが提示する書類について、それぞれ以下の条件を満たしていますか。
【出国前72時間以内の検査証明書の提示】
厚生労働省の定める新型コロナウイルス感染症の検査方法、検体の基準に則り陰性の結果を医療機関から取得していること。
【新型コロナウイルス感染症ワクチン接種証明書（取得し提示する場合）】
ワクチン名や接種回数を含め、外務省及び厚生労働省が有効と認める条件を満たしていること

| はい | いいえ |

■あなたは、入国時点で、自身が所有又はレンタルしたスマートフォンに厚生労働省が指定するアプリをインストールしますか（既にしていますか）。「いいえ」の場合、職員が事情をお伺いします。

| はい | いいえ |

【誓　約　書（個人）】

厚生労働大臣　法務大臣　殿

　私は、入国に際し、別紙に記載の事項を誓約いたします。また、以下の内容を理解し、承諾します。

・本誓約に違反した又は違反が疑われる場合、以下の措置の対象となり得ること
　✓厚生労働省など関係当局による自宅又は宿泊施設などへの見回り
　✓氏名（外国人の場合は氏名及び国籍）や感染拡大の防止に資する情報の公表
　✓検疫法の規定に基づく停留
　✓外国人の場合は出入国管理及び難民認定法の規定に基づく在留資格取消手続及び退去強制手続等の対象

・誓約事項の遵守を確認するために必要な情報（個人情報を含む。）について、自治体等や宿泊施設、輸出物品販売場、国税庁等から厚生労働省等の関係当局に当該情報が提供され、また、厚生労働省から出入国在留管理庁、保健所等の関係部局に当該情報が提供され得ること

・入国時にインストールしたアプリにより、位置情報、画像、音声など本人確認に必要な情報が収集され、厚生労働省などの関係当局に提供され得ること

記入日（西暦）				年		月		日	
パスポート番号（左詰め）									
氏名（左詰め）									
アルファベットで記入									

図表10　検疫法第12条の規定に基づく質問事項及び同法第16条の2の
規定に基づく誓約事項（令和4年4月15日更新）

大幅な仕様変更がなされた。

　最終的には、昨日・調達費用を圧縮し、大会関係者の健康観察目的のアプリ「統合型入国者健康情報等管理システム（OCHA）」として2021年6月24日にリリースがなされた。OCHAは、OEL（注29参照）やMySOSでなされたのと同様に、位置情報や健康上を報告するアプリとして用いられ、2022

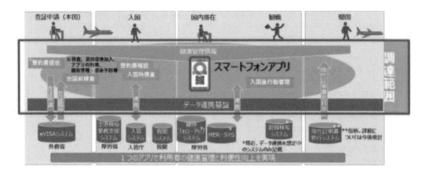

図表11　アプリ発注時仕様（出典：「オリンピック・パラリンピック観客等向けアプリ（仮称）及びデータ連携基盤の開発・運用・保守一式 調達仕様書」）

年11月には、OCHAで開発した基盤も用いて入国時に利用するシステムVisit Japan Webとして、MySOS等の機能と集約がなされた。OCHAに関しては、調達過程に関して疑義が生じ、2021年8月20日には内閣官房情報通信技術（IT）総合戦略室にて外部の弁護士等による調査報告[32]がなされた。調査の結果、違法行為はなかったが一部公平性を疑われるような不適切な行為があったとされる等、2021年9月1日のデジタル庁発足に向けたコンプライアンス上の課題が示され、デジタル庁にて調達ルールの設定に加えコンプライアンス委員会が設置された。

（カ）その他

　上述のアプリとも一部機能が重複するが、健康モニタリングやコミュニケーション、マスクの在庫情報その他さまざまな情報収集・提供のツールとして携帯電話ないしアプリは活用された。2020年2月に大型客船「ダイヤモンド・プリンセス」号が横浜港に帰港した際には、乗客向けにiPhoneを配布しLINEでの情報提供や心理カウンセラー、医師へのオンライン相談が行われた。このシステムをベースとした健康モニタリング等がLINEで行われた。また、「新型コロナウイルス感染症の拡大に際しての電話や情報通信機器を

---

[32] デジタル庁「デジタル庁発足に向けたコンプライアンス体制の確保について」https://www.digital.go.jp/news/2ZYjJ7wg

用いた診療等の時限的・特例的な取扱いについて」（厚生労働省令和2年4月10日事務連絡）に基づくオンライン診断の拡大[33]もスマートフォンを用いた感染症対策といえる。

3 RISTEX 米村班による検討結果と個別事例の関係

著者が参加した RISTEX における研究班[34]では、プライバシー上適法と評価されるための5つの要件（①当該情報を利用する社会的意義ないし有用性、②当該情報を利用する必要性、③侵害を受けるプライバシー主体の社会的地位や重要性、④当該主体にとっての負担・不利益の内容・程度、⑤プライバシー情報の目的外利用や漏えいによる不利益を防止するための措置の有無・内容）による比較衡量の検討（以下「研究班検討」）を行った。以下では、同検討の結果を踏まえて、2で紹介した日本の対策に関して評価を行う[35]。

（ア）情報収集・分析

2で紹介した日本の携帯電話を活用した取組みは、もっぱら実態把握や政策検討目的及び一般への情報提供の目的で、同意があり匿名化されたデータ中心になされている[36]。そのため実際にとられた方法に関しては基本的にプライバシー上問題なかったと考えられるが、仮に同意無しで情報を収集・分析しようとした場合には、5つの要件のうち、②当該情報を利用する必要性：同意のあるデータだけでは不十分であるという事情（同意取得が困難であることや、同意が得られていないものも含めてすべて把握する必要がある等）があるのか、④当該主体にとっての負担・不利益の内容・程度：当該情

---

[33] https://www.mhlw.go.jp/content/000620995.pdf

[34] JST RISTEX RInCA「携帯電話関連技術を用いた感染症対策に関する包括的検討」研究代表者：米村滋人 https://www.jst.go.jp/ristex/rinca/projects/jpmjrrx20j5.html

[35] 法的規制全般に関しては宍戸常寿「パンデミックパンデミック下における情報の流れの法的規律」論究ジュリスト35号（有斐閣、2020）63頁以下も参照

[36] プライバシーの観点ないしは通信の秘密の観点から、日本データ通信協会他4団体による「電気通信事業における「十分な匿名化」に関するガイドライン」（2017年10月10日）においては、「十分な匿名化」と「利用者の個別具体的かつ明確な同意」が求められており、これに従っているものと考えられる。

報収集・分析の結果どのような対策が取られるのか、が特に問題となる。また、①の社会的意義ないし有用性に関しては、感染症対策であれば通常認められるものと思われるが、その感染症の性質（症状の軽重、感染の様式、感染性等）も関係するものと思われ、その評価には感染症法上の分類も参考になる。④の要件との関係では、感染症法上の分類に即して法律上可能な他の措置との比較も重要となる。

　こうした観点からは、日本ではほぼ行われなかったが、積極的疫学調査の一環として保健所等の負担を下げる目的での情報収集・分析を携帯電話の情報により行う場合に関する検討が必要である。研究班検討記載の通りであるが、感染症法第15条の積極的疫学調査は、感染発生時点以降の経過や、感染者以外の人々の情報、疫学的な情報などを収集・集約するための法的根拠としては必ずしも明確ではなく、特に同意がないような場合にも強制的に新たな個人情報を集めることが可能なものとは解し難い。よって、それらに関しても適法な情報収集と位置づけて実施するには、感染症法の改正が必要となる。研究班検討では、その上で、仮に法改正がなされていない状況で、積極的疫学調査の一環として同意無しでの情報収集を行う場合についてのプライバシー上の評価の検討を行っている。詳細は検討の方を参照いただきたいが、本項冒頭で述べた、実態把握および情報提供の目的でのポイントと概ね同様のポイントになる。その際、①の要件とも関係するが、情報収集・分析の実施主体が政府・自治体等の公衆衛生当局（厚生労働省や保健所等）なのか、医療機関なのか、学術研究機関なのか、ワクチンや治療薬の開発を行う製薬企業等なのか、データを持っているプラットフォーム企業なのか、グローバルでの情報共有を行おうとしている WHO の国際機関等なのか、といった点も大きな要素になる。すなわち、それぞれの機関が情報収集・分析を行った結果どのような社会的意義ないし有用性がある情報公開や対策等がなされるかという点であるが、個別の評価に関してはさらなる研究が必要である。また、実際には情報収集のためのシステムであった HER-SYS の入力により現場の負担が増えたという批判[37]があったことに鑑みても、保健所の負担が実際にどの程度減ることが期待されるのかという面も①の要件の評価として重要である。研究班検討のように必ずしも法律上の根拠がなくともプライバシ

一上適法と評価されうるが、プライバシーや個人情報保護法上以外の観点（分析の結果、隔離等の個別の制約が課される）から法的手当が通常必要になるものと考える。

なお、研究班検討においては、位置情報の把握は、プライバシーとは別に、通信の秘密との関係でも公共の福祉による正当化又は実質的違法性阻却を認める余地があるとしている。ではどのような場合に、公共の福祉による正当化又は実質的違法性阻却が可能であるか、その要件は研究班において中心的に検討したプライバシー上の衡量要素とどのように異なるかに関してはさらなる研究が必要である[38]。

（イ）接触確認

COCOA が導入されるのに先立って出された、2020年5月1日個人情報保護委員会「新型コロナウイルス感染症対策としてのコンタクトトレーシングアプリを活用するための個人情報保護委員会の考え方」[39]では、「個人に十分かつ具体的な内容の情報を伝えた上で、当該個人の任意の判断（同意）により行われるべき」とし、法律上の個人情報を扱わない場合も多いと思われるが、「アプリ運用の透明性の確保や適切な安全管理措置の実施により利用者の信頼を得ていくことが必要不可欠」であり、例えば、「感染症対策全体の仕組みの中でのアプリの位置づけ、感染症対策のため個人データを取得する旨、データ項目ごとの利用目的や利用方法、データの第三者提供先とその理由、提供先第三者での利用目的や利用方法など」の明示、必要のないデータ取得や第三者提供がないこと、利用する必要がなくなったら遅滞なくデータ消去すること、適切な安全管理措置と委託先の監督、苦情等の窓口の設置を求めている。これらは、民間の事業者がコンタクトトレーシングアプリを運用する前提のものであったが、厚生労働省による運用となることも含めて同

---

[37] 日野麻美「HER-SYS戦記－新型コロナウイルス感染症対策におけるシステム－」(2022) 武見基金 COVID-19有識者会議 HP https://www.covid19-jma-medical-expert-meeting.jp/topic/7286
[38] 研究班検討で述べているように、位置情報に関しては必ずしも通信の秘密に該当するものではないが、通信の秘密に該当する場合に、「特定利用者情報の適正な取扱いに係る規律」の特定利用者情報としての扱いが求められる場合があることには注意が必要である。
[39] https://www.ppc.go.jp/news/press/2020/20200501/

180

年5月26日に仕様書と同時に出された仕様書に関する留意事項においても、同様の事項を求めている。

　すなわち、COCOAに関しては、個人情報保護法上は、多くは個人情報を扱わないこと、個人情報を扱う部分に関しても同意が取得されていることから、個人情報保護法上適法なものとして位置づけられており、その上で、透明性の確保と安全管理措置を求めた。これは、特に安全管理措置に関しては、研究班検討の⑤の要件を重視しているとも評価できる。一方で、透明性の位置づけに関しては、検討班検討で述べられているように、④の要件である不利益を軽減する同意が適切になされたと評価するための根拠とも考えられるが、プライバシー権に関して「適正な自己情報の取扱いを求める権利」と捉える立場[40]から、④ではなく⑤の要件に関わるものもしくは新たな要件として考えるべきものかもしれない[41]。また、仕様書に関する留意事項で求められた「検証と第三者による評価」の具体的内容があいまいであり、サービス停止の設計等、「構造」を重視する第3期プライバシー権論（アーキテクチャ志向型情報自己決定権）の観点から問題であるとの指摘[42]もあり、これらの観点（例えば、第三者評価の結果により運営者側に何らかの責務を負わせる構造の有無を考量要素に入れる等）も含めて⑤の「プライバシー情報の目的外利用や漏えいによる不利益を防止するための措置の有無・内容」の要件を拡大すべきかもしれない。

　COCOAは、そもそものアプリの目的が不明確であり、扱う情報の検討が不十分であったことに加えて、（立法もなされず）同意の位置づけに関して慎重であったこと、調達のあり方や運用開始後のガバナンスに問題があったこと、状況の変化に対してどのように効果を評価しアプリに変更を加えるか

---

[40] 音無知展『プライバシー権の再構成——自己情報コントロール権から　適正な自己情報の取扱いを受ける権利へ』（有斐閣、2021）

[41] 一方で、透明性の確保はその有無によってプライバシー権侵害度合いは変わらないのであり比較衡量にも影響しないという考え方や、透明性の確保はプライバシー権の問題ではなくあくまで行政手続法第1条において求められているのと同じ意味で行政活動として求められているのにすぎず、よって民間の事業者がCOCOAのようなアプリを運用する場合には必ずしも求められないものであるという考えもありえる。

[42] 山本龍彦「新型コロナウイルス感染症対策とプライバシー——日本版接触確認アプリから考える」『〈超個人主義の逆説〉—AI社会への憲法的警句』（弘文堂、2023）P203-204

等の課題があった。デジタル庁の「総括報告書」では、行動変容に対して一定の効果はあったとしつつ、さらに「強い推奨（例：法律上の義務付けのあり方、イベント等での来場者のインストールの必須化、検査勧奨など）を行うという選択肢も検討する必要がある」としている。また、平時から開発・運用体制の準備をし、ツールが乱立しないよう、平時のシステムとしても使える機能を持ったアプリを運用し、他のアプリと連携してスケールメリットを確保すること、有事にはPDCAサイクルを回し改善を行うこと、緊急時に広くその存在を知らしめるためのコミュニケーション手段の構築を進めることを求めている。

　接触確認のアプリに関しては、その性質上一定数以上のダウンロード・インストール、有効化がなされないと感染症対策としては有効性が低くなる[43]。また、感染症の追跡の観点や行動変容の観点からは、感染症拡大初期に有効であっても、一定以上の感染拡大後においてはかえってマイナスの効果も生じかねない。COCOAに関しては、行動変容目的として同意ベースでの運用がなされたが、研究班検討や上記（ア）情報収集・分析での検討のように、積極的疫学調査等保健所や医療機関で行っている情報収集の効率化のための運用であっても、必ずしも立法せずとも適法に運用できる余地はあった[44]。一方で、有効性が期待される感染症初期におけるダウンロード数の確保や、国民に対するアナウンスの観点からは、立法を行いダウンロードの義務化を行うべきかもしれない。また、AppleやGoogleのようなプラットフォーム事業者にデフォルトで（アプリもしくはOSレベルで）入れてもらう、あるいはLINE等の平時から一定以上のユーザーに利用されているアプリとの連

---

[43] Hinch, Robert, William J. M. Probert, Anel Nurtay, Michelle Kendall, Chris Wymant, Matthew Hall, Katrina A. Lythgoe, Ana Cruz, Lele Zhao, Andrea Stewart, Luca Ferretti, Michael J Parker, Arès Méroueh, Bryn Mathias, Scott C. Stevenson, Daniel Montero, James Warren, Nicole Mather, Anthony Finkelstein, Lucie Abeler-Dörner, David Bonsall and Christophe Fraser. "Effective Configurations of a Digital Contact Tracing App: A report to NHSX.". https://github.com/BDI-pathogens/covid-19_instant_tracing/blob/master/Report%20-%20Effective%20Configurations%20of%20a%20Digital%20Contact%20Tracing%20App.pdf

[44] 前掲注21総括報告書においても、「『行動変容を促す』ことの意義や保健所が行う積極的疫学調査に資するために必要な仕様の議論が不十分」であったことを指摘し、感染リスクが高い場所への訪問履歴のような位置情報を扱う可能性もあったとしている。

携することなども考えられる。こうした他のアプリとの連携も含め、行動変容以外の目的も含めてアプリを設計する場合、他項の目的での検討のポイントも含めて評価が必要となる。また、次項（ウ）に関連して、隔離や入場制限等の自由の制限が想定される場合にはプライバシー以外の人権の問題として立法が必要となろう。

　扱う情報との関係では、COCOA のような BLE の接触情報を用いるか、ビーコンでの位置情報を扱うか、基地局、GPS、Wi-Fi からの位置情報を用いるか、IP アドレスや Web 履歴等から推定するかによって、位置の精度や個人の特定性に差があり、④当該主体にとっての負担・不利益の内容・程度にも影響がある。「電気通信事業における「十分な匿名化」に関するガイドライン」では、特に基地局、GPS、Wi-Fi からの位置情報に関して、十分な匿名化とともに同意を求めているが、研究班検討で示しているように、本人への不利益以上に社会的意義ないし有用性や必要性が高く、同時に不利益を防止するための措置が十分に取られていれば、必ずしも匿名化がなされず同意がなくとも位置情報を利用する余地はあるものと考える。

　本人の同意や立法的な手当に関しては、上述のように、必ずしも必要ではないと考えられるが、一方で、日本では国会での議論はほぼなく、疫学調査も行いうることを含みおき、本来は法律の根拠を設け民主的統制の構造（民間のデジタル・プラットフォームの関与を透明化したり、実質的権限を有する監督機関を設置する等）を明確な形で組み込むべきであった[45]とする見解もあり、事実、韓国、シンガポール、フランス、ドイツ、オーストラリア[46]等では法律により接触確認アプリが運用されている。日本においても、保健所での円滑な業務のための感染症法上の位置づけの明確化、⑤の要件「プライバシー情報の目的外利用や漏えいによる不利益を防止するための措置」や

---

[45] 山本，前掲書202-208頁

[46] Pauline Wright, Law Council of Australia President, "Tracing app has been released but privacy concerns still exist," Media Release, 26 April 2020. Law Council of Australia Website 〈https://www.lawcouncil.asn.au/media/media-releases/tracing-app-has-been-released-but-privacy-concerns-still-exist〉

　Privacy Amendment（Public Health Contact Information）Act 2020, No.44, 2020.〈https://www.legislation.gov.au/Details/C2020A00044〉

透明化を担保するための法的措置、プライバシー以外の観点からの立法対応[47]は望ましいものと考える。

（ウ）入場管理・通知

日本における QR コードの仕組みは利用者も少なく、相互運用性もなかった点が課題であったが、同意取得を行う等、プライバシーその他の観点から問題がない運用がなされていた。QR コードを用いた（任意での）入場管理ではなく、基地局等の位置情報を用いて、本人の同意なく（その他法的な根拠もなく）、通知等を行う場合には、プライバシーに関して、研究班検討の5要件での比較衡量が必要となる。その際、特に、感染リスクが高い場所にいた本人への通知ではなく、広く一般への情報提供を行う場合には、匿名化等により、本人へのリスクがどの程度軽減されているか（④）が重要な要素となる。COVID-19に際しての一般への情報提供・公開に関しては、感染症法16条に基づくものであったが、同条現第4項の「個人情報の保護に留意」に関しては解釈の余地があったため都道府県ごとにまちまちな取り扱いがなされていた（厚労省から一定の基準[48]が示されたが、やはり自治体による判断により特定可能性がある情報が公開されることもあった）。今後は、厚労省からの基準も参考に、比較衡量を行うこととなろうが、同基準において、「場所の名称を公表する場合を含め、関係者の同意を必要とするものではない」とされている点は注目に値する。感染者やその接触者に関するプライバシーの点以外に、その場所の営業者等の関係者の権利に関しては、プライバシーの観点とは別に検討が求められよう。

シンガポール等の他国のように、前項の接触確認アプリと連携した入場管理・通知のアプリが開発される可能性も今後の対策においてはあり得るが、

---

47 移動の自由の制限の他、例えば、個人に対して感染症高リスクへの接近に関して緊急でメッセージを送る仕組みを災害時の J-ALERT と同じように実装するのであれば、「武力攻撃事態等における国民の保護のための措置に関する法律」の改正が必要となろう。

48 「一類感染症が国内で発生した場合における情報の公表に係る基本方針」（令和2年2月27日付け厚生労働省健康局結核感染症課事務連絡）、「新型コロナウイルス感染症が発生した場合における情報の公表について（補足）」（令和2年7月28日付け厚生労働省新型コロナウイルス感染症対策推進本部事務連絡）

その場合には、前項の要件も踏まえた評価を行えばよい。一方で、中国のように、本人の健康状態を公共施設や公共交通機関の利用制限に用いる場合には、プライバシーよりも移動の自由の観点等から立法が求められよう。フランスにおける体温計測カメラにより入校可否を判断していた小学校のGDPR違反に関する事例[49]も、体温測定に関して研究班検討5要件の①有用性や②必要性が不十分であったと評価できると同時に、プライバシー以外の就学の権利も含めた判断であるとも考えられる。

(エ) コロナ証明書

コロナ証明書は、感染低リスク者に対する自由の確保の目的で国内外において用いられた。本人が自らの行動の自由を担保するために自らのワクチン接種歴等を提示するものであるからその範囲において同意はあるが、こうした取り組みがプライバシーの観点から問題がないかという点においては、直ちには適法とは評価できない。自由の確保に必要であれば真に自由意思に基づいて提示しているものとは言えないし、ワクチン接種歴やPCR等での陰性証明が科学的にどの程度自他への感染リスクの低さを示しているかに関しても議論の余地がある（①有用性の問題）。日本においては、国際渡航と「ワクチン・検査パッケージ」やGoToトラベル等のクーポンとしての利用がなされたが、クーポン利用に関してはプライバシー上の大きな問題はない。国際渡航での利用に関しては、次項において検討する。

　自由の確保目的で用いる場合には、そもそも移動の自由の制限をする点（ウでも触れた）、（ワクチン自体へのアクセスが不平等であり、ワクチン接種の強制が必ずしも妥当とは考えられていない中で）ワクチン接種歴を用いることの是非等、プライバシー以外の観点からELSI上の課題があることが多く、日本においては原則立法的措置が求められることとなろう。

---

[49] 金塚彩乃「体温自動測定GDPR違反コンセイユデタ判例解説」情報法制研究11巻（2022）68-78頁

（オ）出入国管理

　出入国管理に関しては、入国者の情報収集、感染者・濃厚接触者の隔離・追跡、また、（ウ）入場管理・通知（エ）コロナ証明書とも同様の目的も含めた複合的な目的で運用がなされた。本事例に関して、これまでに検討をしていない重要な点としては、出入国管理及び難民認定法（入管法）や検疫法、憲法22条の海外渡航の自由等が関わる点がある。また、オリパラアプリでは、オリンピック関係者に対しては他の一般の渡航者と違う扱いを行い位置情報等も把握したことが妥当かという点がある。

　それ以外の観点からは、これまでの検討と同様に、特に①の感染症対策の社会的意義・有用性が明確であり、⑤の措置等がなされていれば、同意なしでも実施しうる（（位置情報を含まない）健康状態のモニタリングや報告に関しては通常同意なしでは実施できない）。ただし、特に、濃厚接触者疑いのような広範な対象者を想定したり、追跡・連絡に引き続いて二次的な目的としての隔離等の措置が想定される場合には、韓国等の事例同様に、通常はあわせての立法が必要なものと思われる。今回の日本の出入国管理に関しては、入管法や検疫法における位置づけも十分ではなく、誓約書の運用も含め一応は任意とされたが、違反者の公開等を通じ事実上位置情報を半強制的に集めており、プライバシー上の評価としてだけでなく、隔離等行動制限の観点や、海外からの日本人の帰国の制限の観点からも法的に問題があったと言わざるを得ない。

　今後の感染症対策においては、出入国管理に関する法的整備は不可欠なものと考える。

（カ）その他

　オンライン診療やオンライン健康相談における携帯電話関連技術の活用は、通常同意無しで行われることは考えられず研究班検討の範囲外であり、ここでも検討対象とはしない。健康状態のモニタリングや報告に関しては、（オ）で述べた通りである。

4 感染症対策のための携帯電話関連技術活用の ELSI 上の課題

日本の COVID-19 対策においては、医療のデジタル化の遅れのため効率的、効果的に収集・分析ができなかったとして「デジタル敗戦」であったとの評価がある。また、個人情報保護の扱いが各自治体によって異なったこと、プライバシーを尊重しつつ、感染対策のために情報を活用するにはどうすればいいのかの議論が必要、とされている[50]。

そこで、研究班検討および本稿においては、今後の感染症対策における情報活用を含めた携帯電話関連技術の活用に関する検討を行った。最後に、これまでに触れなかったその他の課題も含めて今後に向けた ELSI 上の課題と対応方針に関して述べる。

従来、感染症対策において、特に位置情報を用いる場合には本人の同意が不可欠であると考えられてきた。しかし、同意取得を常に求めることは、公衆衛生対策の妨げとなりうる他、本人にとっても必ずしも有益ではない。接触確認アプリに関しては、プライバシーポリシーの文章が難しすぎるという指摘[51]もあり、健常人であっても適切に判断ができるとは限らず、公衆衛生対策においてはナッジ等の強制力まではないソフトパターナリズム[52]を働かせるべきであるという見解もある。生活習慣病等であれば、不健康になる選択をする自由（愚行権）を認めてもよいが、感染症のように他者に対するリスクも同時に生じる場合には、より強制力を働かせて身体拘束等を行うことも歴史的には認められてきた。

そうした中で、特にデータによる公衆衛生対策において、どこまで本人の同意は重視すべきであろうか。EU の GDPR においても同意は適法化根拠の一つに過ぎず、European Health Data Space 法においては（ドイツにおけ

---

50 牧原出・坂上博『きしむ政治と科学』（中央公論新社、2023）250,251頁

51 Bardus M, Al Daccache M, Maalouf N, Al Sarih R, Elhajj IH. Data Management and Privacy Policy of COVID-19 Contact-Tracing Apps: Systematic Review and Content Analysis. *JMIR Mhealth Uhealth.* 2022 Jul 12; 10（7）: e35195. doi: 10.2196/35195. PMID: 35709334; PMCID: PMC9278406.

52 大林啓吾「日本型感染症対策の憲法問題」『感染症と憲法』（青林書院、2021）262頁

る情報自己決定権の議論は尊重しつつも）オプトアウトもしくは同意無しでの健康データの二次利用が検討された。日本においても、必ずしも同意によらない医療データの二次利用に関する検討が行われている[53]。COVID-19パンデミックに先立つ世界経済フォーラムによる Authorized Public Purpose Access（APPA）のコンセプト提案[54]においても、感染症対策の他災害対策やがん対策等において、データ提供ではなく限定したデータアクセスを行う等適切なガバナンスを行い、人権の保護をすれば必ずしも同意のないデータ利用であっても許容されうることが示されていた。

　問題はどのようなガバナンスを行い、どの程度の人権の保護があれば、公衆衛生上のデータ利活用の便益を優先してよいと言えるかである。その点に関し、ゴスティンらは、公衆衛生と人権のバランスにおける6つの原則[55]、1. 政治的判断でなくエビデンスベースドで科学的知見に基づいた介入、2. 個別化したリスクアセスメント、3. 直面する脅威に見合った強制措置、4. 公衆衛生上の目的に対してより緩やかな制限による代替手段がないこと、5. 公平な審問を含む正当な手続き、6. 公正かつ平等な待遇の確保を示している。ここにおいても同意は必ずしも求められていない。また、研究班での検討では、プライバシーの観点から5つの考量要素を示し、またプライバシー以外の人権の観点に関しても本稿で述べたように合わせて検討をすべきであろう。ゴスティンらの5・6の原則や研究班検討の⑤、もしくは透明性の確保や民主的な手続きの保証といった点が特に重要であり、そのために立法が望ましいだろう。しかし、日本では立法的な手当は必ずしも十分にはなされてこなかった。

　研究班検討や本稿で述べてきたように、明示的な法的根拠がなく、本人の

---

[53] 厚生労働省「医療等情報の二次利用に関するワーキンググループ」https://www.mhlw.go.jp/stf/newpage_36181.html

[54] 世界経済フォーラム白書「APPA – Authorized Public Purpose Access: Building Trust into Data Flows for Well-being and Innovation」https://jp.weforum.org/publications/appa-authorized-public-purpose-access-building-trust-into-data-flows-for-well-being-and-innovation/

[55] Gostin LO, Hodge JG, Wiley LF. Presidential Powers and Response to COVID-19. *JAMA.* 2020; 323（16）: 1547–1548. doi: 10.1001/jama.2020.4335 https://jamanetwork.com/journals/jama/fullarticle/2763423

意思に反しても、プライバシーに関する比較衡量の上で公衆衛生の対策の目的を優先するべきと考えられる場合も十分にありえる。しかし、それは個別事例に対する、緊急避難的なものと考えるべきであって、法的整備が全く必要ないというわけではない。経産省が示すアジャイル・ガバナンス[56]のような、基礎となるハードローとPDCAサイクルを適切に回すためのソフトローの併用による共同規制も技術の進歩や感染状況等の変化への対応という観点からは有効な方向性かもしれない。ハードローとしては、平時における体制の整備が重要である。それは、現在の政府の医療DX全体の中に感染症対策を位置づけていくことであったり（特に骨太方針2024[57]でも示されているデジタルサーベイランスシステムの整備[58]は不可欠である）、デジタルに関する人材の確保や組織の整備であったり、アジャイルな携帯電話関連開発に合わせた適時の評価と見直しの実施のためのルールの準備であったりする。専門家やエビデンスをいかに政策に取り込むかという仕組みづくりや、COCOAやオリパラシステム[59]において課題であった調達に関するルールも平時から整備するべきものである。

　感染症対策としての効果を高めるという視点からは、携帯電話関連技術の活用に関する政府からのコミュニケーションの強化も求められる。特に、シンガポール等のような強度な介入やデータの二次利用を行う場合には、立法の前提としての国民の理解が必要である。差別防止や偽情報、インフォデミックへの対応といったことも、研究班では十分に検討できなかったELSI課題である。

　最後に、国際渡航が盛んな現代においては、感染症に関する国際的な情報

---

[56] 経済産業省「アジャイル・ガバナンスの概要と現状」報告書（2022年）https://www.meti.go.jp/press/2022/08/20220808001/20220808001.html

[57] 「経済財政運営と改革の基本方針2024　〜賃上げと投資がけん引する成長型経済の実現〜」（骨太方針2024）https://www5.cao.go.jp/keizai-shimon/kaigi/cabinet/honebuto/2024/decision0621.html

[58] 一般社団法人Medical Excellence JAPAN四次元医療改革研究会（2023）『日本版デジタルサーベイランス網の実現に向けた提言 ―感染症危機管理における情報システムの設計原則―』https://medicalexcellencejapan.org/common/img/all/pdf/tmp/Teigen3_231024_MEJ_4DHISG.pdf

[59] デジタル庁発足に向けたコンプライアンス体制の確保について―デジタル庁　https://www.digital.go.jp/news/2ZYjJ7wg

共有は不可欠であり、相互運用可能な仕組みも求められる。一方で、WHOのような国際機関が必ずしも適切に機能していないことも課題となっている。日本は、Data Free Flow with Trust（DFFT）[60]を提唱し、信頼ある間でのデータ流通の促進を図っており、その中には医療情報も含まれる。国防の観点からは、あらゆる国と無条件にデータ共有はすべきではないが、感染症情報に関しては、スマートフォンを介して個人の身柄とデータがセットで越境しうるものであり、そうした観点からの国際的なルール整備も重要性が増している。

---

[60] デジタル庁 HP DFFT https://www.digital.go.jp/policies/dfft

第 3 部

◆

《オンライン座談会》
デジタル感染症対策の未来像

《オンライン座談会》
デジタル感染症対策の未来像

2023年9月30日収録

【出席者】(敬称略、テーマ提供順。肩書はいずれも座談会当時)
宮田裕章　慶應義塾大学医学部教授(医療政策・管理学)
山本龍彦　慶應義塾大学大学院法務研究科教授(憲法学)
堀　成美　感染対策ラボ代表、東京医科歯科大学非常勤講師・国立感染症研究所感染症疫学センター協力研究員(元東京都港区・東京都看護協会感染対策アドバイザー)
藤田卓仙　神奈川県立保健福祉大学特任准教授・慶應義塾大学医学部特任准教授(医療情報学・医事法学)
【司会】
米村滋人　東京大学大学院法学政治学研究科教授(民法学・医事法学)
【座談会記録・編集・脚注】
緒方　健　東京大学大学院法学政治学研究科学術専門職員

はじめに

米村

　それでは座談会を始めたいと思います。本日は、皆様お忙しい中お集まりいただき、誠にありがとうございます。初めに、この座談会の趣旨につき、私から簡単にご説明させていただきます。

　2020年からのコロナ禍で採用された感染症対策の1つとして、携帯アプリのCOCOA[1]が導入されました。これは、スマートフォン等の携帯端末を用いて、端末同士の接触情報を記録し、陽性登録がされた場合に接触履歴のある端末に対して警告表示をするということを基本的機能とするものでしたが、

最終的に、感染症対策にほとんど寄与することがないままに運用終了を迎えました。

しかし、このことによって、携帯端末を用いた感染症対策全てが否定されたと考えるべきではないように思います。米村を研究代表者とする、JST-RISTEX RInCA のプロジェクト「携帯電話関連技術を用いた感染症対策に関する包括的検討」（以下『本研究プロジェクト』という）が、この点に関する検討を開始し、倫理的、法的、社会的に許容され、技術的にも実装可能な携帯電話技術を活用した感染症対策を構築すべく、様々な課題を検討し、一定の提言（第1部1.）を取りまとめました。本日は、その提言に関して、それぞれのご専門の先生方からご意見を頂戴したのち、具体的にどのような方向性を目指すべきかを、さらに議論したいと考えております。

それでは、本日ご参加の皆様に一言ずつ、自己紹介をお願いできればと思います。

宮田

こんにちは。宮田です、よろしくお願いします。私は、医療政策・管理学という教室を主宰しており、いわゆる、科学によって社会をより良くするための研究を専門としています。その一環で、医師ではない立場から医療に関わっているのですが、このコロナにおいては、LINE と連携をした調査や、あるいは Google と連携をしたコロナ予測を行う中で、データに基づいて現実をどう見るか、といったところを軸に貢献していました。国とは、そういう意味では若干線を引いて、国そのものの中に入るということではなく、ある種"友軍"として、例えば都道府県と連携をしたりするのですけど、必要な時に適宜という、そんな感じです。この COCOA に関しては、Code for Japan[2]の関治之代表理事とお話をしながら彼らがやっていることをサポート

---

1 新型コロナウイルス接触確認アプリ（Covid-19 Contact-Confirming Application：COCOA）
2 一般社団法人コード・フォー・ジャパン（CFJ）。市民自身が技術（特に情報通信技術）を活用して行政や社会の課題解決・改善を行うシビックテック（Civic Tech）の普及・啓発、人材育成等の活動を行う団体。本研究プロジェクトの協力団体にもなっており、技術検討グループでは CFJ が開発した（COCOA の導入により不採用となった）接触確認アプリ「まもりあい JAPAN」をベースとしたアプリ及び機材を研究に活用している。

するという初期の部分に留まっていて、実際のこの運用そのものには全くタッチできていなかったという状況なので、後ほどまた、それに関しても色々な側面から、課題についてお話できればと思っています。以上です。

山本

慶應義塾大学の山本でございます。普段は、ロースクールで憲法学を教えております。学部では、今年度（2023年度）から大屋雄裕先生（慶應義塾大学法学部教授（法哲学））ほか数名と一緒に情報法の講座も担当することになりました。

私は専門が憲法学ですけれども、主にプライバシー周りや、テクノロジーと人権・民主主義との関係について中心的に研究、勉強してきました。コロナ関係ですと、藤田さんらと一緒に、「接触確認アプリに関する有識者検討会合」[3]のメンバーでもありました。

その後も、この時の経験を踏まえて、憲法関連の学会、確か全国憲法研究会だったと思いますけれども、米村先生にもご登壇いただいて、お話をさせていただいたり[4]、いくつか書かせていただいたり[5]という経緯でございます。今日は、色々と議論できることを楽しみにしておりました。どうぞよろしくお願いいたします。

堀

皆さん、堀成美です。今、東京医科歯科大学に所属しています。私は看護師なのですが、コロナ関係の時は東京都の港区に雇われておりました。

保健所の現場と、また、臨床と、感染症疫学の仕事と接点がありますので、

---

[3] 接触確認アプリの導入にあたって、プライバシーや個人情報の保護、セキュリティ等の観点から評価検討を行うため、2020年5月、政府新型コロナウイルス感染症対策テックチームの下に設置された検討会。座長は宍戸常寿・東京大学大学院法学政治学研究科教授。本研究プロジェクト関係では、山本教授、藤田特任准教授及び坂下哲也・日本情報経済社会推進協会（JIPDEC）常務理事がメンバーに加わっていた。

[4] 全国憲法研究会特別研究会「コロナと憲法」（2020年10月18日）。全国憲法研究会 Web サイト・https://zenkokuken.org/archives/357

[5] 山本龍彦『新型コロナウイルス感染症対策とプライバシー——日本版接触確認アプリから考える』憲法問題第32号（三省堂、2021）105-116頁（山本龍彦『〈超個人主義〉の逆説—AI 社会への憲法的警句』（弘文堂、2023）192-208頁所収）など。

情報をいったいどう取り、どう生かすかということには大変興味がありまして、参加させていただいています。どうぞ、よろしくお願いします。

藤田

よろしくお願いします。藤田です。僕は、医療情報×法律・政策といったところをメインにやっておりまして、特に、このコロナの関係では、先ほど宮田先生からあった、LINE の全国調査でお手伝いをしたり、あるいは、コモンズ・プロジェクト[6]というところで、ワクチン接種情報とか、PCR の陰性情報みたいなものをどこでどのように使うか、みたいな話をしたり、また、COCOA に関しては、山本龍彦先生とともに有識者会議のメンバーということで、いくつか、こういった携帯電話の技術を使ったコロナ対策のところに関わってきたという立場で、この研究班の立ち上げを米村先生と一緒にさせていただいております。

今回、提言の取りまとめに関しても一緒に関わらせていただいております。よろしくお願いします。

米村

皆様、ありがとうございました。本日はよろしくお願いいたします。最後に、私自身の自己紹介を簡単に申し上げたいと思います。

私は、東京大学大学院法学政治学研究科で民法学及び医事法学を担当しております、米村と申します。

元々、私は医師（循環器内科医）で、今でも病院での診療も行っておりますが、現在は法律の教育研究を中心にしております。医事法に関する研究を行う中で、COVID-19に関しても、法律家の立場から様々な問題に関して、論文を発表するなどしてきたというところです。携帯電話関連技術を用いた感染症対策の問題も大変重要なテーマであり、プライバシー概念の意義と限

---

6 コモンズ・プロジェクト（The Commons Project：TCP）。米ロックフェラー財団の支援を受けて設立された非営利組織（NGO）で、本部をスイスに置く。テクノロジーとデータを活用して地球規模の課題を解決することをミッションとする。新型コロナ禍では、国境往来時に検査結果（及びワクチン接種履歴）に基づいた渡航可否に関する世界共通の電子証明書「コモンパス」（Common Pass）を発行する取り組みを推進した。宮田教授はグローバル評議員及び日本代表を務めており、藤田特任准教授は日本の事務局を担当した。

界、言い換えれば、プライバシーによって保護される範囲はどこまでかということを正面から問題にせざるを得ず、その点を含めて、法的な立場から検討を加えたいと考えて、このプロジェクトを進めてまいりました。

最後に一応の提言をまとめさせていただいたのですが、皆様方からの忌憚のないご意見を頂戴した上で、さらにブラッシュアップを図りたいと思っております。本日はどうぞよろしくお願いいたします。

●論点１：感染症対策におけるデータ活用のあり方と課題

米村

それでは、論点１「感染症対策におけるデータ活用のあり方と課題」、論点２「データ利用とプライバシーのバランス」、そして論点３「感染症対策の現場での情報アプリの活用に向けて」という３つのトピックに関して議論を進めていくということにしたいと思います。最初に、感染症対策におけるデータ活用のあり方、今後どのようなことが期待され、どのようなことが課題として残されているのかという点につきまして、宮田先生から包括的なお話を頂戴できればと思います。よろしくお願いいたします。

宮田

ありがとうございます。このコロナにおけるこの一連の対策について、まずしっかり分けておかなければならないのは、日本における死者数が少なかったとか、だから良かったという話ではないということなのですよね。いわゆる感染対策の全体の結果としてどうかということと、その中でデジタル技術がしっかり使えていたかどうかというのはやはり別問題なので。もちろんアメリカなども本当にトランプ政権下のひどい対策で多くの死者数を出したのですけど、じゃあ全てがダメかというと、その中での、例えばデジタルの使い方とかに関してはやはり日本と違う部分もあるということですね。

で、このコロナ対策においては、新型コロナ禍中も、世界各国の人とドバイ万博で議論したり、色々あったのですけど、みんな自国の悪口を言いますね（笑）。いかに自分のところはダメか、みたいな話になるのですが、日本

はやりここでも挙がっているように、デジタルという技術を徹底的に活用できなかったということですね。

で、その理由に関しては、ここでは詳述しませんが、やはり、象徴的なのは給付金ですね。イギリスやドイツが数日で配れた、また人口10億人を超えるインドでも1週間で配れたものが、日本では数カ月かかり、1500億円余計なお金がかかったということですね。

またデジタルを使うことによって、一律にものを配ることだけではなくて、もっと踏み込んだ対策ができるのですね。給付金ひとつとっても、いわゆる困窮している人たちに必要なタイミングで、お金だけではない必要な支援を、あるいは、お金がもっと必要な人に対しては踏み込んでというような、よりきめ細かい、ニーズに沿ったサポートができるのですよね。今までできていたことをデジタルに置換するというような発想自体、やはりまだデジタルを活用するための発想ではない。この、デジタルだからこそできる価値をしっかり可視化した上で対策を立てていく、活用していくということが必要になるということです。

そういう意味でも、これ以外の、HER-SYS[7]だったりCOCOAだったり、あるいは、ワクチン接種の実態把握の行政の仕組みなどは、やはり既存の、デジタルが十分活用できていなかった時代のやり方をデジタルでやらせようとしたというところに大きな課題があったし、これは多分堀さんからもご指摘があるとは思うのですけども、単にデジタルの仕組みを作ればいいというわけではないのですよね。運用して活用して、そして分析して社会に還元するという一連のフローがしっかり流れて、はじめて信頼あるデータ活用ができる。つまり、入口で正しいか正しくないかみたいな形で議論するのではなくて、もはやデータ活用のトレーサビリティ（検証可能性）が、あるいは透明性が社会の信頼を担保する中でこのデータを活用していくということをしていかないと、やはり最初に全ての活用シーンを想定することはなかなか難しいので、その透明化、可視化のプロセスというのはとても大事になってく

---

7 新型コロナウイルス感染者等情報把握・管理支援システム（Health Center Real-time information-sharing System on COVID-19：HER-SYS）

るだろうということですね。

　それで、その中でCOCOAに関して言うと、最大の課題—そもそもそれが求められていたかどうかというのは別にして—、COCOAを正しく運用するために何が必要かというと、いわゆる行政側というのか、現場の保健所で、透明化、可視化されたプロセスに基づいて、正しく登録がなされるというオペレーションを無理なく進められる、そういうデジタル技術になっているかどうかということが重要だったのですね。つまり、デジタル的なガジェット（道具）を作れば何か解決するという話ではなくて、正しいデータ登録があって運用されてこそ初めて意味がある。

　しかし、実際何が起こったかというと、陽性登録率が結果として非常に低かったですよね。そのように登録率が低い接触アプリを運用すると何が起こるか。ちょっと想像すれば考えられることだと思うのですけども、いわゆる感染拡大が実際に起きていたとしても、多くの人たちの登録がされないことによって、その事実が実態よりも過小評価されるわけですね。実際は感染拡大が起こっていても、全然通知が来ないから私や僕の周りにはいないんだ、というような過小評価を促してしまうということですね。だから、それが正しく運用されない場合には“感染拡大促進アプリ”になる可能性もあったし、登録の実態を見ると、やはりそういった面は否めなかっただろうと。登録アプリを入れた人はそれなりに多かったとは思うのですけども、陽性登録した人の割合というのが非常に低かったこともあり、やはりそこが運用面も含めて十分に機能しなかったということですよね。

　実はこれ、HER-SYSにおいても同じです。入力すべきデータ項目を、現場のいわゆる積極的疫学調査において、初期における新型コロナの検討項目、すなわちまだ何が起こるかわからないからということで詳細に見るための項目をそのまま実装してしまったことによって、感染者が増えた時に、入力作業の労力が現場における業務の許容量を大幅に超えてしまったわけですよね。もちろん、そこに人員を足して運用すれば話はまた別だったのですがそんなキャパシティーもない、というような中で、登録者数増加、あるいは感染拡大期の中で、いわゆる初期フェーズ用の詳細な項目そのものを増減できるような仕組みを入れるとか。これも色々対策のしようがあって、本来Webベ

ースとかクラウドベースであればそれはすぐできたと思うのですけども、そういう運用面も含めてデータを活用するということができなかったため、これに関しても、非常に大きな課題というものを残していたわけですね。

さらには、ワクチン接種の登録をする仕組みですね。実際、コロナワクチン接種そのものはうまくいったのですが、私たちがいくつかの自治体の首長とも話をして課題が浮き彫りになったのは、本来、そういう予防接種の仕組みというのは共通のものなので、まあ1社独占にすると腐敗するかもしれないけども、数社で競合させていくつかのパターンがあれば十分だったものが、自治体の数だけそれを作ってしまったので、データが連携出来ないし、開発費も嵩むしという問題になってしまった[8]。これらを合わせて何が言えるかというと、繰り返しになりますけども、やはり現実世界の中でどのように運用されるか、そして、どういったデータを活用して何が実現できるのかということも視野に入れながらデジタルツール等の一連のものを設計していく必要があるだろうということですね。

あと、米村先生の主張されるように、やはり同意で済ますだけでは足りない、活用の価値、あるいは活用のプロセスを透明化、可視化すること自体が必要、ということですね、データの価値がどう社会に還元されるのか、どう人々に対して役に立ったのか、あるいは悪用されないような形で、どう適切に運用されているのかということを示しながら、権利擁護ができるようなものに繋がっていく必要があるのではないかなと思います。とりあえず宮田の話は以上です。

米村

ありがとうございました。それでは皆さんから自由にご議論いただければ

---

[8] 予防接種の実施は市区町村長の責任としている予防接種法の原則から、これまで予防接種台帳システムは各市区町村が個別に選定・調達していた。そのため市区町村の枠を超えた情報連携は困難であり、また予防接種台帳の運用を前提とした仕組みでデータ化には数か月掛かっていたため、当初3〜4週間の間隔で2回の接種が必要とした新型コロナウイルスワクチン接種に、既存のシステムでは対応できないことが明らかとなった。そのため、国（デジタル庁）は2021年、独自の「ワクチン接種登録システム」（Vaccination Record System：VRS）をクラウド環境下に構築し、市区町村には既存システムを使わせず国のVRSに運用を統一させた。

と思います。いかがでしょうか。

堀

　３つあります。１つは、保健所などの現場レベルでいうと、コロナ時期に対応した人たちはこの４月で既に５分の４ぐらい異動しています。なので、この知識や経験が風化しないうちに色々やらねばと思っていることが１個目です。

　もう１つは、アイヒート（IHEAT）[9]と言って、人が足りない時に外からどう人を補うのかは、すでに試みは始まっているのです、人材育成の話として。だけど、保健所レベルで何が問題になったかというと、デジタルが入ってきた時にそもそも、それをどうやって扱うのかが課題の１つ。

　次に、人を増やせばいいと言われたけれど、実際には３ヶ月交代の派遣の人を雇うと業務を教えきれなかったということが１つ。あと、実際に集まる場所がなかったですね。そもそも、そういう緊急オペレーションする場所は保健所にない。そして、パソコンやタブレットもないから仕事ができない。それから、じゃあどこか違う場所でやろうと言ったら、個人情報を持ち出して、バラバラと紙で…というのはできないということで、人を使うというのは今後ダメだろうなというのが２点目。

　最後になりますが、その"うまくいかなさ"が、「なんでこんなことやってるんだろう……」という無力感となり、臨床だけでなく公衆衛生の現場のモチベーションとかマインド、これにものすごくダメージを与えたと思うのですね。うまくいかなかったねとか、技術はあるけどバラバラだったねとか、そういうレベルで終わってしまった不全感。怒ったし、呆れたし、業務レベルを下げて、医療安全のレベルが下がったということまで…。私たちは当時、ものすごく怒りと悲しみを感じていたのです。

---

[9] Infectious disease Health Emergency Assistance Team：IHEAT。感染症まん延等の健康危機が発生した場合に、あらかじめ登録した保健師等の医療専門職が保健所等の業務を支援する制度。2020年に新型コロナ禍での保健所の人員不足を補うことを目的として立ち上げられた潜在保健師等の人材バンクを基にして、2022年の地域保健法改正（2023年４月施行）により法定化された。厚生労働省 Web サイト・https://www.mhlw.go.jp/stf/seisakunitsuite/bunya/kenkou_iryou/kenkou/nettyuu/index_00015.html

で、今、レジリエンス、復興の時期ですけれども、現場を去った人も結構いるし、まだ立ち直れてない感はあります。今も、あれはどうなったのか？やっているのかもしれないけど、どう改善してくれているのか？ということが全く伝わってこないのですよ、コミュニケーションとして。

宮田

質問ですけど、HER-SYS の入力すら、もう、人増やしてもダメなのですか。

堀

ダメです。場所もないし、機材もなかったです。

宮田

では、人と機材を増やしたらどうでしょう。

堀

でも、3 か月で交代する人しか雇えないようなスキームがあったのです。人を雇うのに、自治体でルールの縛りがあって。

だから誰が来てもいいわけじゃないし、個人情報の問題とかを教えて、いろんなやり方を教えて、慣れてきた頃にまた新しい人に変わるのですよ、3ヶ月交代で。だからそれを繰り返さない方法にしていくのがいいのではないかというのがリアルタイムで考えていたことです。

宮田

繰り返さない方法というのは、どういうものでしょう。

堀

例えば、当時言っていたのは、バーチャル保健所を作って、アバター保健師さんが出てきて、普段電話でやっているやり取りはほぼ定型化されていたので、それを AI（人工知能）などで人間的な感じでやりながら、データも取れて、励ましもして終われるみたいな機能の。そうでもしないと、もう次の時も同じ規模だったら追いつかないねという話をしています。

宮田

とりあえず、私の主張は、項目が多すぎるという話なのですが。

堀

それはありましたね。

宮田

ここに関しては、堀さんの解決案自体は、あまり現実的なように思えないですけどね。バーチャル保健所って、どういうことなのですか。

堀

だから、実際の建物や、部屋やパソコンがなくても、例えば実際の保健師は5人しかいないとしても、50人規模相当の対応ができるようにしていかないと。同じようなことをやるのだったらそういうのが必要ですよね、と思って。もちろん、先生がおっしゃるように、項目を少なく最小限にして、ボリューム負荷を下げていくというのも必要かなと思います。

宮田

それに関して、入力が追いつかなくなった段階で、負荷をコントロールできるような設計を入れなかったのが最大のミスだし、そもそも負荷を想定して入力を設計しなかったというのが1番の課題だと思うのですけど、もう1つ、現場の人を増やせないというのは本当かなというのが、ちょっと疑問です。

入力専門の人を入れたりして、もちろんスキルをコピーするのは不可能ですけども、一部分業することによって、データ入力の労力の分散を図ったりするというのは、ある程度可能なのですよね。我々が関わった臨床現場では実際そのように運用しているので、人が増やせないというのは、理由としてちょっといまいちな気がします。

おそらく、いま目の前で頑張っている人と同じ能力の人を増やそうとしているから無理が出てくるので、例えば、入力に特化した人を増やすということであれば、もっと違うアプローチは取り得るのではないでしょうか。あるいは、HER-SYSのデータも結局手打ちだったと思うのですけど、その手打

ちの部分というところを、システムから吐き出してそれを入れる人とか、チェックする人みたいな形で、業務を限定して雇うとか、やり方自体はあり得るのではないかなと思うのですけど。

堀

今回はどうやって乗り切ったかというと、他の行政サービスを止めたのですよ。外部の人を雇えないから、県庁や市役所の職員で回そうと最初は頑張ったのですけど、その代わり、本来止めてはいけない母子保健サービスとか精神保健サービスを止めるという非常事態になりました。性感染症のサーベイランス等も。

宮田

なんか、入力をやめましたよね、最終的に。

堀

そうです、厚労省が、別に構わない、もう自治体の判断です、と切り替わった時期がありました。

宮田

そこがある種、もう破綻したことの顕れだと思うのですけども。

米村

HER-SYS に関しては、元々医療機関が入力するという設計だったと思うのですね。で、それができない場合はこれまでと同じく FAX を保健所に送って保健所が対応しなければならなくなってとんでもない状況になった、というのが私の認識です。しかし、やはり臨床データの入力ですから、HER-SYS は医療機関がやるのが本来あるべき姿だと思いますね。

もちろんそれは保健所だって保健師さんや看護師さんがおられて、それも医療職といえば医療職ですけど、でもやはり本来はその患者を診ている医療機関の側で手当てすべきで。ただ、それが回っていない、というのがそもそも根本的な問題なんじゃないかと思います。

宮田

　医療職の補助だったり、医師事務作業補助者という人がいて、しっかりそこに人をつけたりすれば、そこでのバッファはある程度吸収できるようになっているはずです。

米村

　それを各医療機関が手当てできない状況が、やはり問題の根本であると思うのです。

宮田

　そうですね。

　堀さんが見る保健所からの視点というのは、それはそれで一面の真実だと思うのですけども、多分全体から考えると、そもそもの制度設計の問題であり、入力の労力が増えた時に、どうそれを減らしていくかとか、あるいは医療機関に拒否されるからといってそれをどこかにシワ寄せするということではなくて、医療機関でもしっかり質の高い情報を入れることができるようにするための改善プランも持っていなければならなかったでしょうね。

米村

　その通りですね。

堀

　その通りだと思います。

　不思議なのは、感染症分野では前にも失敗例があるのですよ。

　厚生労働省はかつて、A-Net[10]という、エイズ（AIDS：後天性免疫不全症候群）で同じことをやろうとして大失敗したのに、なんでまだやったんだろう、と古くから感染対策に関わっている人たちは口を揃えて言っています。

宮田

　担当者が変わってそれが蓄積されなかった、という。

堀

　そうですね。

米村

　COCOA に関して言えば、保健所業務のオペレーションとの関係を事前に設計することがないままに導入されて、そのため行政的にはむしろ大混乱の極みを招いた、ということですよね。

宮田・堀

　そうです。

米村

　だから、やはりそこのところをきちんと設計して導入しないといけないというのが、まずもって一番大きな教訓ではないかと思います。

宮田

　私の話のポイントもそこです。これはデジタル庁にもありがちな事ですけども、デジタル周りの一部の、プログラムのところさえ綺麗に作れば、それで現実が変わるという全く見当外れな思い込みがあるのですよね。

　さらに言うと、医療では特に、質の高いデータがフローとして回って初めて意味をなすのですけども、一方で質が低い場合、それはもう逆の効果があるという、そのエビデンスに対する考え方そのものが非常に重要になってくるのですけど、そこがやはり設計の中に入ってなかった。今マイナンバーであれだけ炎上している[11]のも、全く役に立ってないものをプッシュしようと

---

10 HIV 診療支援ネットワークシステム。いわゆる薬害エイズ訴訟で、原告患者と被告国（厚生省（当時））との和解（1996年3月）において定められた恒久的対策の一つとして構築され、1998年に試験運用、翌1999年12月から本格運用を開始した。国立国際医療センター（当時。現在のNCGM）病院エイズ治療・研究開発センター（ACC）及び各エイズ拠点病院間を VPN（仮想専用線）等のネットワークで結び、患者情報や診察・投薬等の記録を入力・閲覧できるデータベースで、登録には患者本人の同意書が必要。登録した医療者間での情報交換やコンサルト・助言等も可能とし、また申請により「匿名化」して臨床疫学研究にも利用可能とした。運用開始当初は登録者が多数あったものの、その後は登録者数・利用者数共に伸び悩み、利活用が低調となっており（2007年度厚労科研研究『HIV 診療支援ネットワークを活用した診療連携の利活用に関する研究』（研究代表・菊池嘉）https://mhlw-grants.niph.go.jp/project/14174）、2013年の厚労省告示「後天性免疫不全症候群に関する特定感染症予防指針」（平成24年1月19日厚生労働省告示第21号）では改めて普及促進が謳われたものの、2018年の同指針改正（平成30年1月18日厚生労働省告示第9号）ではその記述も削除された。

表1　情報利用とプライバシーの比較衡量における考慮要素（米村5要件）

①	当該情報を利用する社会的意義ないし有用性
②	当該情報を利用する必要性
③	侵害を受けるプライバシー主体の社会的地位や重要性
④	当該主体にとっての負担・不利益の内容・程度
⑤	プライバシー情報の目的外利用や漏えいによる不利益を防止するための措置の有無

するので、いわゆる登録ミスのような、些細なというのか、本来は深刻ではない部分が、ものすごく反感を買うようになっていると思うのですよね、やはり活用フローというのは、本当に重要な部分だと思います。

●論点2：データ利用とプライバシーのバランス

藤田

そういう意味では、ちょうど次のテーマがまさに、じゃあどうすればいいのか、どの部分を変えるとか、なにか立法をすべきではないかだとか、研究班においても法律的な検討をせっかくやりましたので、そこの話題に移ってもいいかなと思います。

米村

わかりました。では、次の話題に進みましょうか。

次の話題は、「データ利用とプライバシーのバランス」の問題ということですけれども、ここでひとつ私から、報告書における法的な論点について補足的なコメントをお話ししておきたいと思います。

---

11 2023年春、マイナンバーカードを利用したコンビニ証明書交付サービスで他人の住民票が交付されてしまうトラブルの発生を皮切りに、マイナンバーと各種行政データとの紐付けの誤り等、数々の不具合が明るみに出た。これらはマイナンバー制度の欠陥とは言えない（むしろマイナンバー制度の導入によって、これまでの行政事務上の誤りが明らかになった）ものも多いが、「炎上」と呼ばれる批判の嵐に晒されてマイナンバー制度そのものの信頼を揺るがす事態となり、政府デジタル庁はマイナンバー情報の総点検に追われた。その一方で、自ら所管する公金受取口座の登録についても誤登録等が判明し、デジタル庁が個人情報保護委員会の立ち入り検査を受ける事態となった。長倉克枝『総点検の「司令塔」にも個情委の立ち入り、マイナ関連トラブルはなぜ炎上したのか』日経クロステック2023.9.4付。

ここで「米村5要件」と書いていただいているものについてですが（表1）、ここで5つの要件を挙げているのは、私が、昨年（2022年）の6月に発表した論文[12]で挙げたものです。

その論文で主張したのは、次のようなことです。プライバシーに関しては、以前から、民事訴訟としてプライバシー侵害を理由に損害賠償請求がされた事件がいくつもあり、それが、一部は最高裁の判例にもなっていて、日本で一定のプライバシー概念を形成する根拠になっています。民法の立場からは、そういう説明になります。

もちろん、憲法では憲法上のプライバシーの議論というのもあるのですが、実際の法律実務としては、そういった民事判決が基本になっているというのがこれまでの流れです。その民事判決の中で、最高裁が、プライバシーとはこういう概念であって、こういう基準で侵害の有無を判断するのだということを、一般的な形ではっきり示してくれていればもっと議論はしやすいのですが、残念ながらそこまでの判断は示されていません。最高裁は、それぞれの事案において、この事案ではこういう要素を考慮して判断するということを述べるにとどまっていて、それらの考慮要素が事案によって少しずつ違っているもので、一般的に考えた場合にどうなるのかが分かりにくくなっているというのが、今までの状況でした。

そこで、私の方で著名な判決のいくつかを検討した結果として、この5要件を挙げさせていただいたところです。実は、5番目の要件は、判決から直接導かれたものではありません。従来の判例の中で言われてきたのは、①から④の4つの要素です。⑤の要素は、従来の問題事案とここで想定している場面の違いから生まれてきています。

従来、最高裁判決にもなっているようなプライバシー侵害の訴訟事案としては、一つには、小説やノンフィクションなどの文学作品によるものがありました。例えば、誰かをモデルにして小説を書いたけれども、そのモデルとなった人物の同意などは得ていないという場合[13]が挙げられます。政治家な

---

[12] 米村滋人『感染症対策と権利制約―プライバシー制限の問題を中心に』法と哲学第8号（信山社、2022）161-177頁

どがモデルになるケースも多く、政治的な裏取引とか、不正な動機とかが、もちろん、かなりの部分は作者の推測、憶測に基づくものが含まれているわけですが、そういうものが小説の中で赤裸々に描かれていて、読み手には、あたかもそれが真実であるかのように受け取られるということで、プライバシー侵害だという訴えが提起されたというのが1つのパターンだったのですね。それから、報道のケースというのがあります。新聞、雑誌等で一定の報道がされたときに、それがプライバシー侵害にあたるとして訴えが提起される[14]という事案です。この種の事案は、いずれも、情報の受け手は一般公衆なのです。つまり、私は通常、「公表事案」と呼んでいますけれども、情報が公のメディアに乗る形で一般公衆に伝播していきますので、第三者提供というよりは、もう公表の場面での問題ということになります。

　そういう場合であっても、一般的に「比較衡量論」と呼ばれる判断基準でプライバシー侵害による責任の有無が判断されてきました。具体的には、プライバシー侵害のデメリットに比して情報利用の有用性や必要性が高い場合には、情報の公表が認められるというのが最高裁の基本的な枠組みだということになります。そういう意味では、従来、プライバシー侵害の許される範囲はかなり広かったというところがあるわけです。

　もちろん、時代的な違いというのも若干はあり、だんだんとプライバシー侵害に厳しい社会的な風潮が強まっていますので、今、同じ事案が出てきた時に、全く同じ判断になるかどうかは分からない部分もあります。しかし昨今は、インターネット上の書き込みに関して、プライバシー侵害だという訴えがかなり多くなってきており、そういう事案でも、基本的な判断枠組みは同じものが使われています。すなわち、比較衡量で判断する、プライバシー侵害の程度に比して情報利用の有用性・必要性が高い場合であれば情報利用が許されるという枠組みがとられていますので、その大枠の考え方は同じです。違いがあるとすると、具体的な判断のポイントが、以前よりは少しプライバシー保護側に寄ってきているところはあるかもしれないという程度の違

13　最判平成6年2月8日民集48巻2号149頁（『逆転』事件）、最判平成14年9月24日判時1802号60頁（『石に泳ぐ魚』事件）、東京地判昭和39年9月28日判時385号12頁（『宴のあと』事件）など。
14　最判平成15年3月14日民集57巻3号229頁（長良川リンチ殺人事件）など。

いでしょう。大枠の枠組みを変えるほどの違いがあるとは、少なくとも最高裁には認識されていないだろうというのが、現時点での私の理解です。

そのようなことで、①から④までは、最高裁の従来の判例で明らかにされた判断基準をそのまま一般化したものであり、これらは今後の情報利用に当たっても重要な判断基準となると考えられます。⑤は私が独自に付け加えたものなのですが、これは先ほどお話しした通り、従来はほとんどが公表事案だったのに対し、今回問題にしている携帯端末で収集された情報の利用場面は、特定の第三者に対する情報提供の場面ですので、そういう事例では違う考慮が必要になってくるだろうということで設けた要件になります。

公表事案では、誰でも知ることができる状態になるわけですので、情報利用の要件が相当厳しくてもいいはずなのですが、それでもしかし、有用性や必要性が高ければ許されるというのが最高裁の考え方だったわけです。そこで、特定の第三者に対する情報提供ということになりますと、もう少し、①から④の要件の判断においては、情報利用をより広く許容するような方向になっていく可能性が高いだろうということがあります。しかしながら、同時に、公表事案とは違う考慮点もあるはずで、それが⑤なのです。つまり、特定第三者への提供であるという前提で、許容性を判断するわけですので、その特定第三者からさらに別の第三者に情報が伝達されるとか、あるいはその情報提供を受けた第三者がそれを公表、すなわち一般人の誰でも読める状況にしてしまうというようなことが安易に行われてはまずいわけですね。公表するというなら、公表する前提で許容性を判断しなければならないわけですが、その判断を元々していませんので、特定第三者に対してだけ提供するという前提で許容性が判断されている以上は、その状態を維持してもらわないと困るわけです。

その点に関わるのがこの⑤です。一言で言えば、情報のセキュリティとガバナンスということになりますけれども、きちんとしたセキュリティ、情報漏洩が起こらないような管理を行うというのが１つと、きちんとしたガバナンス、情報を、原則として事前に設定された利用目的の範囲でのみ利用し、事前に想定され同意された範囲の主体のみが利用に関わるというようなことを、きちんと管理できる体制で実施し、適正に情報を利活用するということ

が求められるわけです。ということで、特定第三者への提供の場面に合わせる形で要件設定をしたというのが、この⑤の要件ということになります。そういう形で、今回の提言では、少なくともこの①〜⑤の要件による比較衡量の枠組みにおいて情報利用が許されるはずなので、感染症対策においても同様の枠組みで判断できるのではないかということを前提に、提言を構成したものです。私からは以上です。

　それでは、憲法学の視点から、どのようなことが言えるのかということに関して、山本先生からお話を頂戴できればと思います。よろしくお願いいたします。

山本

　はい、山本です。もうほとんど今米村先生がおっしゃったことで良いのではないかなという気はしますけれども。

　これはなかなか、話そうと思えばいくらでも話せるテーマなのですけど。ささっとレジュメっぽいものを作りました（表2）。

表2　山本レジュメ

1.「プライバシーの権利」とは何か？
第1期　私生活秘匿権（対・公表）
第2期　自己情報コントロール権、情報自己決定権（対・開示、目的外利用 etc.）
第3期　アーキテクチャ志向型情報自己決定権
第4期　？
　・「適正な」とは何か？
　・海外の動向（EU、米国、韓国、台湾……）
　・「トラスト」と「権利」
　・制限・正当化（原則・例外関係）の維持（比較衡量＝正当化が必要なのは、権利侵害があるから）
　※　日本：プライバシーとは何かわからない。でも侵害への感受性は強い
　※　住基ネット判決（みだりに個人情報を第三者に開示または公表されない自由。第二期と第三期。米村要件⑤は裁判所の動向とも一致）
　※　江沢民講演会事件（共有したくない相手とは共有したくない。データ・シェアの決定）

2.「バランス」を取る方法
　・集合的同意（＝法律の根拠）

・公益性との衡量（権利の相対性。あれか、これかではない）
・特定個人識別性の"低減"（次世代医療基盤法の基本的発想。「疫学」＝集団／「臨床医学」＝個人）　特定個人に関心がある世界（個人界）／特定個人に関心がない世界（集合界）
※　生成AIのためのデータ収集等はどっち？

3．議論のポイント
・個人の自由と公衆衛生上の利益は「対立」するのか？
→「自由」のためのデータ利用？
※　移動の自由、スティグマからの自由、「裂け目」

・「平時」
本人の「心からの」同意・参加とインセンティブ
ゲーミィフィケーション
努力するところがずれている？

・「国境を超える」問題
→　プラットフォームによる規格化
→　プラットフォームに対する主権国家の交渉力（リバイアサン"ズ"とプライバシー観）

・プライバシー批判、なのか？
→プライバシーが悪いのか？（邪教扱い）
→「プライバシー批判」／「プライバシーの弱さ批判」
…正面から衡量に向き合わない、ガバナンスの不在、政治の機能不全（テックにハックされる政治、市民社会の弱さ）＝平時の弱さ
→トラストをつくる（「ブレーキのない、アクセルだけの車」に誰も乗りたくない）。もうね、発想を変えないとダメですよ（笑）

※　通信の秘密
内容／外容
過剰包摂＝予防
アクティブサイバーディフェンスとの関係

　プライバシーの権利とは何かということを憲法的な視点で、特に学説を中心にまとめると、レジュメのようなかたちになると思います。報告書の中でも、私の議論を参照いただいて時代区分をしていただきましたけど、　まず、

私生活秘匿権、今米村先生がおっしゃった、不特定多数の者に秘密を晒していく、というところから守っていくというのが第一期のプライバシー権の内容で、これが元々の権利内容だったのではないかと。

それで、アメリカだったら60年代、日本だと70年代以降、コンピュータ技術、デジタル技術が発達してきて、自己情報コントロール権ですとか、ヨーロッパというところの情報自己決定権というものが、プライバシー権のひとつの考え方として出てくるようになる。これらはもう、不特定多数の者に秘密に晒すということだけではなくて、今米村先生がおっしゃった、個人情報の第三者提供あるいは目的外利用なども権利侵害だと捉えようとする方向になってくるわけです。

進んで第3期、これはアメリカでは90年代以降ですけれども、自分のデータをコントロールしていったり、自己決定していくということは現実的にもう無理だよねという、そんな感じになってきた。コントロールや自己決定を現実に実現するためには、アーキテクチャが重要だろうと。そこで、データ管理のアーキテクチャや構造を重視する"構造論的転回"が起きるわけですね。

例えば、さっき米村先生がおっしゃったように、こういった使い方には同意します、あるいは、この人とシェアする、共有するということには同意するのだけれど、別のこの人とは同意したくないといいますか、共有するなんて思っていないという本人の決定ないし意思があったとして、これを、ちゃんと実現していくためには、まさに、(⑤の)措置、セキュリティ構造と言うのですかね、そういったアーキテクチャや管理の構造が求められる、まさに、アーキテクチャが重要になる。これは、プライバシー・バイ・デザイン[15]という考え方とも親和的なのですけれども、とにかく、そのような強い堅牢な構造がないと自己決定は"絵に描いた餅"になっちゃうよね、ということです。

本人の同意というのも、近年、かなり悪者扱いされているわけですけれど

---

[15] Privacy by Design。システムやビジネスプロセスの企画・設計段階からプライバシーに配慮した施策を実装すべきという考え方。カナダ・オンタリオ州情報プライバシーコミッショナーを務めたアン・カブキアン（Ann Cavoukian）博士が提唱する。

も、やはり、それを支援するためのアーキテクチャ、ユーザーインターフェースのようなものがないといけない。場合によってはAIがそうしたコントロールを支援するパーソナルAIですとか、AIエージェントのようなものが必要になる。時に、ルーティンの同意みたいなものはAIに任せちゃうみたいなかたちですね、そういったことも必要になってくるだろうと。第3期の考え方というのは、アーキテクチャ思考型の自己決定権だと言うことができます。

第4期というのは、もう同意や自己決定はダメだということで、同意とか、コントロール、自己決定というのを本質的な要素としないプライバシー権論というのが、"京都学派"とも呼ばれていますけれども、京都の若手の先生方を中心に非常に有力化して、経産省なども乗っかってきているという状況があるのではないかと思います。例えば、音無知展先生（京都大学大学院准教授（憲法学））の考え方[16]では、プライバシー権は「自己情報の適正な取り扱いを受ける権利」と定義されます。ここでは、適正な取り扱いを受けるか受けないかが重要であって、適正な取り扱いを受けなければそれは権利侵害であると、この「適正さ」というのを、自己決定とかコントロールに代替するようなコンセプトにしていくわけですね。これが、第4期なのかなという風に思うわけです。

私の立場をあらかじめお話しておけば、第3期がまだ良いのではないかと思っているわけです[17]。第4期の考え方については、「適正さ」というところに核心があるわけですけれども、そこにある種の不確定性、不安定性が出てくるかもしれないということです。何をもって「権利侵害」というのかというのが非常に分かりにくくなると思うのですね。

それから、海外のトレンドというところも考えなくてはいけないでしょう。これは最後にちょっとお話することとして。

また、トラストの重要性。私は、権利概念や権利構造というものがある程度安定的になっていないと、結局トラストには結びつかないのではないかと

---

16 音無知展『プライバシー権の再構成』（有斐閣、2021）193頁以下
17 山本龍彦『プライバシーの権利を考える』（信山社、2017）3頁以下

思います。

NECさんと共同の調査[18]で、国際的なアンケート調査をやりましたけど、日本人というのはどうも、プライバシーの権利とは何なのかを定義できないとか、概念がよくわからないという人が他の国の人に比べて多く、一方でプライバシー侵害に対する感受性は他の国の人に比べて非常に高い、という結果が出てきています。

これは非常に分析が難しいわけですけど、権利概念がわからないということが、プライバシー侵害に対する過剰なリアクションに繋がっているかもしれない。よくわからないものを恐れているわけです。そういう"わからなさ"というのが日本の場合にやはりあるだろう。そうすると、例えば適正な取り扱いを受ける権利とか、そういう形になっていくと、余計わからなくってくるので、よりトラストが築けないのではないか、という問題が出てくるように思います。ですので、やはり本人の自己決定というのを一応のベースラインに置いておくと。で、それが侵害された場合には、先ほど米村先生がおっしゃったような丁寧な比較考慮していくということが、やはり重要なのではないかなという風に思っています。

最高裁の住基ネット判決[19]などは、まさに米村5要件の⑤ですね、制度的な措置、要するにこれはガバナンスですよね、監督委員会、つまり、データの取り扱いを監督するような機関があるかないかいうことを審査の1つのポイントにしているわけですね。米村要件の⑤というのは、裁判所の動向とも見事に一致しているわけです。例えば下級審ですがNシステム裁判[20]とかそ

---

[18] 慶應義塾大学グローバルリサーチインスティテュート研究プロジェクト「ヒューマンライツ・バイ・デザインの社会実装に関するチェックポイントリストの検討─法学的、技術的観点から」(2018年度～2021年度、研究代表者：山本龍彦)。慶應義塾大学 Web サイト・https://www.kgri.keio.ac.jp/index.html

[19] 住民基本台帳ネットワークシステム（住基ネット）について最高裁は、本人確認情報の漏えい防止等の安全確保の措置として技術的・人的側面でそれぞれ対策が講じられ実施されており、現時点で本人確認情報が漏えいする具体的な危険はないこと、また個人情報を一元的に管理することができる機関又は主体は存在しないことなどを理由として、その合憲性を認めた（最判平成20年3月6日民集62巻3号665頁）。

[20] 警察が主要道路上に設置している自動車ナンバー自動読取システム（Nシステム）に関する国家賠償請求訴訟で訴えが棄却された事案（東京高判平成21年1月29日判タ1295号193頁）。

ういったところでも、情報管理の構造、措置というのを、考慮のひとつのポイントにしているということは重要かなと思います。

　私はそのような考え方に立ちますけれども、やはり公衆衛生の場面、特にパンデミック時には、当然、バランスを考えなければいけない。"あれか、これか"じゃないということですね。

　バランスを取る方法として1つあるのは、集合的な同意、すなわち法律による規定です。「これはもう個々の同意取っている場合じゃない」ということで、民主的な集合的決定を行って、個人による決定に代替していく。要するに法律の根拠ということです。法令ではなく、法律の根拠ということです。

　それから、公益性の衡量、もちろんこれは、個人情報保護法上当然に、個人の同意がなくても相応の公益性があれば個人情報は使えるということになっているわけです。プライバシーの権利というのも、言うまでもなく絶対的な権利ではなくて相対的なものですから、他に対立する重要な公共的利益があれば、当然衡量を図られるべきものだという、当たり前の話になるということです。

　それから、特定個人識別性を低減していくという考え方もあり得るのだろうと思います。これは、次世代医療基盤法[21]の基本的発想で、データを「個人界」と「集合界」、すなわち、「個人」の世界と「集合」の世界という2つの世界に切り分ける。集合の世界を積極的に作っていくわけですね。集合の世界を作ることによって、個人の関与を遮断していく。しかし特定個人識別性は完全になくすことはできない。医学研究においては特定個人識別性を完全に消し去ると医療データとして使い物にならなくなりますから、今回の次世代医療基盤法改正[22]で匿名加工医療情報とは別に、仮名加工医療情報を作った。一定程度"個人臭さ"というのをデータに残しておかないと、医学研究には使えないということにはなっていくわけですけれども、いずれにせよ、これらの考え方で集合的な世界を作っていくということになるのだろうと思

21　医療分野の研究開発に資するための匿名加工医療情報及び仮名加工医療情報に関する法律（令和5年改正後の正式名称）
22　2023年5月26日、「仮名加工医療情報」の制度が新設されるなどの次世代医療基盤法改正（令和5年改正）法が公布・施行された。

います。

　ですので、個人の同意、自己決定というものを「外す」ということも、状況によっては全くもって考えられるということですね。同意絶対主義というのは、全然あり得ない話だということになります。

　議論のポイントをいくつか挙げました。１つは、個人の自由と公衆衛生上の利益のためのデータ利用は対立するのかというと、これは対立しないこともあるのではないか。ここでの自由というのは、例えば、移動の自由ですとか、スティグマからの自由とか、要は社会に「裂け目」を作らないということですよね。データを使うということは、むしろそういった自由を高めるわけです。かつてのペストとか、こういったものの公衆衛生対策はとても人権侵害的に行われていた。ペスト患者の家に印をつけたり[23]、白い杖を持って出歩かなきゃいけない[24]。むちゃくちゃ人権侵害的なわけです。データを積極的に使うことによって、そういったベタな人権侵害を抑制し、我々の自由を守りながら、適切な、あるいはピンポイントな公衆衛生対策が取れるということにも、我々は注意を向けなければいけないと思います。これは、宮田先生が先ほどデータ利用の価値という言い方をされましたけれども、むしろ自由を守るためにデータを使うのだという。この価値の部分をうまく説明しなければいけないと思うのです。日本でデータ利用というのは、とかく産業振興や産業政策と結びつけられるわけですけれども、そうではなくて、やはり我々の自由や人権を守るためにデータを使うのだと。こういうことをちゃんと主張していかなければならないということですね。

　また、パンデミック時においては、やはり集合的同意としての法律がやはり必要になってくるのだろうと思います。特にデータをアグレッシブに使

---

[23] 1665年から翌年にかけてペストの流行が起こった英国では、ペスト患者の出た家のドアに赤い十字の印をつけられ、側には、"Lord, have mercy upon us"（神よ、我々に慈悲を）と印刷された文字が貼られた。ドアは外から施錠されて見張りが立ち、家の者は罹患していない者も含めて全員外出が禁じられ、買い物等の所用も見張りが行った。ダニエル・デフォー（武田将明訳）『ペストの記憶』（研究社、2017）。

[24] 16世紀のパリではペスト防止条例（もっとも古いもので1531年）により、ペスト患者の出た家には白十字の印をつけ、また患者は外出時には白い杖ないし棒を持たなければならなかった。西迫大祐『感染症と法の社会史』（新曜社、2018）47頁、山本・前掲論文。

うためには、法律がいるのだろうと思います。

それから、プロポーショナリティ（比例性）ですね。データをアグレッシブに使うには、使わないと一定程度「危険性が高くなるのだ」という状況が必要になってくるわけです。危険性が全くないのに、データの収集や利用を強制するということは、憲法上比例的ではないということになってくるでしょう。データのアグレッシブな利用には、相応の必要性が求められるということです。

それから、先ほどの米村要件の⑤ですが、やはりガバナンス構造ということ。例えばフーコー[25]という哲学者が、公衆衛生時というのは、政府、ガバメントにとっては、よだれが出るぐらいおいしい状況であると。つまり、パンデミック時に作った管理システムが平時にも使えるので、政府の側からすると、しめしめ、もうこれは一気に管理体制を、監視システムを作っちゃおうという非常に強いインセンティブが働いてしまう[26]。そこに注意しなきゃいけないというのは、フーコーの主張の1つのポイントだったわけですね。そうなってくると、「強制終了」のアーキテクチャ、"強制終了ボタン"というのをシステム上組み込んでおかないと、それが平時になっても続いてしまうことになり、問題だろうと思います。

こういったパンデミック時には、こういったポイントをしっかり議論しておく必要があったわけですけど、日本の場合には、いずれも意識が非常に低かったという風に思います。

議会の役割というときに、これは曽我部真裕先生（京都大学大学院教授（憲法学））らがご指摘されている[27]ことですが、日本の国会ではほとんどCOCOAについての議論がなかったわけです。これに対して、諸外国、例え

---

25 ミシェル・フーコー（Michel Foucault: 1926-1984）。フランスの哲学者、思想史家、作家、政治活動家、文芸評論家。

26 フーコーは、ペストが社会にもたらすのが「恐怖に満ちた混乱」により「都市においてあらゆる規則性が取り除かれる瞬間」、そしてその真逆の「危険なコミュニケーション、混乱した共同、禁じられた接触が生じえない完全に規律化された世界」という、相反する側面であり、特に後者は「政治権力が完全なかたちで行使される見事な瞬間としてのペストという、政治的な夢」によるものと論じた。ミシェル・フーコー（慎改康之訳）『ミシェル・フーコー講義集成〈5〉異常者たち：コレージュ・ド・フランス講義1974-75』（筑摩書房、2002）51頁、西迫・前掲書53頁、山本・前掲論文。

ばフランスやオーストラリアでは、議会でしっかり、政治が責任を持ってこういったことを議論したということはとても重要だと思います。特にフランスだと、日本と同様、接触確認アプリに Google と Apple の API[28]を使ったわけですが、これは主権の侵害ではないか、という風に議論していたわけですね。つまり公衆衛生、国民の健康と安全を守るというのは国家の最も重要な役割であって、海外プラットフォームにフレームワークの作成を委ねるというのは、主権の放棄にあたるという風な議論をしたわけです。

　他方で、日本はもうお気楽に Google・Apple の規格を使うという判断をするわけですね。それは、議会の議論を通さず主権を引き渡してしまうようなことで、それによって彼らプラットフォームの提示した利用条件に我々はかなり拘束されて、やりたいことがやれない。法律を作らなかったので、結局「お願い行政」になる、あるいはナッジ（誘導）、同調圧力を政治的に利用せざるを得なくなると。

　経済的インセンティブ。COCOA ではあまりやりませんでしたけども、例えばマイナンバーカードはまさに、「マイナポイントつきますよ」みたいな経済的なインセンティブでなんとか使ってもらうというのですかね、データ利用を許してもらうような、そういう政治の拙さというものが非常に目立ったのではないかと思います。

　やはり「やるべき時はやる」、「これは法律を作って責任を取る」という政治の力強さ、勇気というものが必要なわけですが、これがなかったということと、ガバナンスの構造というのが非常に弱かったということです。COCOA の運用を監督する委員会というのは、実は有識者会合では何度も言ったのだけれども、常設の機関は結局設置されないままでした。

　次に「国境を超える問題」ですけれども。長くなって恐縮です。

　プラットフォームによる規格化というところは今お話をした通りですけれども、これにはおそらく賛否あると思います。やはり感染症は国境を越える

---

27 曽我部真裕『「接触確認アプリ」の導入問題から見える課題』法律時報92巻9号（日本評論社、2020）1－3頁など。

28 Application Programming Interface の略。ソフトウェア同士で機能やサービスを共有するためのインターフェイス（接続仕様）。

ので、グローバルに規格していくということも必要かもしれないということですね。そうすると、Google・Apple の API を使ったというのは100パーセント間違いだったかというと、そうではないわけですね。しかし、やはり主権国家はプラットフォームに対して、こういう利用にしたいんだ、という交渉力を持たねばならなかったと思います。この交渉力を、日本政府が十分に持っていなかったというのは、傍から見てもそう感じました。

そうなってくると、COCOA のようなアプリを作るときには、リヴァイアサン単体で望むのではなくて、リヴァイアサン「ズ」という、つまり主権国家が連携して、プラットフォームとネゴシエーションしていくという国際連携をつくっていくというのも、今後必要になってくると思います。OS（オペレーショナルシステム）のレベルを抑えている彼らと、彼らに規格化された API を使うということはグローバル化において必要かもしれないけれども、そのためには主権国家がちゃんと交渉力を持っておくということが非常に重要で、そういうところも弱かったのではないかなという風に思います。

最後、プライバシー批判ですけども、よく、これは（本研究プロジェクトのメンバーでもある）高橋郁夫先生など一部弁護士の先生も、「プライバシー」論は悪であるという風にコロナ禍で批判されました[29]。

でも、本当にこのようなプライバシー批判というのは正しいのかどうかというと、私はそうは思わないです。日本において重要なのはプライバシーへの批判じゃない。プライバシーや同意を批判するのではなくて、例えば、正面からバランシング、衡量といったようなことに向き合わない態度、それからガバナンスが不在であったり、政治が機能不全だったり、そういったことでトラストが作れてないということが批判の対象なのではないか。つまり、

---

[29] 高橋弁護士は、「信頼できる環境において、公衆衛生目的の場合においては、プライバシー重視派のようなクラスターが成立するようには思えない」、また「データの保護自体に、他の守られるべき利益のカタログのなかで、もっとも優越的な地位を認めて、コンタクトトレーシングという目的のために他により侵襲的でない手段があるのであれば、それは、データ保護の利益を侵害し、採用されるべきではない、というのは、データ保護に人権のカタログの中で最優越的地位を認めるもので、もはや宗教の域に達しているということができるではないでしょうか」と、学界の一般的立論を批判している。高橋郁夫ほか『新型コロナウイルス対プライバシー：コンタクトトレーシングと法』（Amazon Services International LLC（電子出版），2020）第 3 章4.4（高橋執筆部分）。

プライバシーが悪いわけじゃなくて、プライバシーに向き合わないことが悪い。ブレーキのない、アクセルだけの車に誰も乗りたくないということですよね。

ですから、例えば自己情報コントロール権ですとか自分の情報に対する権利性というものが日本だと認められていない、ある種自分でブレーキをかけられないという、そういう車に我々は誰も乗りたくないわけで、データ利用が進まないというのは、これは「プライバシー」が悪いのではなくて、「プライバシー」がないことがむしろ問題なのではないか、という風に思います。ですから、こういった議論というのをしっかり平時にしておくことが重要なのではないかなという風に思います。以上です。

米村

ありがとうございました。それでは、皆さんからご自由にご発言いただければと思います。いかがでしょうか。

藤田

では、よろしいでしょうか。色々、報告書も読んでいただいた上でのコメントで、大変勉強になりました。

1点伺いたいなと思ったのが、Apple・Google というプラットフォーマーとの関係の部分でして、COCOA に関するヒアリングをやっていく中でも、政府との交渉を、1対1で、リヴァイアサン「ズ」じゃなくて単独でやると、やはりもう、Apple や Google は全く相手してくれなかったという話を伺っています。その時によく言われているのが、中国などを念頭に置いていたと思うのですけど、バックドアとか色々仕込まれて、それこそ先刻のフーコーの話じゃないですけど、こういう危機時に国にとっていいようにやるということがあるから、そういうことをされないようにということです。Apple・Google としては相当硬く、国の言うことなんて従うものか、みたいな態度を取ってきたという話がされていて、そういうロジックを使われている場合に、国、リヴァイアサンズみたいなものよりは、むしろ民主的に、ユーザーである国民側から何かアプローチをしていく方が大事ということもあるのかなと思ったのですが、その辺りの、国と、プラットフォームと、一般の国民

の関係って、いかがなのでしょう。

山本

そうですね、それは重要なところだと思いますね。確かに、結局こういったアプリというのかな、追跡確認アプリというのが国家によって悪用、濫用されなかった。シンガポールは Apple・Google の EN（Exposure Notice：接触通知）API を使ってないので、国家による拡大利用があったわけですけど、逆に Apple・Google を使っているところはむしろ濫用できなかった。コロナの後に監視国家化が急速に進まなかったというのは、Apple や Google のおかげであるという風に、一面においては言えるわけですよね。

Apple は、例えば FBI（アメリカ連邦捜査局）とかなりやり合っているわけで、FBI 側がテロ対策の観点から iPhone のロックを解除せよと要求してきても対抗してきた。そういう意味では、ユーザーのプライバシーを守るということについて、国家よりも当のプラットフォーマーの方がむしろ先を進んでいる側面もあるのです。ただやはり、プラットフォーマーの考えと、国民の健康を守るということが矛盾・対立してしまうことがあるわけなので、今藤田さんがおっしゃったように、やっぱり国家として、彼らに対して言うべきことはちゃんと言う。それによって、バックドアは作らないけれども、国がやりたいこと、というか公衆衛生上重要なことをやれるようにしなければならないということだと思います。

で、そこをどういう風に持っていくかというと、僕はさっきリヴァイアサン「ズ」、国家間連携が重要だという風に言いましたけれど、藤田さんのお考えだと、担い手はむしろ国民ということなのですかね。民主的に、というのは、具体的には法律でいくということですか。どういうイメージですか？具体的に、その民主主義のルートって。

藤田

そこが、一国のレベルでいくと、その国の法律をという話になるけれども、リヴァイアサン「ズ」みたいなものであったり、今回のパンデミックで考えると、WHO（世界保健機関）のような国際機関というものが、じゃあその重しとして Apple・Google に交渉するかといったら、決してしないわけな

ので……、そういった中で、全世界のパンデミックの危機にある人を代表できるような存在というのは……どうなのでしょうかね、ユーザーの意見は誰が出せるのか。

宮田

なんだろう、民主主義でもあり、リヴァイアサン「ズ」でもあり、あるいは、第4期でいわれる appropriateness、適切さでもある。それって結構近い概念だと思うのですよね。これ、今まさに山本先生と一緒に大阪・関西万博[30]でやっている、バリュープライバシーインパクトアセスメント（VPIA）[31]というものです。

やはり、これまではプライバシーと向き合ってこなかったというのがいちばん罪、というか良くなかったと思うのですよ。それをしっかり可視化して、かつ多様な視点で―どの視点が正しいかというのはない、国が出て来ることもあれば、Google とか Apple がおかしくなることもあるので、それが検証可能な形で―多様な視点でプライバシーや、社会的意義、バリューの視点というものをディスカッションできるようなリヴァイアサン「ズ」による、民主主義の新しいアプローチ、適切さの確立は必要なのかなと思います。

というのは、ちょうど新型コロナ禍で、私は、明確に国（の委員会等）には入らないという立場を取って、あるプラットフォーマーと一緒に国のコロナ対策本部に行った時に、「総理大臣が言えば、そのデータをくれるんですか？」と国が言うわけですよね。で、プラットフォーマーは「いや、総理大臣が言っても差し上げられません」と。我々は、当局というのを無条件で信頼しない、同じピア（側）である宮田さんは同じ志で活動しているから信頼してデータを渡しているのであって、単に当局だからという理由では一切渡さない、という。それがある種、彼らの論理でもあってですね。

とはいえ、ではプラットフォーマーが常に正しいかというと、邪悪なアル

---

30 2025年大阪・関西万博シグネチャーパビリオン「Co-being」（プロデューサー：宮田裕章）。Web サイト・https://co-being.jp/expo2025/
31 プライバシー影響調査（PIA）にデータ利用に伴う価値（バリュー）実現の評価を加えて可視化することにより、データ主体からの協力を促す取り組み。

ゴリズムに飲み込まれて正しくないこともいっぱいやっているので、何とも言えないところもあり。それこそ、コモンパスを一緒にやっていた近藤正晃ジェームス（公益財団法人国際文化会館理事長）は、今、OpenAI社に行って、今度、それをコントロールするための仕組みづくりをやっているのですよね。そこはもう何が正しいというよりは、正しさに向けて色々なアプローチがあるということだと思うのです。

　ただ要は、山本先生がおっしゃっている、何も議論しない、プライバシーと向き合わないというのはやはりいちばん良くないので、そこをしっかり色々な立場から可視化していくということが、非常に大事だなと思いました。

山本

　今、宮田さんがおっしゃるように、複数のアプローチがあるだろうと僕も思います。やはり法律を作らなかった、それが難しかったとしても、一歩引いて議会でちゃんと議論するという必要はあったと思うのですね。議会で議論すれば、多分プラットフォームとの交渉過程がある程度明らかになったと思うのです。例えば、野党がGoogleやAppleとどんな約束したのだと質問すれば、当然政府側は答えなきゃいけないわけですよね。そのようなかたちで透明化していけば、プラットフォーマーによってどんな利用条件を押し付けられているのかは明らかになるわけですし、それをメディアが放送、報道するということにもなると。もともと全く中身を知らない議員がほとんどだったと思うので、法律を作らないまでも、議会でちゃんと質疑をすることで透明化していくというのも最低限必要だったと思っています。

宮田

　私も山本さんも、ずっとその必要性を訴えかけていたと思うのですけど、時の行政は、その議論が必要だという人に、なんか"半グレ組織"を使って攻撃を仕掛けてくる。

山本

　行政の側は、議会の平場でやることによって逆に議論がおかしな方向というか、ある種炎上みたいな感じになって、思うようにやれなくなっちゃうと

いうことをかなり恐れるわけですよね。確かに、プライバシーの何を恐れるかみたいなところがズレているので、一定のリスクはあるけれども、それについては、基本的に発想を転換していかなきゃいけないと思います。議論から逃げずに、やはり議会で、「あれか、これか」のような、それこそ急に監視社会がやってくるといった話じゃなくて、適切に利用するためにはどうしたらいいかということをしっかり冷静に議論するようなカルチャーを作らないと、もう本当にどうしようもないと思いますね。

米村

　今の点はすごく重要なポイントだと思うのですが、正直言って、野党側は、さっき山本先生がおっしゃったような質問を政府に対してしようと思えばどこでもできたのです。基本的対処方針の一環としてだって聞けたし、予算委員会でだって聞けたし、どの場でもどのタイミングでも聞けたはずなのに、誰もそういうことを聞こうと思わなかったわけですよね。私は、他の感染対策一般とか、医療体制の問題とか、今までいろいろと政府のコロナ対応の問題点を指摘してきましたけども、どれ一つとっても野党がまともに国会で質問したことはないのです。

　結局、彼らは不勉強なのです。何もわかってない、何も知らない、理解もしていない中で、政府の方針の問題を正そうにも正せるはずがありません。あまつさえ、有力野党の党首なんかはゼロコロナとか全く非現実的なことを言って、国会を引っ掻き回すことだけしかやってなかったわけですね。そういう日本の野党の問題というのが根本にあって、起こっていることだと思います。もちろん、同じ問題は、プライバシーの課題に関しても他の問題に関しても、COVID-19の出現以前からあったし、ずっと続いている問題でもあるわけです。やはり彼ら自身がプライバシーと向き合っていないのだと思います。

　当然、政府・与党はプライバシーを無視してやりたいと思っているいろんなことをやっているわけで、誰からも文句を言われなければそれでいいや、と思っている人がかなり多いとみていますけれど、これまで誰一人向き合わないままで今に至ってしまっていて、結局、国民全体が、よくわけのわからない、

鵺（ぬえ）のような「プライバシー」に恐れおののいて、その結果何もできない、何も使えないということになっている。

そういうことが、感染症対策だけではなく、一般的に起こっているのだと思います。やはり、どこかでその連鎖を断ち切らなきゃいけないと思うのです。

我々の提言を、是非そういう方向に活用していただけるように、期待したいなと思っているところです。

山本

全くおっしゃる通りだと思います。本当に鵺的なプライバシー概念になっていると思いますし、米村先生がおっしゃるように、裁判所もふわっとした形でプライバシー権の事案に取り組んできているというのも、おっしゃる通りだと思いますよね。

宮田

野党の主だった人たちの、リテラシーを高めるサポートとかというのも必要になってくるかもしれないですよね、もしかしたら。そこまで我々介入するかどうか、ちょっと悩ましいですけどね、研究者としては。

米村

私は一応接点があったので、感染対策に関して国会で呼ばれたりしました[32]から、心ある議員の人たちにはそういう話もしていたのですけども、やはり上層部に持っていった時に全部弾かれるという状態でした。

宮田

そうですね、日本の選挙制度、特に小選挙区・比例代表並立制とかだと、やはり、私権制限にちょっとでも足を踏み入れてしまうと選挙に勝てない、と彼らは思っちゃうのでしょうね。おそらくそれが相当、今回のロックダウ

---

[32] 米村教授は、2021年2月2日参議院内閣委員会で参考人として陳述している。第204回国会・参議院内閣委員会第1号・令和3年2月2日（国会会議録検索システム）https://kokkai.ndl.go.jp/#/detail?minId=120414889X00120210202&current=1、木村俊介『パンデミックと行政法』（信山社、2023）98頁等。

ンの議論というのを、議員も本質的にはこの選択肢がないと施策ができない
よと思っていても、議論にすら入れなかった背景としてあるかもしれないです
ね。結局、やっぱり選挙に勝てないという。

山本

　プライバシーの定義が非常に曖昧なまま来ているという状況で、比較衡量
について、米村先生が非常にクリアーな要件を出していただいて、非常に議
論しやすいな、と思いました。やはり権利概念というのをこのような形でしっ
かり構造化していくのが、我々法律家の仕事なのだと思います。今回の報
告書も含めて、しっかり裁判所に対しても言うべきことを言わなければいけ
ない。と同時に、やはり政治に対しても、我々のメッセージをしっかり送ら
なければならないという気持ちは、今回の議論で強くしました。

米村

　ありがとうございます。私の提示した5要件に関して、十分な意義がある
というコメントをいただいたのは、大変ありがたいと思います。力を頂いた
という気がして非常に感謝しております。

　山本先生のお話の中で、一つぜひ伺いたいと思ったのは、平時には許容さ
れないけれども、パンデミック下において特別に正当化可能な情報利用とい
うのがあるのかどうかということです。先ほどのお話だと、そういうものが
あるという前提で、平時のルールとパンデミック時のルールは違うというお
話だったような気もするのですが、私自身は、平時で認められてない情報利
用がパンデミックだからという理由で認められるというのは、基本的にあま
り承認すべきではないと思っています。これは、緊急事態法制などとの関係
もあって、あまりそういうロジックで権利制約（侵害）を認めると際限がな
くなる、あるいは恣意的な運用を招いてしまうことに対する懸念があるから、
という部分が大きいのですけれども、その辺りについて、お考えがありまし
たらお聞かせいただきたいと思います。

山本

　ありがとうございます。この点は、堀先生のような専門家におうかがいし、

現場や実際の対策をもっと勉強しなければいけないところかなと思います。

　その上で、私が漠然とイメージしていたのは、平時では、特定個人をそこまで強く識別しなくても良いといいますか、さっきお話しした集合界のデータでも医学研究はある程度できる、もちろん完全に丸めてしまうと医学研究に使えなくなってしまうので、一定程度個人臭さを残しつつも、特定個人を識別できる状況でずっと追跡していくような形、要するに、誰だかわかりつつ追跡していくというのはしなくてもいい。平時の場合にはそういう形でいいのかなと思います。もちろん、本人がしっかりコントロールしながら、PHD（パーソナル・ヘルス・データ）のような形でやっていくということもあるのかもしれませんけれども、基本的にそうなのではないと。

　他方、パンデミックの場合には、個人の行動履歴——位置情報に関する議論も報告書の中で出てきましたけれども——のようなものも使わねばならない局面が出てくるかもしれない。ただ、それは極めて例外的な場合に限られて、個人を特定しながら追跡していくようなことは平時には許されないと考えられるわけですけれども、パンデミックの場合、そもそも特定個人の追跡が必要なのかどうかという比例性の議論を経たうえで、もし必要になるのであれば、それができるような法律上の根拠、それからそれをしっかり統制するようなガバナンスが必要になると思います。

　藤田さんはいかがでしょうか。要するに、パンデミックではアグレッシブなデータ利用というのが必要な場面、さっき比例性の観点で言っても許される局面はあるのかなと漠然と思っていたのですけど、いかがでしょう。

藤田

　パンデミック下では、今はとにかくその拡大を止めなきゃいけないということで必要性、緊急性を認めるベクトルはあると思うのですが、一方で、米村先生がおっしゃるように、あまり平時と区別する必要は必ずしもないというか、それこそ堀先生にご意見を伺った方がいいかもしれないのですが日常の中で常に感染症は存在していて、それと比較した場合、数が増えているという状況が把握できているに過ぎないという面もあるように思います。

宮田

堀さん、ちょっとお伺いしたいのですけど、エボラ出血熱とかになってくると、全く話は変わってきますよね。確か、"超重症感染症"みたいになってくると、個人の権利は相当制限されますよね。

堀

ええ。制限されます。でも同時に（プライバシーは）守られます。

宮田

そうですね。

堀

今回はみんなが、あの人はコロナだよねとか、私も家族もなっちゃったとか、個人情報を語る敷居をすごく下げちゃったことを心配しています。普段だったら、他人のことって、体調が悪くてお休み、くらいは言うけれど、え、何の病気？とかまでは探らないことがマナーになっていたのに。これ、すごくやばいなと思って。

宮田

そうですよね。堀さんにもお話いただいたのですけど、今回のコロナよりもさらに重症度、緊急度が高いエボラ出血熱とか、それに相当する感染症の場合は、もう私権も制限されるけれども、同時に生命、健康が守られるということですよね。その場合はやはり、その人の私権を制限しないと、本当に重大な公衆衛生上の不利益が多くの人に生じてしまう。でも、だからといってやはりプライバシーを晒していいという話ではないから、同時に本人のプライバシーも守る、というところにもバランスを取って設計していくと、そういうのはあり得るという話ですね。

米村

それはその通りだと思うのですよ。ただそれは、エボラの特性に合わせているだけで、別に緊急事態だからという話ではないと思うのですよね。コロナであれ、はしか（麻疹）であれ、結核であれ皆同じだと私は思っていて、

それぞれの感染症の特性に合わせた制度設計が必要で、感染症の特性に応じて権利制約の必要性が高くなる場合や、逆にそこまでの必要はないとされる場合はあっても、何か緊急事態だから権利制約を強くしてよい、という話ではないのでは、と思うのです。

宮田

なるほど、そういう意味では、多分山本先生のおっしゃりたいことにも繋がってくると思うのですけど、山本先生の主張は多分、平時に OK にしてなし崩し的にあらゆる場面で OK になっちゃうと、いわゆる権力装置の暴走が始まってしまうので、ある種の制限を課すための、例えばそのエボラとか何らの疾患だとか、その「緊急時」というものを定義した上で、いわゆるプライバシー等権利の保護要件のデザインを迅速にする必要があると。ただ、そのスピードが追いつくかどうかというところは、1つの課題なのでしょうが。

一度まとめると、いま山本先生がおっしゃったのは、いわゆる心ない権力者がそういうルールを使って濫用することを考える上での対策の一つが、この「緊急時」という定義ということだと思うのです。で、米村先生としては、「緊急時」という定義を濫用されてしまっては困るので、そこの線引きをどうするのだというところがあるのですけども、実態として、例えばエボラ出血熱だと思いきり個人の権利を制約するとともにプライバシーを保護するみたいな形の、ある種保護と制約というのを一体化した形でのその状況ごとの「緊急時」の線みたいなものがあって、やはりしっかり状況を見て、定義していくのがいいのではないかという、そういうお話でしたね。

だからその話は米村先生と山本先生とですごく近いところがあるのですけど、一方で、ではその適切な「緊急時」の線引きというのを本当に緊急の時に迅速にできるのかという、そこが課題としては残るかなというところで。

山本

ここは結構重要で、いわゆる緊急事態法制みたいな話ともかなり通ずるところですよね。

米村

そうです。「緊急事態」というのは基本的に定義できない、定義できないものは恣意的に運用される運命にあるというのが私の認識で、だからまずいという考えなのです。

山本

わかりました。もしかすると、「パンデミック」という言葉をレジュメで使ったのが良くなかったのかもしれません。かなり明確に、平時と線を引いている部分ですね。ただ、今回、コロナという1つの感染症のことが……なんて言うんでしょうね、コロナという感染症の"癖"がある程度わかったわけで、次にコロナが広がるときはもう、「緊急時」ではないというか、もう事前にわかっているわけですから、それを踏まえた上で、ある種のロードマップを描けると。その場合、「緊急時」というのは適切ではないのかもしれないわけですよね。

多くの感染症というのは、その実態といいますか、"癖"がある程度わかってきて、そういう意味で、それに対応する方法というのも事前にわかっているとすると、それをしっかり立法に落とすなりして、事前に対応していく、しっかり議論していくということが重要だと思います。この点は、米村先生のお考えと多分同じです。

宮田

そういう意味では、エボラだと、"局所制圧"みたいな感じで、局所的に、人権とプライバシーに保護と制限みたいなことをやるのですけど、コロナにおいて、日本のシナリオの中というのは、市中感染がこれだけ広がるというところに対してのシナリオは持ってなかったですよね。

で、それを「緊急時」という言葉でやるよりは、もうすでに山本先生がおっしゃったように実態はもうわかっているので、次はどういう形で、いわゆる制限と権利擁護のバランスを取るのかというのを、もう設計しておくべきタイミングなのでしょうね。

山本

はい、全くそういうことを言いたかったのです。

「緊急時」というものが本当にあるのかないのかというところは、もう少し真剣に議論しなければいけないことだと思います。

もはや我々にとって、地球に住む者にとっての「緊急時」とは、宇宙人が来たり、ゾンビが現れたりすることだけなのでは、と思うこともある。あらゆる感染症というのは、ある程度類型化でき、事前にある程度シナリオを作れるという意味では、本当に「緊急時」なのかと。そのように緊急時を限定的に捉えれば、宇宙人襲来のようなケース以外ないという風にも言えるかもしれないし、一方、医学的に本当に未知の感染症が出てきた時に、これまでのシナリオがそこに適用できるかということを考えると、もしかすると、まだ「緊急時」と言える場面はあるのかもしれないな、という気もします。

ただ、多くの場合、やはり事前にシナリオを想定して準備ができるし、それに対応するようなロードマップを立法化することはできるだろう、ということについては全く僕も同意するところです。

堀

違和感があるのは、もともと事前にシナリオとか練習はあったのです。こういう広がり方をするのは、急性呼吸器感染症以外ないのです。インフルエンザのように広がるということはわかっていて、最初は大騒ぎするけど、その後は定点観測にしていくと。おおよそのロードマップは2020年の最初の頃から見えていて、その通りにしてきただけなのです。

ただ、流行期は各地とも程度の差こそあれ、どこも大変になったので、地域を超えて助け合うことはできなかったです。みんなが大変だった。あと、頭に血が昇って騒いだ分の負荷がすごく大変だったというのも現場で思っています。

また同じような急性呼吸器感染症の流行が起こるので、備えたいと思います。

宮田

そういう意味では多分、インフルエンザ的なことは想定されていたのでし

ょうけど、海外のロックダウン相当までやるという選択肢までは持たない状況だったのでは？

堀

いや、あったのです。いろんな公共施設を閉めるとか、家にいてもらうみたいなシナリオはあったのですよ。あと、学校行けなくなったらいけないからオンライン学習、みたいな。

宮田

なるほど。そこまではあったと。

堀

はい。ただ、準備をしてなかった。本気でやってなかったです。

宮田

なるほど。まあでも、準備してなかったから、想定してないのと同じだったということですね。

堀

はい。個人・家庭でも食料備蓄をとか言われていましたけど、備えはどうでしたかね。

宮田

災害に対する備えは、多分、地震対策も含めて色々あるのでしょうけどね。感染症という観点からは、シナリオはあったけど、準備不足だったということ。

堀

いや、考えたくなかった。予算もかかるし、まだ起きないでしょそんなのすぐに、って。

宮田

なるほど。そこが問題の本質ですよね。多分、法律的な根拠を十分整理できず、議論そのものもできてなかった背景にそういうところがあるだろうと

いうことですかね。

米村

コロナ前から、新型インフルエンザ等対策特措法はありましたが、実際に動かす段になってこれは全然ダメだというのであちこち改正したわけです。例えば臨時の医療機関の規定も、当初は緊急事態措置の1つになっていましたので、緊急事態宣言下でしか設置できないような規定ぶりになっていました。ただ、それだと緊急事態宣言を終わらせると医療機関も終わらせなきゃいけなくなる。それではまずいので、平時でも置けるように緊急事態措置のところから動かしたのですよね。まあ仕方ないと言えば仕方ないのですけど、動かしながら色々あちこち調整して、みたいなことはかなりあったと思いますね。

宮田

新しくできた内閣危機管理統括庁の最初の大きな仕事は、そういう見たくないものと向き合いながら色々な整理をしていくことでしょうけどね。

藤田

今回のコロナでは、確かに、新型インフルとかSARS（重症呼吸器症候群）とか色々見ながら、多分想定はしていたけど準備はできてなかったということであったり、準備したはずのものが使われなかったとか、色々あったのは聞いていますけれども、とはいえ、準備しきれなかったところ、想定しきれなかったところというのもそれなりにある、と思っています。

ひとつは、多分感染症法自体が、感染者と濃厚接触者みたいな分類を前提に組まれていたけれど、今回のように、無症候感染が大量に広がるみたいなものというのは、この感染症法のイメージとしては元々なかったというところから、では今後どういう風にこの世の中の枠組みを変えていくか、例えば「病院に入院」という選択肢以外に「自宅待機」だとか何とかということをやれる仕組みというのはなかったなというところがあって……これは多分、今回学んだので次回以降に活かせる部分かなと思うのですけど。

それに限らず、新興感染症の場合は、先ほど山本先生から、ゾンビがとか、

異星人がという例えがありましたけど、多分、異星人だと外から来てもわかりやすいけど、ゾンビの場合ってむしろ感染症みたいなかたちで現れてくると思うので、そういう新しい、まだ何かわからないものが出てきた時に、いやゾンビほどのものじゃなかった、よかったねという話なのか、ゾンビだヤベー、みたいな話になるのかみたいな、見極めのやり方のようなところまでシナリオが本当に作れるのか、というような話になるのだろうな、ということを今回改めて思ったところです。

●論点3：感染症対策の現場での情報アプリの活用に向けて

米村

　次は3番目の論点ということで、「実際の現場での情報アプリの活用に向けて」ということで堀先生からお話をいただけますでしょうか。

堀

　はい、画面共有させていただきます。もうすでにお話したことは省略しようと思います。

　1枚目のスライド（図1）で言いたいことは、用語で言うと、「濃厚接触者」という言葉とかが、一般の人にも認知されて、その人たちに検査を進めるのだという、定義、症例定義、検査対象定義というのがあったのに、COCOAが準備のないまま入ってきました。威勢のいいことを言った首長が、みんな検査してあげるよとか口走ったため、全体スキームを混乱させた挙句、うまくいかなかったどころか、みんなに迷惑をかけたというレベルの事象が起きました。1番下に書きましたけど、結局それって、「情報ツールを使って、みんながなんとかできたらいいよね！」みたいな夢物語的な会話で、聞いていてすごくイラつきました。なんかこう、「人に対して何かをさせる」ということへの重みをあまり感じないなというのが、現場としてはとても嫌でしたね。ちょうど、クレームを直接受ける場所にいましたので。

　2枚目のスライド（図2）ですけど、これは、HER-SYSについて追加で言うことはですね、左側を見ていただきたいのですけど、「事後の個人情報

の削除が不明」というのは何か。これは最終的に患者さん本人も入力するような段階になった時に、患者さんから、「あんた、これいっぱい個人的なこと入れているけど、終わった後は消してくれるんだろうな？」と言われた時に、誰もそれがわからなくて困った、ということです。あと、港区とか新宿とかは本当に外国人が多かったので、日本語だけでは難しいよということです。

　3枚目（図3）は、私へのお題として、この評価、このアプリとか、このデータを使ったものが、感染症の情報収集や分析、あるいはコミュニケーションにどう役立てるかという、前向きな話をすべきと思いました。例えばコロナでは、必要性をCOCOAにしてもあまり感じなかったのですけど、空気感染の接触者をフォローする業務があるのですよ。1番は麻疹（はしか）ですね。その場にいた人、「あの時フードコートにいたのはあなたでしょ」と注意喚起したい感染症の筆頭が、麻疹ということです。あと、濃厚接触者の健康観察、特定の国で特定の行動をした人で、帰国後2週間何かしなくちゃいけないっていうのは、今後もグローバルな感染症危機管理で出てくる。

　他には、結核ですね。結核も、一定期間薬を飲んだり何度か検査をしてくださいというスケジュールを立てますので、忘れないためのアラーム機能ですよね、リマインドと兼ねて。そういったものがスマホなどでできたらいいなと思っています。実はこれ、部分的には存在するのですけど、データベースを作ったりするところには繋がってないと思うのですよ。もったいないなと思っています。"乱立"という感じです。

　最後が（図3下部）、私が国立保健医療科学院の最後の研究論文にした性感染症のコンタクトトレース（パートナー検査）の話なのですが、今、梅毒が増えています。その性感染症の接触者こそ、まさに検査をしてほしい人なのですけど、この連絡の手段が日本にはないのです。マニュアルもない。それで、海外はすでにネットとか、個人の連絡ツールを使っています[33]ので、

---

[33] 1. Pellowski J, Mathews C, Kalichman MO, Dewing S, Lurie MN, Kalichman SC. Advancing Partner Notification Through Electronic Communication Technology: A Review of Acceptability and Utilization Research. J Health Commun. 2016; 21(6): 629-637. doi: 10.1080/10810730.2015. 1128020

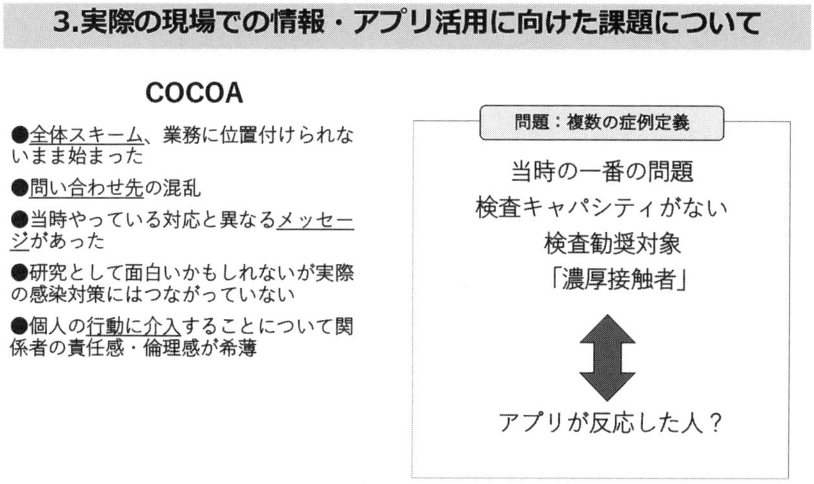

3.実際の現場での情報・アプリ活用に向けた課題について

COCOA

- 全体スキーム、業務に位置付けられないまま始まった
- 問い合わせ先の混乱
- 当時やっている対応と異なるメッセージがあった
- 研究として面白いかもしれないが実際の感染対策にはつながっていない
- 個人の行動に介入することについて関係者の責任感・倫理感が希薄

問題：複数の症例定義

当時の一番の問題
検査キャパシティがない
検査勧奨対象
「濃厚接触者」

アプリが反応した人？

図1

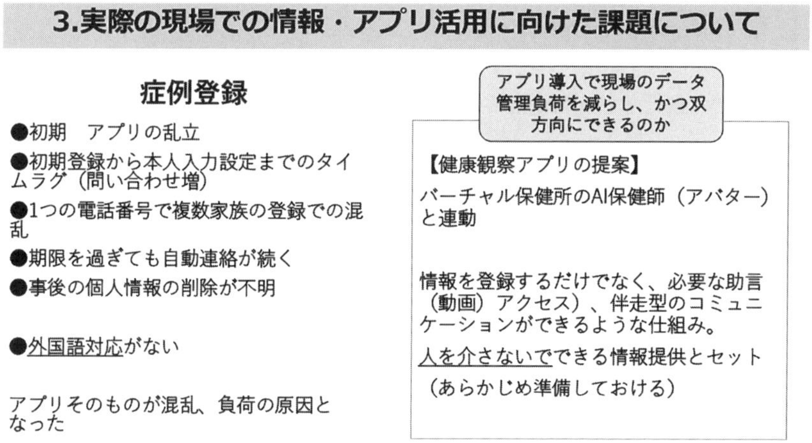

3.実際の現場での情報・アプリ活用に向けた課題について

症例登録

- 初期　アプリの乱立
- 初期登録から本人入力設定までのタイムラグ（問い合わせ増）
- 1つの電話番号で複数家族の登録での混乱
- 期限を過ぎても自動連絡が続く
- 事後の個人情報の削除が不明

- 外国語対応がない

アプリそのものが混乱、負荷の原因となった

アプリ導入で現場のデータ管理負荷を減らし、かつ双方向にできるのか

【健康観察アプリの提案】
バーチャル保健所のAI保健師（アバター）と連動

情報を登録するだけでなく、必要な助言（動画）アクセス）、伴走型のコミュニケーションができるような仕組み。
人を介さないでできる情報提供とセット（あらかじめ準備しておく）

図2

そういうものに使えたらいいのではないかな、今だったら、そうだそうだ！ってみんな言ってくれるのではないかなと思って。で、図3に示した「Suggestatest.nl」（現在は Partnerwaarschuwing.nl[34]）は、私が2012年にオランダに実際に調査に行った時にオランダではすでにこれを活用していました。右側の「inSPOT」[35]というのは北米で使われているのですけど、お互い

今後の情報・アプリ活用に向けて

麻しん　接触者への連絡
●空気感染
●接触者の健康観察、次の行動の案内

梅毒など性感染症の接触者への検査勧奨
Contact trace , Partner notification

Advancing **Partner Notification** Through Electronic Communication Technology: A Review of
Acceptability and Utilization Research
J Health Commun. 2016 Jun; 21(6): 629–637.

Suggestatest.nl
(現Partnerwaarschuwing.nl)

InSPOT

図3

匿名で出会ってセックスして、その匿名さん同士でも連絡し合えるという、
自分は誰かを明かさずに連絡もできるという画期的なものです。いたずらは
今のところ問題になっていないです。

　以上が、私が具体的にやれるのではないかと思った前向きな話で、ここか
ら話が変わって、内閣官房の内閣感染症危機管理統括庁と、もうすぐできる、
国立感染症研究所（感染研）と国立国際医療研究センター（NCGM）が合
併するもの[36]についてのお話を少しいたします（図4）。

　9月1日から、内閣の方、危機管理統括庁は始まっていて、3〜40人常勤
スタッフがいるのですけど、何しているか詳細は不明です。

---

[34] オランダの公衆衛生協会等により運営されている性感染症警告システム。性感染症を性交渉相
手に通知して検査を促すための通知サービス。

[35] 米国で非営利法人 Internet Sexuality Information Services, Inc. により2004年に開設された、匿
名のまま性感染症を性交渉相手に通知して検査を促すための e メールポストカードサービス。Deb
Levine, et al. "inSPOT: The First Online STD Partner Notification System Using Electronic
Postcards" PLoS Med. 2008 Oct; 5 (10): e213. doi: 10.1371/journal.pmed.0050213

[36] 「国立健康危機管理研究機構」という仮称がつけられており、NCGM の一部と感染研を母体に、
2025年以降に発足が予定されている。感染症対策について専門的な知見を内閣感染症危機管理統括
庁に提供することになっている。

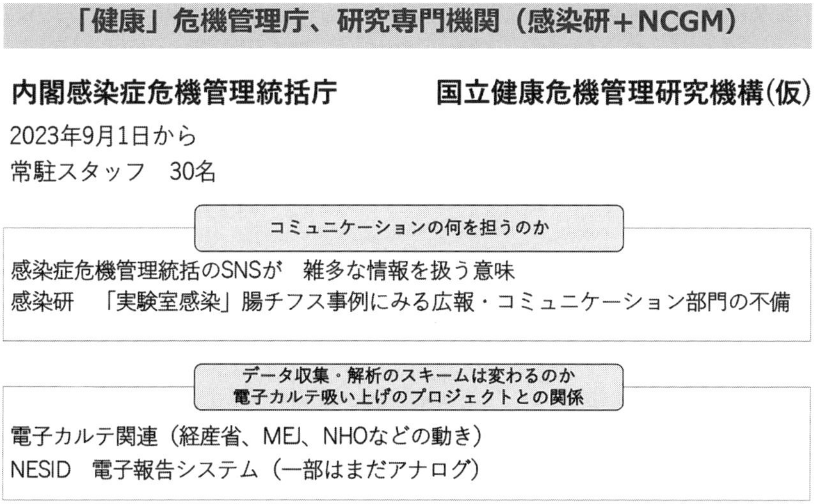

「健康」危機管理庁、研究専門機関（感染研＋NCGM）

内閣感染症危機管理統括庁　　　　**国立健康危機管理研究機構(仮)**

2023年9月1日から
常駐スタッフ　30名

コミュニケーションの何を担うのか

感染症危機管理統括のSNSが　雑多な情報を扱う意味
感染研　「実験室感染」腸チフス事例にみる広報・コミュニケーション部門の不備

データ収集・解析のスキームは変わるのか
電子カルテ吸い上げのプロジェクトとの関係

電子カルテ関連（経産省、MEJ、NHOなどの動き）
NESID　電子報告システム（一部はまだアナログ）

図4

　で、コミュニケーションが今のところうまくいってないので、情報集めるのはいいけど、その後どうするんだ？ というのが課題だと思いますが……例えば皆さんご存知ですか？　直近、8月に感染研の研究員が腸チフスに感染した件。9月29日、実験室感染を発表している[37]のですけども、これの伝え方とフォローアップがない。広報部門やコミュニケーション担当部門がいないと発信やコントロールができません。ですから、この新しい2つの組織が、国民に対して、あるいは専門機関に対して、どういうコミュニケーションになるのか、どんな戦略でやるのかというのか、まだ見えてこないです。

　情報収集については、スライドの下の方、電子カルテから情報を吸い上げるという試みがあって、コロナがきっかけで随分話が進みました。医療機関から保健所へ、そこから感染研で集約している疫学データ、NCGMが強みの臨床研究的なデータと、（経産省を中心とした）電子カルテ推進の動きはどのような接点・位置付けになるのかということです。

---

[37] 2023年9月29日、感染研は、チフス菌の検査などの業務にあたっていた研究者が同年8月、チフス菌に感染し腸チフスを発症した問題について、感染場所が感染研戸山庁舎（東京都新宿区）の実験室だったとの調査結果を発表した。

先行事例としての HER-SYS は、みんな、もうこの話なんてしたくないわ、みたいな空気になっていますけど、もともとあった情報収集の仕組みである NESID[38]も、今少しずつ電子報告システムに移行しています。ただ、アナログも残っているのですよ。今は混在状態です。それと、新しい組織ができて新しい疫学情報センターを作った時にどうなるのかは、まだよく見えません。

　ここから2枚は、補足ですけれども、図5（X（旧 Twitter）から引用）が、9月1日に看板をかけたのですけど、何をしているかを伝えてないで、何をしているかを伝えるはずの内閣、その危機管理統括庁の旧 Twitter、X がイケてないのです。換気をしようとか、コロナ関係の話しか書いてないんですが、ここでその名称でもある危機管理の話題がないのですね。初動としては失敗していると思います。情報を雑多に出すと、誰に何を伝えたいのかが見えなくなっていくからです。危機管理の情報部門なんだ……と伝わる必要があります。

　で、組織はこうなるそうです（図6。政府公表資料から引用）。そんな中、医療機関の人たちは、NCGM の病院としての機能はどうなるのかが気になるようですね。現在も、感染研と国立国際医療研究センターはそれぞれ職員を任期付きで募集している（図7。各機関の Web サイトから引用）。この人たちは、統合した時にどうするのか、これも移行期にはよくわかりません。

　この時点では情報を分析する人、さらにそれを社会にフィードバックする人というのはまだいない、が現況評価です。

　以上です。

米村

　ありがとうございました。それでは、皆さんからご自由にご発言いただければと思います。

---

38 感染症発生動向調査（感染症サーベイランス）システム（National Epidemiological Surveillance of Infectious Diseases：NESID）。感染症法に基づく医師・獣医師の届け出や、国内の感染症に関する情報の収集、公表、発生状況および動向の把握を行うシステム。なお、HER-SYS とは全く別である。

図5

宮田

堀さん、ありがとうございました。トップが警察庁の人[39]だからか、トップダウンで何かするぞ、という雰囲気だけしか伝わってこないですよね。

とにかく何かやる、でも内容はよくわかってない、みたいな何かそういう感じの編成なのですけど。NCGMは今まで感染症以外のこともやってきた[40]のですけど、完全に全部そこに入っちゃうということなのですか？

---

[39] 2022年9月1日に設置された内閣感染症危機管理統括庁で、事務方のトップである内閣感染症危機管理監には、元警察庁長官の栗生俊一・内閣官房副長官が兼任で就任した。また、ナンバー2である危機管理監補には、元財務省キャリア（国税庁長官）の藤井健志・内閣官房副長官補、活動の主軸となる内閣感染症危機管理対策官には迫井正深・厚生労働省医務技監がそれぞれ兼任で就任している。

[40] 戦前の東京第一陸軍病院を引き継いだ国立東京第一病院等を母体とするNCGMは、母体を継承する直轄病院のほか、旧国府台陸軍病院時代から精神科医療を中核とする国立国府台病院も引き継いで現在2つの病院を有し、感染症やその対策に関する研究、国際医療協力を行う部署のほかにも、糖尿病・代謝内科分野の研究、各国立高度医療研究センター（ナショナルセンター）連携に関する事務、看護教育（国立看護大学校）等を行っている。

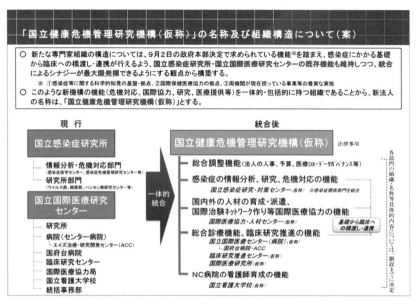

図6

堀

　公開資料にも、医療機関としてどうなるか、今と変わるのかは書かれていません。

　もともと国立病院は何度も制度や組織変更がありました。現在のナショナルセンターは、例えば国立がん研究センターはがん治療、国立成育医療研究センターは小児疾患、大阪の国立循環器病研究センターは循環器疾患、とそれぞれ"売り"があります。NCGM は名称も「国際」でグローバル感染症や国際協力の発信や事業もしていますけど、通常の病院の機能もあるわけです。そこがどうなっていくのかがまだわからないということです。

宮田

　そうですよね。

堀

　病院になぜ国際医療協力部門があるのか、それは JICA と同じではダメな

2023年9月30日　職員募集　状況

参考

国立感染症研究所　　　　　　　　　　　　　　**国立国際医療研究センター**

職名	募集部署	応募締切日	募集人数	備考
任期付研究員	感染症危機管理研究センター第五室（若手育成型）	令和5年11月7日	若干名	詳細情報
任期付研究員	感染症危機管理研究センター第五室（主任研究官クラス）	令和5年11月7日	若干名	詳細情報
室長	感染症疫学センター第三室	令和5年10月10日	1	詳細情報
任期付研究員	感染症危疫学センター第四室・第五室・第六室（若手育成型）	令和5年10月10日	5	詳細情報
任期付研究員	感染症危疫学センター第四室・第五室・第六室（主任研究官クラス）	令和5年10月10日	若干名	詳細情報
任期付研究員	感染症危機管理研究センター第二室（若手育成型）	令和5年10月6日	若干名	詳細情報
任期付研究員	感染症危機管理研究センター第二室（主任研究官クラス）	令和5年10月6日	若干名	詳細情報

国立国際医療研究センター欄：

2023年8月24日　国際感染症センター特任研究員（臨床研究担当、非常勤職員）募集

2023年8月22日　国際感染症センター特任研究員（国際感染症危機管理関連、非常勤職員）募集

2023年8月4日　AMR臨床リファレンスセンター特任研究員（医師・非常勤）募集

2023年8月4日　医療情報基盤センター（任期付常勤）上級研究員募集

2023年8月2日　臨床研究支援部門臨床研究コーディネーター（常勤職員）募集

2023年8月2日　医療情報基盤センター　事務助手（非常勤職員）募集

図7

のか、予算の無駄だ、統合できないのかという話はこれまでにもありました。

宮田

なるほど。だから、JICA に吸収される分と感染研に吸収される部分で。

堀

まさに先生がご指摘された他の機関、糖尿病センターや、AIDS センターなど結構頑張っているところが他にもあるのですが、それはどうなるのか資料にはありません。無くしてしまうことはないとは個人的には思いますが。

宮田

なるほど。すみません、ちょっと余談になってしまいました。

米村

いえいえ。いかがでしょう、他に。

宮田

新しい対策、危機管理統括庁というガバナンスそのものが何を実現していくのかというところはまだまだ未知数ですし。法改正に関しては、少なくとも人員を見る限り彼らのターゲットには入ってなさそうだという感じですよね、今見ると。

堀

統括庁常勤の3〜40人の方はふだん何をしているのか知りたいです。発足からもう1ヶ月経ったので。この期間、グローバルな感染症の話題もありました。国内でも、先ほども述べたように感染研の職員が実験室感染で腸チフスという、実はリスクの高い事案も発生しました。感染研は臨床検査機関として登録されていないので、施設の安全管理レベルをチェックするのは東京都や新宿区ではなく、厚生労働省です。臨床検査機関として登録されていたら、最初から保健所が介入するのですが。

でも、国が監督しているはずのところで、職員が感染？それは実験室のバイオセーフティレベル[41]の問題ではないか？安全管理はどうなっているんだ！と疑問を持たれます。ニュースにもなりましたし、近隣の方含め一般の人も不安に思っている点について1か月間説明はなく、審議会報告のような情報がpdfで出ただけで。

当時X（旧Twitter）で見ていたら、「第2の武漢ウイルスだ！」と叫んでいる人が何人もいたのですよ、危険な病原体が漏れた！と。実際には状況

---

[41] BioSafety Level：BSL。病原体等のリスク及び、それらに応じた検査・実験施設のリスク封じ込めレベル。4段階あり、エボラウイルスなど、最も危険な病原体等はBSL4相当となる（国立感染症研究所病原体等安全管理規程別冊1「病原体等のBSL分類等」）。衛生研戸山庁舎は、BSL2に対応した検査・実験施設を有している（前掲書によるとチフス菌はBSL2相当）。

は違ったわけですが、ではどう違うのか、違ったとして問題は何なのか？をなるべく早く伝えないといけなかったと思います。

宮田

そうですよね。

堀

組織ができても増えても、こういったことがハンドルできてないと、リスク管理やコミュニケーション対応をしているとはいえないことが課題だと思います。

宮田

うん、わかりました。ありがとうございます。

米村

この感染症危機管理統括庁って、コロナのことを専門にやるのですか。

堀

違います。

米村

そうですよね。なぜコロナの話ばかりしているのでしょうか？

堀

コロナの情報しか投げてないです。書いている人がただの委託先なのか、よくわからない、コミュニケーションがなんだかわからない人がやっているように見えます。

　誰がポスティングしているのでしょうかね……。それを言ったら、東京都のiCDC[42]もそうなのですけど、え？コロナばかりやっているけど、それ以

---

[42] 東京都保健医療局・東京感染症対策センター（Tokyo Center for Infectious Diseases Prevention and Control：東京iCDC）。東京都が2020年10月、「感染症に関する政策立案、危機管理、調査・分析、情報収集・発信など、東京都における感染症対策を担う常設の司令塔」として設置した。米国の疾病予防管理センター（CDC）や欧州連合（EU）、台湾の類似機関をモデルにしている。

外はどうしたの？みたいな。

米村

　そうですよね。

堀

　だから、今回ここで皆さんがお話しされていること、積極的にデータをもっと取っていった方が日本の感染症対策はしっかりやれると思います。プライバシーのこととかはもちろん専門家に整理していただいて、私はデータの利活用をもっと推進したいです。患者さんたちも、ぜひ役に立ててくださいよ、というお考えの方が多いです。ちゃんと守っていただいているとわかればいいのです。

米村

　そうですよね。

堀

　そして、お医者さんは、僕たちに入力させるのはやめてくださいよ、と思っている。

米村

　だから、デジタルデータ云々ということだけじゃなくて、そもそも感染症にどう向き合うかの基本的ストラテジー（戦略）が全然決まってないのだと思います。腰が定まってないのに、枠組みだけ作って、これで何かしたことにしようという、非常に姑息なやり方をしているようにしか見えません。

堀

　そうですね。あと、コロナ直後に威勢よく持って来た人件費とかって、途中途中で削られているようです。減額になりました。

　かわいそうですね。本当に、現場が。

米村

　枠組みの話もいいのですが、感染研がコロナ対策においてどれだけの寄与

をしたのかという点を、もう少しきちんと検証してほしいと、私個人は思っています。

　私は結構ドイツのことを調べているのですが、ドイツだとロベルト・コッホ研究所（RKI）[43]というところが、かなり積極的に行政、政府に対して情報提供をしています。というか、ほとんどRKIが主要な感染症対策を決めていたようなところがあるのです[44]が、どういう形の情報をどのように出したかというようなことは、原則としてすべて公表されています。だから、RKIが間違って、政府の政策が間違ったというようなことが起これば、それはもう誰が見ても明らかな事実として、検証可能な状態に置かれているわけです。それはそれで非常に透明性が高くていいと思うのですが、日本では感染研が何を言って、政府のどの政策に反映されたのかということが、全く分からないのです。ほとんど全く公表されていません。

堀

　あと、「遅い」のですよ。海外ではすぐに出てくるようなものが、日本では正式に出してくるのが結構時間が経ってから。

　みんな、なぜ今頃出すのだろうと思っているから、読んでくれなくなっちゃうのですけど。本当はもっと早く出来上がっていたのだけど、役所内で関係部署に回しているうちにホールドされたり、いろんなことがあって止まっちゃうんですね。それはずっと変わらない印象です。

米村

　結局、お役所なのですね。

---

[43] Robert Koch Institut（RKI）。ドイツの国立公衆衛生研究機関。旧プロイセンの感染症研究所として1891年設置。名称は、初代所長で細菌学の世界的権威ロベルト・コッホ博士にちなむ。現在は連邦保健省の附属機関。本部をベルリンにおき、施設は4か所、スタッフは約1,100名。

[44] 米村滋人・宮台真司・神保哲生「安倍・菅政権のコロナ対策はどこに問題があったのか」ビデオニュース・ドットコム「マル激トーク・オン・ディマンド」第1065回、2021年09月04日配信分、米村滋人（インタビュアー：望月衣塑子）「日本のコロナ対策の問題点」Amazon Exclusive「JAM THE WORLD - UP CLOSE」2021年9月15日配信分。また、ドイツのコロナ対策と法改正についての詳細な研究として、横田明美（本研究プロジェクト社会対話グループ「スマホのある生活のELSIを考える」ワーキンググループ（注46）メンバー、明治大学法学部専任教授（行政法））『コロナ危機と立法・行政―ドイツ感染症予防法の多段改正から』（弘文堂、2022年）などがある。

ちょっとその感染研のやり方のままで危機管理統括庁などの仕組みを作っても、何もできないのではないかという気が個人的にはしますね。

堀

そうですね。誰かすごい人が現れて、バッサリと変えていくのかわからないですけど、今の、これじゃあちょっと無理ですねと言いたくなる状態、あと、任期付きで1年しか雇いません、みたいな不安定な身分だと、やはり若い人がそこにチャレンジできないですよね。

米村

なるほど。

堀

ただ、ラボの偉い人は破格の値段で雇うということが書かれています。だから、海外のすごい研究者、ノーベル賞クラスの人とかを雇うならいっぱいお給料払っていいよ、という一文は入っています。

それはラボだけですけどね。以上です。

藤田

堀さん、ありがとうございます。提言の中でも、最後のところで、こういう、国民とのコミュニケーションをもっとやれと言っていて、実際X（旧Twitter）を見ると、確かに素敵なイラストと動画を作ることには予算かけたね、みたいな感じになっていて。

堀

コロナしかない。単に予算を使っただけです。東京都も同じ感じです。

藤田

確かにこれはコミュニケーションの部分だから、その部分だけ弱いのかなと思って、ホームページの方も見たら、中身も確かに全然コロナのことしか見てない。

何のためにこの内閣危機管理統括庁を作っているのかというところがいまいちちゃんとできていなくて、今のこの議論にあったように、ではその感染

研の機構が完全に移行してきても、これではうまくいかないんじゃないかしら、みたいな感じがすごく漂っていますね。

堀

どうなるのでしょう。来年以降、不安です。

藤田

ここはせっかくなので、我々からも提言を色々入れた方がいいなと思ったところですね。あまり発展的なコメントじゃないですが。

米村

でも、確かに我々の提言は、法的・倫理的課題を検討すると言いつつ、プライバシーとの関係でこういう情報利用の仕組みを作ることが許されるかどうか、というような実体法的な話ばかりしているのですけど、それを日本の医療システムや行政機構の中でどのように動かしていくのかという、今日の最初の論点でも問題になった話についても重要で、やっぱりその辺りも一言言った方がいいのではないでしょうか。

宮田

そうですね、言及はあった方がいいでしょうね。読んでいる人たちがより理解しやすいと思うので。ELSI[45]はやっぱり、当該専門家以外なかなか掴みどころがないですよね。

だから、それが各々の分野に何を及ぼすのかというのは、やはり、先生方、専門家側から少しこう、関わり代（しろ）というのか、それを見せた方が引っかかりやすいと思います。

---

45 Ethical, Legal and Social Implications (Issues) の略。倫理的、法的及び社会的側面の課題、及びそれらに関する学術的研究を指す。DNA の二重螺旋構造の発見者の一人である米国の分子生物学者でノーベル賞受賞者のジェームズ・ワトソン（James Dewey Watson）博士が1988年に、米国のヒトゲノム研究計画にあたり、倫理的・法的・社会的側面の課題に関する研究に特化した予算の確保を提案したのが始まりとされている。最近は、これに Economical（経済的側面）と Environmental（環境的側面）を加えて、E3LSI とも呼ばれる。

藤田

あと、尾藤誠司先生（国立病院機構東京医療センター。本研究プロジェクト社会対話グループリーダー）の方でやっているワーキンググループ[46]でも、そういう手続き論もやろうという話もしていたので、うまくちょっとそちら側の議論も合わせて、今の話と、その現実に動いている危機管理庁の話とでなるべく盛り込めるようにしたいと思います（第1部2. 参照）。

おわりに

米村

最後に、お1人ずつコメントをいただけますでしょうか。

宮田

ありがとうございます。我々も、今回のパンデミックを客観的に見るということだけではなく、当事者でもあるというのか、ここからどういうアクションをして、その次のことが起こった場合に何ができているかについても、やはり、ある種専門家としての責任があるところだと思うので、今回のこの提言を誰に伝えて、それにどういう議論を継続的に積み上げていくのかということも含めて、ぜひ米村先生を軸に、色々一緒に貢献できればいいなと思います。よろしくお願いします。

山本

本日はありがとうございました。熱い議論ができるのではないかと思っていましたけど、予想以上でした。今回感染症対策としてのデータ利用について議論したわけですけれども、おそらく、それに固有の問題もあれば、例えばマイナンバーの問題であるとか、実は一般的なプライバシー問題に関連する議論もできたのではないかと思います。

要するに、カルチャーというか、プライバシーへの向き合い方みたいなと

---

46 「スマホのある生活のELSIを考える」ワーキンググループ。本研究プロジェクトの社会対話グループの下で発足。2023年9月24日にオンラインパネルディスカッションを実施し、提言をまとめる。成果の一部は「スマホ生活のELSIを考える」Webサイト（https://sumahotoelsi.jp/）で公表。

ころが、実は根本的に問われているような気もするのです。こういった報告書も含めて、しっかり発信をしていく。プライバシーに対する非常にバイアスのかかった見方が、日本だとずいぶん強いような気がするので、そのあたりのカルチャーを変えるぐらいの勢いで今後議論していかないと、次もまたきっと同じことが起きる、という気がしてきました。以上です。ありがとうございました。

堀

今回は色々関わらせていただきありがとうございました。

私は、現場では、日本はなぜ技術国とか金持ちとか言われていたのに、韓国、台湾、シンガポールのように事が整わないのか、といつも思っており、でも自分にも責任があるなと思っているので、今後もお手伝いさせていただけることがあればさせていただきたく、また皆さんと共有できればと思います。ありがとうございました。

藤田

今日はどうもありがとうございました。大変勉強になりました。山本先生から、日本人から見て、このプライバシーというのが、鵺的に、よくわからないものとされているという話があって、今回の提言、報告書、米村先生から出された実体的な要件というもので、その妖怪の姿が見えてきた、という方向に繋がっていくといいなと思っております。こういった感染症対策をやっていくにあたって、比較衡量するといっても、どうしても「プライバシー」がわからないから、何も比較できないみたいなことが起こっていたところに、もう少しこの枠組みを捉えられて、では対抗する利益であるところの「感染症対策」、実はここもよくわからない、さっきのゾンビの例えのように状況がわからない部分もあるので、これまではちょうど化け物対化け物みたいになっていたところが、もうちょっと、感染症は感染症医学ですごくわかってきて、法的にもこのプライバシーという議論がわかってくるというところが、うまく統合されていって、ちゃんと比較衡量が適時にできていくという、そういう仕組みになるといいなと改めて思いました。

今日はありがとうございました。

米村

　ありがとうございました。最後に私から皆様へのお礼を兼ねて、コメントさせていただきたいと思います。

　先ほど山本先生からもありましたが、思いのほかに面白い議論ができて、私も本当にありがたかったと思っております。頂いたご意見を踏まえてもう一回考え直しますと、この問題は、日本の色々な側面の問題を集約したような形になっていて、行政の問題もあり、政治の問題もあり、社会全体のデジタル化の問題もあり、もちろんそれらの中に法的な問題も含まれるわけですが、そういった様々な問題が積み重なって、しかし一部は問題があるということすら認識されず、きちんと解決されないまま今に至ってしまっていたことが、パンデミックにおいてこれだけの混乱状況を引き起こしたように思います。COCOAに関しても、同様の背景から、多額の予算を投じたにもかかわらずうまく機能せず、感染症に対する十分な対策にならなかったわけですし、今回の経験を踏まえて「次」に備えるということも本当にできているのかどうかは疑わしいという、今の状況に繋がっているように思います。

　今回の我々のミッションは、携帯端末を使った感染症対策という問題なのですが、今日の議論で明らかになったように、他に共通の背景から生じている日本の問題は多岐にわたっており、そういったさまざまな問題を一体的に改善できるような、何かしら新しい方向性を打ち出していくということが今後は必要なのではないか、ということを思った次第です。

　この研究プロジェクトが終わってからもまた是非、皆様と一緒にこういった方向の話をさせていただける機会があれば私も大変嬉しく思っておりますので、どうぞ引き続き今後ともよろしくお願いいたします。

　今日は、お忙しい中お時間をいただきまして、本当にありがとうございました。これで座談会を終了させていただきたいと思います。

全員

　ありがとうございました。

【執筆者・座談会参加者リスト】

奥村　貴史　（おくむら　たかし）

北見工業大学工学部教授・保健管理センター長

1998年慶應義塾大学大学院修了、2007年旭川医科大学医学部医学科卒業、同年ピッツバーグ大学より博士号（計算機科学）を取得。2009年より厚生労働技官として国立保健医療科学院に勤務した後、2018年度より北見工業大学教授・保健管理センター長。公衆衛生情報学の研究教育、診断支援用人工知能の研究開発、医療用情報技術政策の政策評価に取り組む。

主要著作：K. Ando, T. Okumura, M. Komachi, H. Horiguchi, and Y. Matsumoto, "Is Artificial Intelligence Capable of Generating Hospital Discharge Summaries from Inpatient Records?", *PLOS Digital Health* 1 （12）: e0000158, 2022.

T. Okumura, "Tracing infectious agents with mobile location information: A simple and effective countermeasure against epidemic risks", *2019 IEEE Global Humanitarian Technology Conference （GHTC 2019）*, Oct 2019.

T. Okumura, B. Childers, and D. Mosse', "Running a Java VM Inside an Operating System Kernel", *The 2008 ACM SIGPLAN/SIGOPS International Conference on Virtual Execution Environments （VEE 2008）*, Mar 2008, pp.161–169.　など。

坂下　哲也　（さかした　てつや）

一般財団法人日本情報経済社会推進協会常務理事

駒澤大学文学部卒。海外で OS 開発などに携わった後、2003年財団法人データベース振興センターに勤務し、2015年より現職。

主要著作：「信頼に基づくデータ流通の基盤に関する考察―情報銀行などの取組みを題材にして」（『デジタル化社会における新しい財産的価値と信託』（商事法務）所収）など。

佐藤　大介　（さとう　だいすけ）

藤田医科大学大学院医学研究科教授

2004年慶應義塾大学総合政策学部卒業、2012年東京医科歯科大学大学院医療政策情報学分野博士課程修了。博士（医学）（東京医科歯科大学）。東京大学医学部附属病院助教、国立保健医療科学院主任研究官、千葉大学医学部附属病院特任准教授を経て現職（病院経営学・管理学専攻）。第8次医療計画や地域医療構想に関する政策研究のほか、医師を対象とした病院経営学専門職大学院の教育プログラムの開発・教育を行っている。

主要著作：『1からの病院経営』（共著：碩学舎）、『医良戦略2040－2040年の医療を生き抜く13の戦略』（共著：ロギカ書房）、"Databases for Pharmacoepidemiological Research"（共著：Springer）など。

高橋　郁夫　（たかはし　いくお）

株式会社 IT リサーチ・アート代表取締役、弁護士

情報セキュリティ／電子商取引の法律問題、特に、脆弱性情報の責任ある流通体制・ネットワークにおけるプライバシーとセキュリティのバランスなどを専門として研究する。法律と情報セキュリティに関する種々の報告書に関与し、多数の政府の委員会委員（総務省「次世代の情報セキュリティ政策に関する研究会」など）を務める。2012年3月、情報セキュリティ文化賞を受賞。

主要著作：『シン・経済安保』（共著：日経 BP）、『即実践！！電子契約』（共著：日本加除出版）、『デジタル法務の実務 Q&A』（共著；日本加除出版）、『デジタル証拠の法律実務 Q&A』（共著；日本加除出版）、『仮想通貨──技術・法律・制度』（共著：東洋経済新報社）など。

尾藤　誠司　（びとう　せいじ）

医療法人財団慈生会野村病院診療部、国立病院機構（NHO）東京医療センター臨床研究センター

1965年愛知県生まれ。　1990年岐阜大学医学部卒業後、国立長崎中央病院、NHO 東京医療センター等を経て現職。　1995 ～ 1997年 UCLA 留学。臨床疫学を学びながら医療と社会とのかかわりについての研究活動を行う。

主要著作：『患者の意思決定にどう関わるか？──ロジックの統合と実践のための技法』（医学書院）、『医者の言うことは話半分でいい』（PHP 研究所）など。

藤田　卓仙　（ふじた　たかのり）

東京財団政策研究所主席研究員、慶應義塾大学医学部特任准教授、名古屋大学情報連携推進本部特任准教授

2006年東京大学医学部卒業、2011年東京大学大学院法学政治学研究科修了。世界経済フォーラム第四次産業革命日本センタープロジェクト長等を経て、2024年から現職。専門は医事法、医療政策、特に医療 AI やオンライン診療も含む、医療情報の取り扱いに関する法制度や倫理。社会的活動として、内閣官房「接触確認アプリに関する有識者検討会合」委員、日本整形外科学会倫理委員会委員等。

主要著作：『認知症と情報』（編著：勁草書房）、「医療・医学研究における個人情報保護法の解釈と課題」（『医事法講座第 9 巻・医療情報と医事法』（信山社）所収）、「医療 AI の倫理」（『次世代医療 AI：生体信号を介した AI との融合』（コロナ社）所収）など。

【執筆者・座談会参加者リスト】

奥村　貴史　（おくむら　たかし）

北見工業大学工学部教授・保健管理センター長

1998年慶應義塾大学大学院修了、2007年旭川医科大学医学部医学科卒業、同年ピッツバーグ大学より博士号（計算機科学）を取得。2009年より厚生労働技官として国立保健医療科学院に勤務した後、2018年度より北見工業大学教授・保健管理センター長。公衆衛生情報学の研究教育、診断支援用人工知能の研究開発、医療用情報技術政策の政策評価に取り組む。

主要著作：K. Ando, T. Okumura, M. Komachi, H. Horiguchi, and Y. Matsumoto, "Is Artificial Intelligence Capable of Generating Hospital Discharge Summaries from Inpatient Records?", *PLOS Digital Health* 1（12）: e0000158, 2022.

T. Okumura, "Tracing infectious agents with mobile location information: A simple and effective countermeasure against epidemic risks", *2019 IEEE Global Humanitarian Technology Conference*（GHTC 2019）, Oct 2019.

T. Okumura, B. Childers, and D. Mosse', "Running a Java VM Inside an Operating System Kernel", *The 2008 ACM SIGPLAN/SIGOPS International Conference on Virtual Execution Environments*（VEE 2008）, Mar 2008, pp.161-169.　など。

坂下　哲也　（さかした　てつや）

一般財団法人日本情報経済社会推進協会常務理事

駒澤大学文学部卒。海外でOS開発などに携わった後、2003年財団法人データベース振興センターに勤務し、2015年より現職。

主要著作：「信頼に基づくデータ流通の基盤に関する考察―情報銀行などの取組みを題材にして」（『デジタル化社会における新しい財産的価値と信託』（商事法務）所収）など。

佐藤　大介　（さとう　だいすけ）

藤田医科大学大学院医学研究科教授

2004年慶應義塾大学総合政策学部卒業、2012年東京医科歯科大学大学院医療政策情報学分野博士課程修了。博士（医学）（東京医科歯科大学）。東京大学医学部附属病院助教、国立保健医療科学院主任研究官、千葉大学医学部附属病院特任准教授を経て現職（病院経営学・管理学専攻）。第8次医療計画や地域医療構想に関する政策研究のほか、医師を対象とした病院経営学専門職大学院の教育プログラムの開発・教育を行っている。

主要著作：『1からの病院経営』（共著：碩学舎）、『医良戦略2040－2040年の医療を生き抜く13の戦略』（共著：ロギカ書房）、"Databases for Pharmacoepidemiological Research"（共著：Springer）など。

高橋　郁夫　（たかはし　いくお）

株式会社 IT リサーチ・アート代表取締役、弁護士

情報セキュリティ／電子商取引の法律問題、特に、脆弱性情報の責任ある流通体制・ネットワークにおけるプライバシーとセキュリティのバランスなどを専門として研究する。法律と情報セキュリティに関する種々の報告書に関与し、多数の政府の委員会委員（総務省「次世代の情報セキュリティ政策に関する研究会」など）を務める。2012年3月、情報セキュリティ文化賞を受賞。

主要著作：『シン・経済安保』（共著：日経 BP）、『即実践！！電子契約』（共著：日本加除出版）、『デジタル法務の実務 Q&A』（共著；日本加除出版）、『デジタル証拠の法律実務 Q&A』（共著；日本加除出版）、『仮想通貨―技術・法律・制度』（共著：東洋経済新報社）など。

尾藤　誠司　（びとう　せいじ）

医療法人財団慈生会野村病院診療部、国立病院機構（NHO）東京医療センター臨床研究センター

1965年愛知県生まれ。 1990年岐阜大学医学部卒業後、国立長崎中央病院、NHO 東京医療センター等を経て現職。 1995 ~ 1997年 UCLA 留学。臨床疫学を学びながら医療と社会とのかかわりについての研究活動を行う。

主要著作：『患者の意思決定にどう関わるか？―ロジックの統合と実践のための技法』（医学書院）、『医者の言うことは話半分でいい』（PHP 研究所）など。

藤田　卓仙　（ふじた　たかのり）

東京財団政策研究所主席研究員、慶應義塾大学医学部特任准教授、名古屋大学情報連携推進本部特任准教授

2006年東京大学医学部卒業、2011年東京大学大学院法学政治学研究科修了。世界経済フォーラム第四次産業革命日本センタープロジェクト長等を経て、2024年から現職。専門は医事法、医療政策、特に医療 AI やオンライン診療も含む、医療情報の取り扱いに関する法制度や倫理。社会的活動として、内閣官房「接触確認アプリに関する有識者検討会合」委員、日本整形外科学会倫理委員会委員等。

主要著作：『認知症と情報』（編者：勁草書房）、「医療・医学研究における個人情報保護法の解釈と課題」（『医事法講座第 9 巻・医療情報と医事法』（信山社）所収）、「医療 AI の倫理」（『次世代医療 AI：生体信号を介した AI との融合』（コロナ社）所収）など。

堀　成美　（ほり　なるみ）

感染対策ラボ代表、看護師・感染対策コンサルタント

病院看護師から国立感染症研究所実地疫学専門家養成コース（FETP）9期、看護大教員、国立国際医療研究センター（NCGM）感染症対策専門職を経てフリーランス。

主要著作：『ねころんで読める性感染症』（共著：メディカ出版）、『感染症疫学ハンドブック』（共編：医学書院）、「若年女性における梅毒流行は問題なのか？―課題解決へのアクションを」日本エイズ学会誌20巻15頁、「HIV感染症診療におけるパートナー健診の現状と促進・阻害因子の検討」感染症学雑誌85巻166頁（共著）、「新型コロナウイルスパンデミックにおける健康危機管理用情報システム過剰なトップダウンが引き起こしうる逆説的状況と教訓」情報処理学会論文誌63巻3号725頁（共著）など。

溝端　俊介　（みぞばた　しゅんすけ）

TMI総合法律事務所京都オフィス　弁護士

2016年東京大学法学部卒業、2018年東京大学法科大学院修了、2019年12月弁護士登録。ヘルスケアや金融等に関する領域を含むデータ関連法務や、FinTechを含む金融法務を専門としている。

主要著作：「不法行為法におけるプライバシー ―その権利性と受忍限度―」東京大学法科大学院ローレビュー第14巻、「学校法人における個人情報保護の実務対応②・③」学校法人2021年7月号・8月号（共著）、『プライバシーポリシー作成のポイント』（共著：中央経済社）、『Cookieポリシー作成のポイント』（共著：中央経済社）など。

宮田　裕章　（みやた　ひろあき）

慶應義塾大学医学部教授

2003年東京大学大学院医学系研究科健康科学・看護学専攻修士課程修了。博士（保健学）（東京大学）。早稲田大学人間科学学術院助手、東京大学大学院医学系研究科医療品質評価学講座助教を経て、2009年4月東京大学大学院医学系研究科医療品質評価学講座准教授、2014年4月同教授、2015年5月より現職（医療政策・管理学教室）。2025日本国際博覧会（大阪・関西万博）テーマ事業プロデューサー、厚生労働省データヘルス改革推進本部アドバイザリーボードメンバーなどを兼ねる。

専門はデータサイエンス、科学方法論、Value Co-Creation。データサイエンスなどの科学を駆使して社会変革に挑戦し、現実をより良くするための貢献を軸に研究活動を行う。専門医制度と連携し5000病院が参加するNational Clinical Database、LINEと厚労省の新型コロナ全国調査など、医学領域以外も含む様々な実践に取り組む。同時に、アカデミアだけでなく、行政や経済団体、NPO、企業など様々なステークホルダーと連携して、新しい社会ビジョンを描く。

主要著作：『データ立国論』（PHP研究所）『共鳴する未来』（河出書房新社）、『DX進化論　つながりがリブートされた世界の先』（共著：エムディエヌコーポレーション）など。

山本　龍彦（やまもと　たつひこ）

慶應義塾大学大学院法務研究科教授・慶應義塾大学グローバルリサーチインスティテュート（KGRI）副所長

専門は憲法学、情報法学。慶應義塾大学法学部卒業。同大学院法学研究科博士課程単位取得退学。博士（法学）（慶應義塾大学）。ワシントン大学ロースクール客員教授、司法試験考査委員などを歴任。現在、内閣府消費者委員会委員、デジタル庁・経済産業省「国際データガバナンス検討会」座長、総務省「デジタル空間における情報流通の健全性確保の在り方に関する検討会」座長代理などを務める。

主要著作：『〈超個人主義〉の逆説―AI社会への憲法的警句』（弘文堂）、『デジタル空間とどう向き合うか』（日経BP）、『AIと憲法』（日本経済新聞出版社）など。

米村　滋人（よねむら　しげと）

東京大学大学院法学政治学研究科教授

2000年東京大学医学部卒。東大病院等に勤務の後、2004年東京大学大学院法学政治学研究科修士課程修了。日本赤十字社医療センター循環器科勤務を経て、2005年より東北大学大学院法学研究科准教授。以後、法学の教育・研究を行う傍ら、循環器内科医として診療にも従事。2017年より現職。専門は民法・医事法。

主要著作：『医事法講義』（日本評論社）、『生命科学と法の近未来』（編著：信山社）、『法律時報増刊・新型コロナウイルスと法学』（共編：日本評論社）など。

デジタル技術と感染症対策の未来像

2024年9月25日　第1版第1刷発行

編　者　米村滋人

発行所　株式会社　日本評論社

〒170-8474　東京都豊島区南大塚3-12-4
電話 03-3987-8621　　FAX 03-3987-8590
振替 00100-3-16　　https://www.nippyo.co.jp/

印刷所　精文堂印刷

製本所　井上製本所

装　幀　神田程史

検印省略　© S. YONEMURA 2024

ISBN978-4-535-52817-8　　Printed in Japan

JCOPY 〈(社)出版者著作権管理機構 委託出版物〉

本書の無断複写は著作権法上での例外を除き禁じられています。複写される場合は、そのつど事前に、(社)出版者著作権管理機構 (電話03-5244-5088、FAX 03-5244-5089、e-mail: info@jcopy.or.jp) の許諾を得てください。また、本書を代行業者等の第三者に依頼してスキャニング等の行為によりデジタル化することは、個人の家庭内の利用であっても、一切認められておりません。